高等院校立体化创新经管教材系列

大学生创新创业基础
(第 2 版)

张香兰　高　萍　程培岩　王丽娟　编著

清华大学出版社
北　京

内 容 简 介

随着“大众创业、万众创新”的持续推进，我国高校创新创业教育迎来新的发展空间。2015 年《关于深化高等学校创新创业教育改革的实施意见》，从国家层面作出系统设计、全面部署，标志着我国创新创业教育已经上升为国家战略。新时期的创新创业教育对深化高校教育改革、完善人才发展机制、支撑“大众创业、万众创新”以及创新驱动发展战略都有重要意义。

本书从创业者的思考角度和认知习惯出发，以创新创业素质和能力培养为核心，紧紧围绕着创新创业思维训练、创业者素质提升、创业团队组建、创业资源整合、创业风险应对和商业模式选择等内容，采用知识小链接、创业案例启示、操作训练等多种方式，为创业者进行创新创业能力的培养提供教学参考。

本书理论结合实践，既可以作为高等院校及高职高专“双创”课程的教材，也可以作为有志创业人员的参考资料。

图书在版编目(CIP)数据

大学生创新创业基础/张香兰等编著. —2 版. —北京：清华大学出版社，2022.10（2025.8重印）
高等院校立体化创新经管教材系列
ISBN 978-7-302-62010-5

Ⅰ. ①大…　Ⅱ. ①张…　Ⅲ. ①大学生—创业—高等学校—教材　Ⅳ. ①G647.38

中国版本图书馆 CIP 数据核字(2022)第 185320 号

责任编辑：陈冬梅
装帧设计：刘孝琼
责任校对：徐彩虹
责任印制：刘海龙
出版发行：清华大学出版社
网　　址：https://www.tup.com.cn，https://www.wqxuetang.com
地　　址：北京清华大学学研大厦 A 座　　**邮　　编：**100084
社 总 机：010-83470000　　**邮　　购：**010-62786544
投稿与读者服务：010-62776969, c-service@tup.tsinghua.edu.cn
质量反馈：010-62772015, zhiliang@tup.tsinghua.edu.cn
课件下载：https://www.tup.com.cn，010-62791865
印 装 者：三河市天利华印刷装订有限公司
经　　销：全国新华书店
开　　本：185mm×260mm　　**印　　张：**13　　**字　　数：**312 千字
版　　次：2018 年 8 月第 1 版　2022 年 11 月第 2 版　　**印　　次：**2025 年 8 月第 6 次印刷
定　　价：39.80 元

产品编号：096061-01

前　言

习近平总书记在中国共产党第二十次全国代表大会上的报告中明确指出，要办好人民满意的教育，全面贯彻党的教育方针，落实立德树人根本任务，培养德智体美劳全面发展的社会主义建设者和接班人，加快建设高质量教育体系，发展素质教育，促进教育公平。本教材在编写过程中深刻领会党对高校教育工作的指导意见，认真执行党对高校人才培养的具体要求。

近年来，大学生就业、创业形势严峻。就业问题，涉及千家万户，关乎社会稳定。据人力资源和社会保障部统计，“十三五”期间每年需要在城镇安排的就业人数大约为 2500 万人，其中，2018 年高校毕业生人数为 821 万人，2019 年高校毕业生人数为 834 万人，2020 年高校毕业生人数为 874 万人。“十四五”开局之年的 2021 届全国普通高校毕业生总规模就达 909 万人。“双创”对缓解高校毕业生就业压力，实现个人价值，推动经济提质增效、转型升级发挥了重要作用。

大学生创新创业是一个永恒的话题，创新创业既是大学生的内在愿望，也是国家和民族所需。当今，世界创新无处不在，创业机会也无处不有，为大学生进行创新创业提供了有利环境。国家也从多方面为高校毕业生以及在校学生创新创业提供了扶持，如降低创业门槛、鼓励打造创业的孵化器、建设众创空间、设立大学生创新创业基金等。同时，互联网与传统产业的深度融合，数字技术对传统制造的渗透改造，以及一些新兴产业、新业态、新技术的持续兴起，也为高校毕业生和在校学生的创新创业提供了极好的机遇。数据显示，大学生毕业即创业的比例从 2011 届的 1.6%上升到 2017 届的 3.0%，2018 年达到 47.8 万人，2019 年达到 74.1 万人，这是教育部门大力推动的结果。目前全国高校开设了线上线下创新创业课程 2.8 万余门，创新创业教育专职教师近 2.8 万人、兼职导师 9.3 万余人，这是创业率提升的重要条件。

创业教育被联合国教育、科学及文化组织称为教育的“第三本护照”。国际上一些发达国家对创业教育非常重视，美国的创业教育已被纳入国民教育体系之中，内容涵盖从小学、初中、高中、大学本科直到研究生的正规教育。而我国的创业教育尚处于起步阶段，目前仅有 5%的大学生接受过体系不完整的创业教育。创业教育的教学目标是使学生掌握创业的基础知识和基本理论，熟悉创业的基本流程和基本方法，了解创业的法律法规和相关政策，激发学生的创业意识，提高学生的社会责任感、创新精神和创业能力，促进学生创业就业和全面发展。

本书根据教育部最新创业教育与创业人才培养理念，结合大学生创业特点，以培养大学生的创新精神、创业意识和创新创业能力为目标编写而成。本书力图体现以下三个特色：第一，实现“互联网+”教学模式。建立文字、声像相融合的立体化教材，在各章节增加了教学视频和课程录屏，把主要知识点进行了提炼，扩充了课程渠道，优化了网络资源，实现地上教室到空中教室、实体环境到虚拟环境、师生互动到媒体传递的立体化学习形式，创建便捷、灵活、高效的学习环境。第二，突出内容的实用性。为了更好地培养大学生创业意识和创业能力，编者团队按照创业实战中的步骤和逻辑关系编写了本书。从以创新为基础产生创业想法开始，一直到创办企业的资源配置，用大学生创业的实际案例，不断把理论变成现实，以提高创业学生的成功率，为创业学子保驾护航。第三，融入思政教育理念。在本书编著过程中，适时加入正确的创新创业价值观，遵循的法律法规、道德准则以及创业者应有的品质和良好的心理素质，推进思想政治教育与创新创业教育的融合。

本书在第一版的基础上修订而成，由张香兰、高萍、程培岩、王丽娟编著，参与本书编写的作者都是山西财经大学创业学院的骨干教师，并在所写章节方面都有专长研究。具体编写分工：第一章、第九章由程培岩编写；第三章、第五章由张香兰编写；第二章、第四章、第十章由高萍编写；第六章、第七章、第八章由王丽娟编写。

本书的出版与各位教师及协助者的辛勤工作是分不开的，是大家通力合作的成果。在此，谨向参与第一版具体写作和视频录制的张亚春、任智萍、刘淑芳、霍海丽、李春艳、陈霞、李进方及相关部门协作者表示衷心感谢！

本书的教学视频及教学 PPT 请扫描各章末的二维码获取，习题及答案请扫描下面二维码获取。

习题及答案.DOC

编　者

目　　录

第一章 创新与创业

学习要点及目标

- 了解和掌握创新与创业的内涵及相互关系。
- 掌握创业思维和创新方法。
- 重点掌握创业要素模型。
- 了解社会发展史，领会大学生创业是社会发展到一定时期的必然趋势。

核心概念

创新 创新思维 创新思维模式 创业 创业要素 创业类型 创业思维

引导案例

大疆创新

大疆创新科技有限公司创立于 2006 年，是全球领先的无人飞行器控制系统以及无人机解决方案的研发和生产商，其客户遍布全球 100 多个国家。

大疆创始人汪滔从小就有飞行梦，他将大部分课余时间都花在阅读航模读物上面。高中毕业后，他考取了香港科技大学的电子工程专业。大四准备毕业课题时，汪滔决定把遥控直升机的飞行控制系统作为自己的毕业设计题目，他找了两位同学说服老师同意他们的研究方向，而他们要解决的核心问题是让航模能够自由地悬停。拿着学校给的 1.8 万港元经费，汪滔他们忙活了大半年，经常通宵熬夜。然而在最终的演示阶段，本应悬停在空中的飞机却掉了下来，失败的毕业设计得了一个 C，这个很差的成绩甚至让他失去了去欧盟名校继续深造的机会。幸运的是，汪滔执着的兴趣、卓越的技术理解力以及领导才能得到了电子与计算机工程学系李泽湘教授的认可，他才得以在香港科技大学继续攻读研究生课程。2006 年 1 月，汪滔终于制造出了能成功控制直升机飞行的飞行控制系统原型。为了更好地研发产品、提高飞控的实用性，还在读书的汪滔决定创业。他拉着一起做毕业课题的两位同学在深圳创立了大疆创新科技有限公司，开始专注于直升机飞行控制系统的研发生产。他们在一套三居室的公寓中办公，汪滔将他在大学获得的奖学金的剩余部分全部拿出来搞研究。2006 年年底，公司出现危机。汪滔获得了家族亲友大约 9 万美元的投资。在拿到融资之后，汪滔继续开发产品。在大家的努力下，2007 年大疆发布的直升机飞控 XP2.0 版本，第一次达成超视距飞行，突破了原有的视野疆界。

大疆始终坚持创新和原创的理念。2008 年，大疆在技术上再获突破，打磨出了可以让模型飞机自动在空中悬停的 XP3.1 这款飞控系统。2010 年推出了新一代直升机飞控 Ace one。Ace one 的重量只有 100 克，是 XP 3.1 的 1/7，价格也很亲民，降到了 1000 元左右。有一次，在全球著名的航模爱好者论坛 DIY Drones 上，汪滔看到很多网友开始讨论多旋翼飞控。他觉得这是个商机，于是重新研究起多旋翼飞控。经过一年多的研究，大疆于 2011 年 9 月在航空博物馆的展览上，推出了多旋翼飞控 WooKong-M。由于其性价比极高，很快让大疆迈过了年收入千万以及单个产品收入体量过千万这两个门槛，从此大疆进入不缺钱的状态。汪滔是个非常有危机感的创始人，虽然大疆已在专业级航拍市场中成了顶级供应商，但他又把目光瞄准了低端市场。经过一年的研究和筹备，大疆在 2013 年 1 月正式推出具有划时代意义的“大疆精灵 Phantom 1”——全球首款消费级航拍一体无人机。随着基础技术的积累，大疆的研发能力不断发展，2013—2015 年大疆的专利申请呈指数型上升，三年内申请了 877 件专利，比之前 5 年的总和多 26 倍，并且很多都是核心专利。2016—2020 年，大疆以每年千件专利的申请量保持着高度的技术发展速度。截至 2020 年年底，大疆在国内共申请了 5 577 件发明专利和实用新型专利。经过多年的沉淀，大疆开始突破单一的无人机领域，向着更加多元化、智能化领域迈进。2020 年大疆无人机销售额 260 亿元，占全球民用无人机市场份额的 80%左右。

(资料来源：根据“80 后励志网. 大疆汪滔的创业故事，7 年时间做到无人机销量全球一半[EB/OL].https://www.201980.com/lzgushi/chuangye/16643.html.”及相关资料整理.)

案例导学

汪滔是一个具有把兴趣和事业结合在一起并成功创业的人。从他求学和成长的历程来看，其兴趣、理想、志向，形成了大疆的创新源泉，迸发出源源不断的创新动力。

汪滔及其团队始终坚持创新和原创的理念，并且对产品的研发规划十分超前和严苛，坚持做到每推出一款新产品都具有比市场上同类型产品更强大、更稳定的性能，每一代产品都实现技术大跨越，使得产品进入市场极具竞争力。创新是他创业的基础，同时创业也在不断地推动并深化他的创新。

第一节　创新与创新思维

一、创新的特征及类型

(一)创新的概念

什么是创新？“创新”一词起源于拉丁语，它有三层含义：一是更新，二是创造新东西，三是改变。在中国，“创新”一词出现得也很早，如《广雅》：“创，始也”；《魏书》：“革弊创新”；《周书》：“创新改旧”。经济学家熊彼特(Schumpeter)在 1912 年出版的《经济发展理论》中首次提出“创新概念”，指出创新是把一种新的生产要素和生产条件的“新结合”引入生产体系。

从字面上看，创新就是创造新事物，既可以是具体的，也可以是抽象的，如新产品、新知识、新技术、新方法、新体制、新文化等。简单来说，创新就是根据一定的目的，利用已有的资源，运用新的知识或方法，创造出新颖的、有价值的、前所未有的事物，或者在前人的基础上，或者在已有的事物上，提出新的见解，作出某些改进。

(二)创新的特征

创新的特征体现在目的性、突破性、新颖性、普遍性、艰巨性、发展性、价值性等方面。这些特征，表现在每一个领域的整体和局部的创新活动中。

1. 目的性

创新的目的性指的是不断地满足人类自身生存发展的需要。任何创新总是围绕着需要解决的问题、需要完成的任务而进行的。因此，创新是一种有目的地认识世界和改造世界的实践活动。

2. 突破性

突破性是指对已掌握的知识信息进行加工处理，从中发现新的关系，进一步形成新的组合，并产生新成果。创新创业者应敢于怀疑、批判，并提出问题，通过观察，激发灵感，突破各种成见、偏见和思维定式，推动创造和创新一步一步前进。

3. 新颖性

创新创业的本质是求异、求新。创新是把新产生的或者重新组合和再次发现的知识引入到研究对象系统的过程，是引入新概念、新东西和革新的过程。与过去相比，其成果具有新的因素和成分，必然是新颖的。

4. 普遍性

创新存在于一切领域，没有哪个学科、哪个行业、哪个领域是一成不变的，任何事物时刻都在发生着改变。在创新的实施过程中创新产品(服务)就要与社会发生联系，普遍存在于社会中，从而具有普遍性。

5. 艰巨性

创新的艰巨性来源于两点：其一是由于创新的超前性，因为超前，所以可能得不到他人的理解和支持，甚至遭到反对，给创新者造成很大的压力，并制造了艰难的创新环境；其二是由于创新本身，创新是做前人或他人没有做过的事情，实现创新的过程和方法都需要探索，因此带有不确定性和技术上的难度。

6. 发展性

创新的发展性体现在创造新知识、应用新知识并不断发展新知识的过程。知识是创新之源，对知识的创造、应用、再创造、再应用，循环往复、推陈出新、无限发展，从而推动科技创新、文化创新、管理创新以及其他各方面创新的不断发展。

7. 价值性

创新的价值性可以从创新成果的效果来看，创新成果具有明显的社会价值、经济价值和学术价值。创新是各种社会事物进步与发展的共同因素，它能够满足人们的不同需要，促使企业获得成功、国家经济活力得到增强、社会取得进步。如果创新没有价值，就失去了创新的意义。

(三)创新的类型

创新的种类繁多，有很多不同的划分方式。

1. 根据创新的表现形式分类

根据表现形式进行分类，创新可分为知识创新、技术创新、管理创新、方法创新、制度创新、组织创新、服务创新等。

1) 知识创新

知识创新就是对现有知识构成要素进行新的组合或分解，是在现有知识基础上的进步或发展，是在现有知识基础上的发明或创造。通过对知识的划分，知识创新可进一步划分为自然科学知识创新和社会科学知识创新。

2) 技术创新

技术创新就是对现有技术构成要素进行新的组合或分解，是在现有技术基础上的进步或发展，是在现有技术基础上的发明或创造。技术一般可以分为自然科学技术和社会科学技术两大类，技术创新可进一步分为自然科学技术创新和社会科学技术创新。

知识创新与技术创新作为人类创新活动的主要方面，存在着复杂的交互作用，知识创新是技术创新的基础，技术创新同时又是知识创新的应用与发展。

3) 管理创新

管理创新就是对现有管理构成要素进行新的组合或分解，是在现有管理基础上的进步或发展，是在现有管理基础上的发明或创造。从本质上看，管理的主要构成要素是管理知识、管理制度、管理技术和管理方法。管理可进一步分为行政管理、企业管理、事业管理、团体管理和个人管理 5 类。管理创新也可以进一步分为行政管理创新、企业管理创新、事业管理创新、团体管理创新和个人管理创新。

4) 方法创新

方法是指人们在探索、利用或改造世界的实践中积累起来的观察问题、分析问题或解决问题的途径、程序或诀窍等。

方法创新就是对现有方法构成要素进行新的组合或分解，是在现有方法基础上的进步或发展，是在现有方法基础上的发明或创造。方法创新就是人们观察问题、分析问题或解决问题的途径、程序或诀窍的创新的总称，是永无止境的。

5) 制度创新

制度创新不仅发生在企业，也发生在经济系统。制度创新可以降低交易成本，提高劳动生产率。20 世纪 60 年代以来主要的制度创新包括国家创新系统、风险投资、职工持股计划、职工参与制、股票期权、电子商务、战略联盟、经济共同体、国际贸易组织等。

6) 组织创新

组织创新日益流行，新的组织形式不断出现，如网络组织、虚拟组织、扁平组织、并行组织、不规则组织等。

7) 服务创新

服务创新使得顾客感受到不同于从前的崭新内容，是指新的设想、新的技术手段转变成新的或者改进的服务方式。如商家的体验式服务营销、上门洗车等新服务模式。

2. 根据创新的层次分类

根据创新的层次分类，创新可分为原始创新和改进型创新。

原始创新是指重大科学发现、技术发明、原理性主导技术等原始性创新活动。特别是在基础研究和高技术研究领域取得独有的发现或发明，并最终获得成功的就是一般的原始创新。它是最根本、最能体现智慧的创新，能对人类文明进步作出贡献。原始创新通常具备以下三个特点：首创性、突破性和带动性。

改进型创新是对原有的科学技术进行改进所做的创新。沿着已经明确的技术道路进行创新，如在原有技术之上将技术更加完善，开发出新的功能等。通常可以在材质、原理结构或是生产技术上进行改进创新，从理论上讲，技术所有的独特用途都是可以复制的。由于技术复制周期越来越短，现在对新技术的早期投资能真正得到回报的可能性越来越低，所谓的领先创新，并不一定会为自己带来优势。因此，改进型创新也有着很重要的应用。

3. 根据创新成果的自主性分类

根据创新成果的自主性分类，创新可分为自主创新和模仿创新。

自主创新是指通过拥有自主知识产权的独特的核心技术及在此基础上实现新产品的价值的过程。自主创新一般会获得新的科学发现或拥有自主知识产权的技术、产品、品牌等。现在我国实施自主创新战略，将自主创新分为原始创新、消化吸收再创新、集成创新，并出台了一系列政策和法律、法规，以激励自主创新。

模仿创新即通过模仿而进行的创新活动，一般包括完全模仿创新、模仿后再创新两种模式。因为已经是前人的技术，模仿创新难免会受制于人，随着人们知识产权保护意识的不断增强和专利制度的不断完善，这种创新要获得效益显著的技术十分困难。大多数情况下，模仿创新是在率先创新者已有创新成果的基础上进行“模仿”，甚至改进。这也是一种学习过程，是创新能力不断积累和提高的过程，有助于提高创新的起点和水平，加快创新的速度。

二、创新思维的内涵及类型

(一)创新思维的概念

创新思维是人类在创新活动中所具有的思维方式，是一种高度灵活、新颖独特的思维方式。创新思维是相对于常规思维而言的。常规思维是根据现成的规律，遵循一定的方法，来发现问题、分析问题、解决问题。而创造性思维不是照搬书本知识和过去的经验去解决问题，而是根据实际情况，突破常规思维的束缚，打破定式思维的拘束，以新颖的、多角度的、非常规的、独创的方式去思考问题，从而以一种与众不同的方法解决问题，产生前所未有的、有社会价值的思维成果。只要是能想出新点子、创造出新事物的思维，都属于创新思维。

(二)创新思维的类型

由于具体方法、内容和路径等因素的不同，思维可分为发散思维和收敛思维、逻辑思维和非逻辑思维等相应形式。根据创造性的研究和实践表明，创造性思维是发散思维和收敛思维，既是逻辑组件和非逻辑组件的组成，又是各种思维形式的有机结合和辩证统一的过程。

1. 发散思维与收敛思维

1967 年，著名的心理学家吉尔福德第一次提出了发散性加工和收敛性加工的概念，经过后人的发展，形成了发散思维和收敛思维的概念。

1) 发散思维

发散思维又称辐射思维，是指大脑在思考时呈现的一种扩散状态的思维模式，它表现为思维视野广阔，思维呈现出多维发散状。发散思维方式通常指面对问题沿着多方向思考，产生出多种设想或答案的思维方式。发散思维的特点有流畅性、变通性和独特性。

2) 收敛思维

收敛思维也称集中思维，是以某个思考对象为中心，尽可能运用已有的经验和知识，将各种信息重新进行组织，从不同的方面和角度，将思维集中指向这个中心点，从而达到解决问题的目的。收敛思维的特点有向心性、逻辑性和求实性。

根据上述分析，发散思维和收敛思维在以下三点有很大的不同。

其一是发散思维可以有不止一个正确答案，而收敛思维只有一个正确答案。其二是发散思维不局限于思维的方向，而收敛思维的方向是有限的，必须指向同一中心。其三是发散思维主要依赖于想象，而收敛思维主要依赖于分析和一般的理论思维、逻辑推理、逻辑思维能力。

2. 逻辑思维与非逻辑思维

逻辑思维又称理论思维，是人们在认识过程中借助于概念，通过判断和推理，反映客观现实的理性认识过程。逻辑思维也称抽象思维，是思维的高级形式。以抽象的概念、判断和推理作为思维的基本形式，以分析、综合、比较、抽象、概括和具体化作为思维的基本过程，从而揭露事物的本质特征和规律性联系，是符合某种人为制定的思维规则和思维形式的思维方式。

非逻辑思维是指用通常的逻辑程序无法说明和解释的那部分思维活动，在基本逻辑范围内所不包含的，但在创造各种思维形式的过程中起着有效的作用。联想、想象、精神感觉、直觉、灵感等是其主要表现形式，这些表现形式有时甚至难以用语言来表达，但也有其基本的功能，我们可以称之为“非语言思维”。在非逻辑维度的情况下，非逻辑思维也可以作为散度的形式，表现为发散思维、逆向思维、组合思维、侧向思维等形式。非逻辑思维在创造活动中起着重要作用，这是创造性思维的本质或核心。

3. 形象思维

形象思维也称“直感思维”，是指以具体的形象或图像为思维内容的思维形态，是人的一种本能思维，是人们在认识世界的过程中对事物表象进行取舍时形成的，是用直观形象的表象来解决问题的思维方法。形象思维是在对形象信息传递的客观形象体系进行感受和储存的基础上，结合主观的认识及情感进行识别，并用一定的形式、手段和工具来创造性地描述形象的一种基本的思维方式。形象思维具有形象性、非逻辑性、粗略性和想象性的特点，主要包括想象思维、联想思维、直觉思维和灵感思维，它们各有其独特的特点。

三、创新思维模式及方法

(一)创新思维模式

在进行创新活动时，创新思维发挥着重要作用，而这就要经历一个相对较长时间的思维过程。为了有利于人们了解创造性思维活动的产生过程、影响因素，有利于根据创造性思维模式的研究成果开发创新思维能力，许多心理学家对创造性思维模式进行了研究，其中四个阶段理论较为科学地描绘了思维创新模式，即准备阶段、酝酿阶段、明朗阶段和验证阶段。

1. 准备阶段

准备阶段的主要目的是发现问题，提出问题，并为解决问题进行周密的调查研究，主要包括必要的事实和资料的收集、必需的知识和经验的储备、技术和设备的筹集以及其他条件的提供等。同时，要了解前人在同一问题上积累的经验，对前人尚未解决的问题进一步予以分析。

2. 酝酿阶段

酝酿阶段主要是对准备阶段进行深加工。针对发现的问题，运用已有经验知识、各种思维方法，从多方面、多角度对搜集到的资料信息进行细分、归纳、推理，提出解决问题的各种假设与方案，并对其作出合理客观的评估。

3. 明朗阶段

明朗阶段也称顿悟阶段，这一阶段主要是对酝酿阶段的各种假设方案创造性地提出新思想、新概念、新方法。在多种思维的共同作用下，对各种可能的方案进行深入分析、比较、评价，这时思路往往豁然开朗，从而容易在各种方案中选出最优方案。

4. 验证阶段

验证阶段主要是对明朗阶段提出的各种方案进行检验证明。这一阶段，多运用逻辑思维对创造性假设成果进行科学的验证，利用观察、实验、分析来证明该成果的合理性、严谨性、可行性及其存在的价值性，经过验证阶段，可以使创造的成果得到进一步的完善。但在验证假设时要持客观、实事求是的态度，不能仅凭主观感觉，否则一旦验证失败，就又回到了酝酿阶段。

(二)创新思维方法

目前的创新方法有几百种，不同的专家学者都是建立在自己实践经验和研究总结的基础上，划分方式也不一样，为了方便大家学习，我们从中选取具有代表性的常用方法进行介绍。

1. 奥斯本检核表法

奥斯本检核表法因其几乎适应任何类型和场合的创新活动，享有“创新方法之母”的美称。这种方法以提问的方式，根据创造或解决问题的需要，列出一系列提纲式的问题，形成检核表，然后对问题进行讨论，最终确定最优方案。这种方法通常引导人们对照能否他用、能否借用、能否改变、能否扩大、能否缩小、能否替代、能否调整、能否颠倒和能否组合九个方面的问题进行思考，以便启迪思路、开拓思维想象的空间，促进人们产生新设想、得出设计新方案。奥斯本检核表如表 1-1 所示。

表 1-1　奥斯本检核表

能否他用？	能否借用？	能否改变？	能否扩大？	能否缩小？
能否组合？	现状(现有的产品或服务)	缺陷(瓶颈)	目标(未来)	能否颠倒？
能否替代？		想法		能否调整？

这种方法使思考问题的角度具体化了，但它是改进型的创意产生方法。因此，在进行实际操作时，首先必须选定一个有待改进的对象；然后从不同的角度提出一系列的问题，并由此产生大量的思路；最后，根据提出的思路，进行筛选和进一步思考、完善。

2. 模仿创新法

模仿就是把眼前和过去的东西通过自己的头脑再造出来，是一种再造想象。通过模仿，人们能够认识事物的外部和内部特点。

模仿创新法就是一种人们通过模仿旧事物而创造出与其相类似的事物的创造方法，主要特点是通过模拟、仿制已知事物来构造未知事物。通常可分为机械式模仿、启发式模仿和突破式模仿三种方法。

3. 类比创新法

类比创新法是根据两个或两类对象之间在某些面的相同或相似，而推出它们在其他方面也可能相同或相似的一种思维形式和逻辑方法。这种极富创造性的方法有利于人的自我突破，其核心是从同中见异或异中求同，从而产生新知识，得到创造性成果。它在人们认识世界和改造世界的活动中起着重要的作用。这种方法的关键是通过已知事物与未知事物之间的比较，从已知事物的属性推测未知事物也具有某种类似属性。类比创新法可以分为直接类比、拟人类比、幻想类比、对称类比、因果类比、仿生类比和综合类比七种方法。

4. 创意列举法

人们要进行创新，就需要善于寻找创新的契机，同时还要不断地进行观察学习，吸收他人的新观点，将其转化为自己的创新意识。新的创意往往是通过对一系列相关问题或建议的列举而被开发出来的。人们可以通过列举一系列问题或建议来指导新创意的开发方向，最终获得全新创意。创意列举主要分为属性列举法、希望点列举法、优点列举法和缺点列举法四种方法。

5. 组合创新法

组合创新法是将两个及两个以上的技术因素按不同技术制成的不同物质，通过巧妙的组合或重组，形成具有统一整体的新产品、新材料、新工艺等的一种创造方法。根据参与组合的组合因子的性质、主次以及组合的方式，组合创新法大体可以分为主体附加法、异类组合法、同类组合法、分解组合法、辐射组合法和坐标组合法六种方法。

6. 头脑风暴法

头脑风暴法(brain-storming)，是以小组的形式，无限制地自由联想和讨论，从而产生新观念或激发创新设想。它是由美国创造学家亚历克斯·奥斯本(Alex Faickney Osborn)于1939 年首次提出的一种激发性思维方法。头脑风暴法必须遵守的原则有：推迟判断，禁止批评；提倡自由发言，任意想象，畅所欲言；综合改善。它通常分为直接头脑风暴法和质疑头脑风暴法两种方法。

第二节 创业与创业思维

一、创业的含义与要素

(一)创业的概念

“创业”一词在中文中最早出现在《孟子·梁惠王下》：“君子创业垂统，为可继也。”

“创业”一词在英文中有较多表达方式，一般用 start-up 代表狭义的创业，指创业者发现商机并通过建立企业整合资源，以持续实现机会潜在商业价值的过程，具体指创业者的生产经营活动，主要是开创个体和家庭的企业。用 entrepreneurship 代表广义的创业，指创业者所进行的具有开拓性、创造性，可以为国家、集体以及个人增加社会价值与经济价值的实践活动。

在编写本教材的过程中，笔者对不同专家学者关于创业的定义进行了比较，最终还是认同哈佛大学霍华德·史蒂文森教授的定义：创业是不拘泥于当前资源条件的限制而对机会的追寻，组合不同的资源以利用和开发机会并创造价值的过程。

(二)创业的要素

1. 蒂蒙斯创业要素模型

曾任美国国家创业委员会特别顾问，被誉为“创业教育之父”的蒂蒙斯是美国最早从事创业学教育的教育家，早期一直是该领域最具有权威的人士，他提出的“蒂蒙斯创业要素模型”影响巨大，是理解创业要素的基本工具(见图 1-1)。

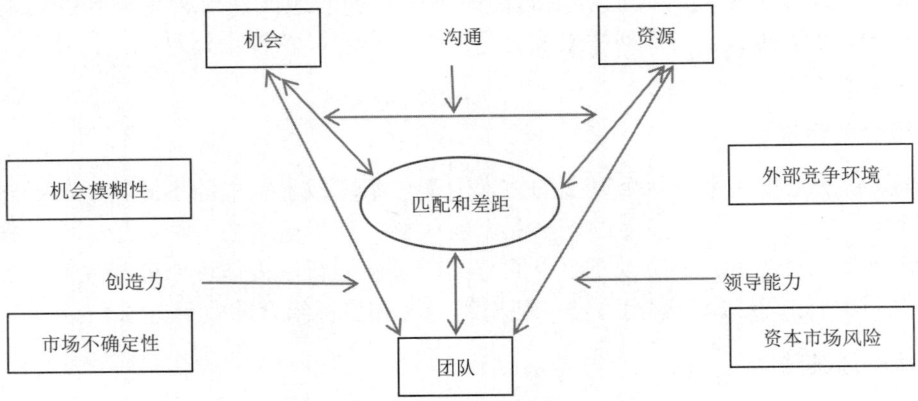

图 1-1　蒂蒙斯模型

该模型认为创业是一个高度动态的过程，其中机会、资源、团队是创业过程最重要的驱动因素，这三个要素是任何创业活动都不可或缺的，它们的存在和成长决定了创业过程的发展方向。商业机会是创业过程的核心要素，识别与评估市场机会是创业过程的起点，商机的形式、大小和深度决定了资源与团队所需的形式、大小和深度。创业团队的作用是利用其创造力在模糊、不确定的环境中发现商机，并利用资本市场等外界理论组织资源，领导企业来实现商机价值。在这个过程中，资源与商机是“适应→调整差距→再适应”的动态过程。

蒂蒙斯模型的特点是：三个核心要素构成一个倒立的三角形，创业团队位于三角形的底部。在创业初始阶段，商业机会较大而资源较缺乏，三角形将向左边倾斜；随着企业的发展，企业拥有较多的资源，但这时原有的商业机会可能变得相对有限，这就导致另一种不均衡。创业团队需要不断探求更大的商业机会，进行资源的合理运用，使企业发展保持合适的平衡。这三者不断调整，最终实现了动态均衡，这就是新创企业发展的实际过程。蒂蒙斯模型始终坚持三要素间的动态性、连续性和互动性。

2. 创业三要素及其关系

1)　机会

机会问题是创业过程中的核心问题。新企业得以成功创建的起始点是商机，而不是资金、战略、关系网络、工作团队或商业计划。

机会的最重要特征是设想中的产品或服务具备潜在的市场需求。有市场需求是因为产品和服务有增值特征，能够为目标客户创造显著的价值，并且其市场规模足够大，目标市场具备有吸引力的成长潜力，产品的改善空间足以在相当长一段时间内创造高额利润，以及良好的现金流等特点。

一个好思路未必是一个好机会。对创业者来说，学会快速地估计产品是否存在真正的商业潜力，以及决定该在上面花多少时间和精力是一项重要的技能。成长率越高，毛利润、净利润和自由现金流越大，创业者的商机就越大。

2) 资源

创业资源是企业创立以及成长过程中需要的各种生产要素和支撑条件，主要表现在创业人才、创业资本、创业技术和创业精神。

许多创业者早期所能获取与利用的资源是相当匮乏的，因此，在创业过程中，应当积极拓展创业资源获取渠道，且不只是局限于量的积累，要创造性地整合和运用资源，尤其是那种能够创造优势，并带来持续竞争优势的战略资源。

创业之初，创业者所需的各项资源往往只能依靠创业者通过自身努力获取，伴随着企业的高速成长和扩张，组织规模很快就发展到一定的规模，这时只有借助外部资源才能使企业继续发展。

3) 团队

创业团队是指在创业初期(包括企业成立前和成立早期)，由两个以上有一定利益关系、才能互补、责任共担、愿为共同创业目标而奋斗的人组成的工作团队。创业团队由创业带头人和创业成员组成。

创业带头人通常具备的素质有领袖魅力、感召力、智力刺激、个性化关怀、德行垂范，他是团队的核心，他既是队员，也是教练员，是团队的领跑者和企业文化的创造者。

创业团队的构成必须遵循以下几个原则：第一，要有明确目标。团队成员要形成一致的凝聚力和奋发向上的动力，创业项目与目标必须是合理的、可行的且得到高度认可的。第二，建立规范的组织制度。新创企业开始都规模小、人员少，但不能忽略规章制度的建立。第三，团队成员能力要优势互补。组建团队时，不仅要注重成员在知识结构、技术、管理、市场和销售等方面的优化组合，同时注重包括专业才能、管理风格、生活经验、性格特性和未来价值分配模式等特点的互补，以此达到团队的平衡，实现 1+1>2 的协同效应。第四，精简高效、动态调整。创业初期，资源有限，在保证企业高效运作的前提下尽量精简运作成本，并在维护团队队伍稳定性的同时，保持团队的动态协同性和发展性，吸纳真正匹配的人员，通过“新陈代谢”提升整体竞争力。

4) 机会、资源、团队的关系

在蒂蒙斯模型的描述里，蒂蒙斯用机会、资源、团队三要素的动态平衡来总结创业过程的动态性和复杂性。他认为，由于时空变迁、外界环境的不确定性、机会模糊性、创业活动的动态性、风险性等因素对创业活动的冲击，使原有的机会、资源和创业团队三者相对地位的平衡被破坏，产生失衡现象。这有可能产生两个极端的情况：一是机会很好，但资金很有限；二是资金很充足，但没有很好的机会。此时，创业者就需要通过创业团队来调整机会和资源，努力实现这三个方面的再次平衡。

二、创业思维的内涵及模式

(一)创业思维的内涵

思维决定行为，行为决定成就。创业思维是指如何利用不确定的环境创造商机的思考方式。从实用主义的角度看，效果逻辑和精益创业衍生出来的创业思维是一种行动导向的方法，对创业者具有重要的指导作用。

(二)创业思维的模式

1. 兵贵神速，利用现有资源快速行动

创业的一种重要思维是速度与效率。机会稍纵即逝，创业者必须了解自己目前的可用资源(手段)有哪些，并进行快速行动。创业行动应该是手段驱动，而不是目标驱动；创业者应该运用各种已有手段或资源来创造新企业，而不是在既定目标下寻找新资源。

2. 依据可承受损失而非预期收益采取行动

创业者投入的资源，要根据自己可承受的损失以及愿意承担的损失有多大，而不是根据创业项目的预期回报。任何预期收益都是不确定的，但失败后可能造成的最大损失是确定的。在考虑投入时，应该综合权衡包括金钱、时间、职业和个人声誉、心理成本和机会成本在内的各种成本。

3. 小步快走，多次尝试

大步行动可能获得很大的好处，但是第一次就迈对步子的概率微乎其微，失败的代价往往很惨重。如果能够小步行动，就可以有机会多次采取行动。通常，只要尝试某种新方法后获得成功，很快就会被称为这种新方法的专家。所以，成功的关键驱动因素是不断尝试。

4. 积极行动，吸引人才

在行动中不断吸引更多的人加入进来，寻找愿意为创业项目实际投入资源的利益相关者，通过谈判、磋商来缔结创业联盟，建立一个自我选定的利益相关者网络，而不是把精力花在机会成本分析上，更不要做大量竞争分析。联盟的构成决定创业目标，随着联盟网络的扩大，创业目标也会不断地发生变化。

5. 把行动中的意外事件看成新的机会

在创业途中无法避免各种意外事件和偶发事件，不应消极规避或应付，应该以积极的心态主动接纳和巧妙利用。很多时候，意外同时意味着新的机会。当然，意外也可能意味着问题。如果可以解决这个问题，解决方案就会变成资产；即使无法解决或者排除，它也将成为采取下一步行动的已知事实基础。

6. 把激情当成行动的动力

创业路上难免遭遇挫折，长期下来，我们的心态就会发生变化。所以，我们需要一个强大的动力来渡过这些磨难，即激情。“激情是驱动创造力的关键要素”，如果驱动的动力是诸如激情等内在动力而非外部因素，那么产生创造性成功的概率就会比较高。激情也是驱散不确定性的另一个关键要素。

第三节 从创新到创业

一、创新来源于需求

(一)国际形势的需求

创新是世界进步的动力，也是一个国家参与世界竞争的资本。在激烈的国际竞争中，唯创新者进，唯创新者强，唯创新者胜，要实现一个民族的伟大复兴，就要坚持走自主创新之路，努力建设创新型国家，把资源禀赋决定的比较优势转化为创新驱动的竞争优势，进而取得持久的发展动力。

近代以来，科学技术与社会的互动不断增强，科学技术本身逐渐发展成为一种独特的社会体制。几次重大的工业革命，引起了社会生产的深层次变革，振兴了相关产业，也造就了一大批兼具科学家、技术发明家和产业巨头于一身的科技实业家。我国虽从改革开放以来创新能力有了很大提高，少数科学研究和技术创新在世界上也占有一席之地，但无可置疑的是，我国创新能力和国际先进水平相比差距较大。根据 2019 年有关科技创新能力评价结果数据显示，中国在 129 个经济体中，科技创新综合能力处于第 14 位，与发达国家相比还有差距。要想加快科学技术的进步，需要维护稳定的科技发展环境，建立切实有效的科技创新体系，鼓励培养大学生创新创业，努力培养创新型人才。

(二)企业发展的需求

1. 企业转型的需求

当前，全球产业竞争格局正在发生重大调整。国民经济面临着变革与创新的战略选择。一方面，企业在产业生命周期的转型阶段，增长乏力。另一方面，从宏观层面来看，我国物质基础雄厚、人力资源丰富、市场空间广阔、发展潜力巨大，经济发展方式加快转变，新的增长动力正在孕育形成，经济长期向好基本没有改变。“十三五”规划建议提出，坚持创新发展，着力提高发展质量和效益。这是我国企业转型升级、创新发展的重大机遇。从本质上看，企业转型是组织层面的战略变革和创新，其目的在于通过变革和创新改变组织和员工行为，增强组织适应环境的能力以提高组织的竞争力和持续成长。变革和创新是打破原有组织惯例的行为。变革能否成功取决于组织是否具备创新资源和实施创新行为的能力。

2. 开辟新市场的需求

企业的竞争即市场的竞争，一个企业要想在竞争中处于有利地位，就需要通过创新来打造一流的品牌效应，进而不断开辟新的市场。创新理论鼻祖熊彼特认为，凡是引入新产品、引用新的生产方法和工艺、开辟新市场、获得原材料或半成品的新供给来源等都是创新。依此界定，企业的成本、质量、产品差异、品牌形象、组织形式的先进性都是以创新为前提的。尤其是在开辟新市场的过程中，必须通过创新提高新供给来源的利用率，才能使产品具有品牌竞争优势。

(三)个体发展的需求

马斯洛需求层次理论把人的需求从低到高分为五种：生理需求、安全需求、社交需求、尊重需求和自我实现需求。人总是不断追求着更高的需求，而创新在人对需求不断满足的各个阶段起着重要作用。创新是人的才能的最高表现形式，是推动人类社会前进的车轮。

1. 人的物质需求呼唤创新

人的基本需求是人作为自然人的需求和作为社会人的需求的统一。人口的不断增长，需要解决的除增加物质总量外，还应考虑怎样满足人类物质文化生活不断变化的需求。

2. 创新在个人职业发展中的重要性

随着人们对需求的提高，开发自己的创新能力、创业能力和生存竞争能力成为每个人发展的必经之路。大量实践证明，具有较高创造创新能力的人，工作适应面广，工作质量高，创造的效益远远大于创新能力低的人。创新能力是实现人生价值的重要体现。

3. 创新能力对个体成长的意义

创新能力的有无决定一个人的应变思维能力、勇气和胆识的大小、谋略的高低等。把握自己的创新能力，将有助于明确自己的发展定位和目标设计。

二、创新助力创业

全球经济一体化进程的加快与知识时代的到来，使得创新与创业成为当今时代的主旋律，成为一个国家经济发展的重要途径，并日益得到全世界的关注。创新与创业虽是两个不同的概念，但两者之间内在相关、密不可分，如果说创业的本质是创新，那么创新则是创业的灵魂。

(一)创新与创业本质的一致性

创新与创业两个范畴之间有着本质上的契合，内涵上相互包容，实践过程中互动发展。创新概念的提出者熊彼特认为：创新是生产要素和生产条件的一种从未有过的新组合，这种新组合能够不断地更新原来的成本曲线，由此会产生超额利润或潜在的超额利润。创新活动的本质内涵，体现着其与创业活动性质上的一致性和关联性。创新与创业两者都具有“开创”的性质。创新多指理论、思维方面的创造活动，是整个创造活动的初始阶段；创业是实际活动中的创造，是创新思维、理论和技法的应用与现实体现，属于创造活动的后期阶段，也是创新的根本目的。

从总体上说，科学技术及思想观念的创新，形成了新的生产和生活方式，创造了新的消费需求，这是创业活动源源不断的根本动因；另外，创业在本质上是一种创新性实践活动，是主体的一种高度的自主行为。在创业实践的过程中，主体的主观能动性得以充分发扬，最终体现了创业的创新特征。

(二)创新与创业的关联性

首先，创新是指理论、方法或技术等某一方面的发现、发明、改进或新组合。创业是一种思考、推理和行动的方法，在于把握机会，创造性地整合资源，从而创办新的企业或开辟新的事业。将创新的思想或成果用于产业或事业中，开创新的领域或新的局面，就是创业。

其次，创新重视的是所得到的结果，而创业不仅重视结果，还重视其结果实现的条件。

最后，创业比创新更加关心结果的可实现性，以及未来可实现的经济效益。

创业是具有创新精神的个体与有价值的商业机会的结合，是开创新事业的活动，其本质在于把握机会，创造性地整合资源、创新和超前行动。

(三)创新与创业的相互作用

1. 创新是创业的本质与源泉

创业者只有保持持续不断的创新思维和创新意识，才可能在创业的过程中产生新的富有创意的想法和方案，寻求新的模式、新的思路，最终获得创业的成功。

2. 创新的价值在于创业

创新的价值在于将潜在的知识、技术和市场机会转变为现实生产力，实现社会财富增长，造福人类社会，而实现这种转化的根本途径就是创业。创业者不一定是创新者，但必须具有能发现潜在商机的能力和敢于冒险的精神；创新者也不一定是创业者，但是创新的成果一定是经由创业者推向市场的，只有使其价值市场化，创新成果才能转化为现实生产力。

3. 创业推动并深化创新

创业可以推动新发明、新产品或新服务不断地涌现，创造出新的市场需求，从而进一步推动和深化各方面的创新，因而也就提高了企业或整个社会的创新能力，推动了经济的增长。

三、创业是一种职业选择

(一)客观因素——中国人口负担要求创业

根据国家统计局2011年调查显示，2000年以来，我国城镇失业率为4%左右，每年新增劳动力1 300万人。虽然每年能新增560万～800万个工作岗位，但与人数众多的劳动力大军比起来，只是杯水车薪。

相关数据显示，2021届全国高校毕业生规模达909万人，同比增加35万人；2022届高校毕业生规模预计达1 076万人，同比增加167万人，规模和增量均创历史新高。据综合研判情况来看，当前高校毕业生就业形势依然严峻复杂。

创业作为一种就业形式，能为广大劳动者拓宽就业渠道，能让每个人的才能都得到充分发挥。创业能使现有的就业市场容纳巨大的劳动力，解决失业所带来的巨大的社会负担，解决高校毕业生的就业问题。只有创业的人多了、经济发展了，就业问题才能得到根本改善。

(二)主观因素——职业价值观的改变与创业意识的增强

通过梳理相关文献，我们发现，虽然不同性别、学历、学科、家庭、工作经历的大学生在职业价值观和创业意识的各个维度上存在不同程度的显著差异，但随着时代变迁和社会与经济的快速发展，我国大学生选择职业的标准发生了变化，创业意识也在不断增强。职业价值观是在个体需要的基础上形成的，有什么样的主导需要就有什么样的职业价值观，因为人们选择职业的目的归根到底是为了满足自身的需要。

职业选择属于认知范畴，包含着个体对于知识、信念和经验的认知过程，而创业是一种职业选择。大学创业教育的课堂教学、创业模拟训练和创业实践课程，会让学生习得显性创业知识和隐性创业知识，形成对创业的认知，影响着他们是否会把创业作为职业选择的行为意向。

对于职业价值观偏向于自我实现的大学生来说，通过频繁参加创业教育相关课程的学习，对创业了解越全面，感悟越深刻，就越知晓创业活动充满挑战性，必须独自面对各种复杂棘手的问题。在这个学习的过程中，个人能力得到了提升，并且在创业的过程中完成了自我实现的需求。因此，当他们的感知创业价值和其追求自我实现需要的职业价值观相吻合时，从事创业活动的意向就会增强。

本章小结

(1) 进行创新活动时，创新思维要突破思维定式，创新方法要经过创新思维模式四阶段的验证，创新成果才能在创业活动中发挥作用。

(2) 创业有多种类型，成功的创业需要有正确的创业思维带动，实现机会、资源、团队三大因素的动态平衡。

(3) 创新与创业本质上是一致的，创新助力创业，创业促进创新。

实训案例

陈伟和他的红土洼小米

基本案情:

陈伟，山西财经大学工商管理学院市场营销专业 2016 届毕业生，红土洼小米有限公司经理。大学毕业后，他带领他的创业团队把红土洼小米做得风生水起。在大学期间，陈伟就联系了一批志同道合的同学组成创业团队，成为某品牌罐头山西省渠道销售校方代表。最初，他们通过发传单、上门推销等较简单的渠道进行营销，而后借助微信等新媒体平台销售产品，逐步取得良好的效果。经过磨合，团队成员比较稳定且协作能力不断增强。2015 年冬天，在就业与创业的十字路口，团队成员对创业的一系列因素进行了系统分析，选择了适合自身的项目：红土洼小米。

为找到满意的小米，陈伟和他的团队成员走访了家乡种小米的乡亲们，还多次向农大教授请教，深层次了解种植小米的气候、水质、海拔、土质等各方面参数，从而综合评估适合种植小米的区域。寻找一块适合种植小米的土地异常艰难，经历了多次失败，团队部分成员开始动摇。但在“山重水复疑无路”之际，平定山区的一首童谣使他们发现了太行山深处一座几乎与世隔绝的自然村，这里有着生长山区旱地小米所需的一切条件。

小米的存储要求高——高温易变质，潮湿易霉变，而且烹饪和存储都很考究。小米要选定阴凉、干燥、通风好的地方存储。亮晶晶的平定砂器，世代相传的九道工序，造就了最纯正古朴的平定砂锅，小米与砂锅的完美融合，能吃出红土洼小米最正宗的味道。同样，平定砂罐具有耐酸、耐碱、透气性好、实用美观等特点，用砂罐储米并将砂罐放在阴凉、干燥的地方，可以充分保障小米的营养及品质。由陶瓷师傅一笔一画亲手雕刻的“红土洼”容器便成为熬煮和存储小米的最佳选择。

2016 年 11 月，经过一年的筹备，红土洼小米正式推向市场。出于对纯天然食品的认同，前期在山西宣传产生很好的效果，取得了开门红。同时，团队成员通过微信平台结识了想助力家乡发展的山西游子，这些在他乡的客户成为他们的铁杆粉丝，尤其是在大连，截至 2017 年 6 月，累计销售 400 多套产品，尤其是防潮的砂罐和养生砂锅，特别受客户青睐。

2019 年，在大学生职场真人秀节目《职面未来》第一季决赛中，五强选手现场角逐，最终陈伟摘得桂冠，获“最佳大学生创客”称号。

陈伟及其团队将非物质文化遗产平定砂锅与太行山原生态小米进行特色组合，推出“全年都吃新小米”的计划，本着“为健康代言，为农村生态产品发声”的理念，对其客户提供新米现碾现寄的服务，成功解决了陈小米营养成分流失的问题，为顾客送去好的产品。

(资料来源：作者根据相关资料自行整理)

案例点评：

陈伟通过对市场的敏锐触觉，识别并抓住了“绿色食品”这一创业机会，整合人力、资金、市场资源，根据个人及企业发展的需求，不断创新，为企业赢利，最终实现创业价值，获得回报。

思考讨论题：

1. 什么是创业？它的要素有哪些？
2. 创业过程有哪几个阶段？请讨论本案例在各个阶段的具体做法有哪些。

实训课堂

“苹果皮之父”潘泳的创业故事

基本案情：

潘泳出生于普通家庭，从小喜欢钻研创新，家里买回计算机后，他对计算机尽心研究、爱不释手，还因高中期间自己的 QQ 账号被盗当过“黑客”，在升入黄淮学院后，他选择了自己喜欢的计算机专业，也从原来的“坏学生”变成了好学生，并在学校多次获奖。

潘泳是一个典型的“果粉”，由于购买二手机出现问题、联系国外卖家被骗后，他萌生了将 iPad Touch 加上短信和通话功能改装成 iPhone 的想法，并开始了他的疯狂研究和实验。没有专业设备和场地、缺少资金，种种困难他都一一克服，最终在 2010 年研制出“苹果皮 520”。尽管这款产品成了国内外热点，但由于他前期拒绝与投资商合作、后期内部资料被盗，一时间，市场上盗版猖狂，网上骂声一片，潘泳只得放弃“苹果皮 520”，另寻出路。

潘泳的二次创业归功于他的母校——黄淮学院，母校无私地提供了平台、人员、资金等支持。2014 年潘泳带领学生发明了一款类似蓝牙耳机的“励志神器”，并在首届产教融合发展战略国际论坛产品发布会上得到丰厚的回报。

潘泳自称是很懒的人，他通过冬天窝在被窝里看计算机想到用人脸来控制鼠标，后来经过团队的不懈努力，终于研发出了“脸说”产品，并在“第一届影视设计创意大赛”一举夺魁，这个比赛也使潘泳得到了天使投资，并成立了广东佳士乐文化创意有限公司。公司成立两个多月后，便推出新产品“佳士乐漫聊神器”App，潘泳又成为街头巷尾的名人。2016 年，潘泳研发出“会务宝”App，采用世界先进的人脸识别技术，不用携带任何凭证，刷脸就能进入，“会务宝”的问世改变了人们的生活。目前，佳士乐公司正致力于艺术与科技相结合的文化创意产业经营的探索，注重自主创新，将以崭新的姿态迎接新常态，面向无限未来。

潘泳的成功，就是以创新为原料，辅以坚持、行动、梦想等“佐料”。对于潘泳来说，创业无所谓苦难，再多的苦难也是经历风雨后的彩虹。

(资料来源：根据“周前进. 创业人生. 壹：草根成长与成功之道[M]. 北京：清华大学出版社，2016.”查阅整理.)

思考讨论题：

1. 结合材料，思考机会、资源和团队这三个要素是什么关系。
2. 本材料涉及哪种或哪几种创新思维类型？

复习思考题

一、基本概念

创新思维模式　创新思维方法　创业过程　创业团队　创业资源

二、判断题(正确的画“√”，错误的画“×”)

1. 创新是一种有目的地认识世界和改造世界的实践活动。　　(　　)
2. 任何一个团队都必须有团队核心人物，核心人物越多越好。　　(　　)
3. 从理论上讲，创业是在资源完备的情况下进行的一种价值整合。　　(　　)

三、单项选择题

1. 人们常说“由此及彼，由表及里”，这是(　　)的典型应用。

A. 想象思维　　B. 联想思维　　C. 直觉思维　　D. 灵感思维

2. 创业的本质是(　　)。

A. 成功　　B. 赚钱　　C. 生活方式　　D. 职业

3. 下列选项中，对创业机会的描述不正确的是(　　)。

A. 符合趋势　　B. 发现问题　　C. 持久性　　D. 真实需求

四、简答题

1. 创新思维方法主要有哪几种？
2. 思维模式的四个阶段是什么？
3. 有关创业要素的蒂蒙斯模型的特点是什么？

五、论述题

你认为大学生创业需要哪些技能？

阅读推荐与网络链接

[1] 陈永奎. 创新创业基础教程[M]. 北京：经济管理出版社，2015.
[2] 石东喜，宋晓玲，吴高潮. 创新创业指导[M]. 西安：西安交通大学出版社，2016.
[3] 张玉利，薛红志，陈寒松，等. 创业管理[M] . 北京：机械工业出版社，2016.
[4] 马广水. 创新创业基础[M]. 北京：高等教育出版社，2016.
[5] 贾虹. 创新思维与创业[M]. 北京：北京大学出版社，2011.
[6] 冯林. 大学生创新基础[M]. 北京：高等教育出版社，2017.
[7] 李伟，张世辉，李长智. 创新创业教程[M]. 北京：清华大学出版社，2015.
[8] 陈叶梅，贾志永，王彦. 大学生创新创业基础[M]. 成都：西南交通大学出版社，2016.
[9] 季跃东. 创新创业思维拓展和技能训练[M]. 北京：科学出版社，2012.
[10] 张玉华，王周伟. 创业基础[M]. 北京：清华大学出版社，2014.
[11] 李静薇. 创业教育对大学生创业意向的作用机制研究[D]. 天津：南开大学，2013.
[12] 马永斌，柏喆. 大学生创新创业教育的实践模式研究与探索[J]. 清华大学教育研究，2015，(6).

随身课堂

创新与创业.PPT　　创新方法.MP4　　创业过程.MP4　　蒂蒙斯创业要素模型.MP4

创业过程.DOCX　　奥斯本检核工具.MP4　　创新类型.MP4

第二章　创业者与创业能力素质

学习要点及目标

- 掌握创业者概述及其素质能力。
- 了解创业者素质测评。
- 了解企业家精神。

核心概念

能力素质　伦理道德　企业家精神

引导案例

乔布斯的特质

据波士顿咨询集团(BCG)最新发布的报告，在 2021 全球最具创新力的 50 家公司中，苹果公司被评为 2021 年度最具创新力的公司。截至 2022 年 1 月，苹果公司的市值达 3 万亿美元，成为全球市值最高的公司。提到苹果公司，大多数人首先会想到乔布斯，认为苹果公司的创新灵魂来源于乔布斯的激情，他赋予了苹果产品独特的含义。创新动力在于“始终走在消费者需求前端的产品创新”，不断超越自己，不断推出更时尚、更具魅力的新产品。他一次次推出革命性的外观设计，让所有追求完美的人为之倾倒。

乔布斯是改变世界的天才，他凭敏锐的触觉和过人的智慧，勇于变革、不断创新，引领全球资讯科技和电子产品的潮流，把电脑和电子产品不断变得简约化、平民化，让曾经昂贵稀少的电子产品变为现代人生活的一部分。乔布斯被认为是计算机界与娱乐界的标志性人物，他经历了苹果公司几十年的起落与兴衰，先后领导和推出了麦金塔计算机、iMac、iPod、iPhone、iPad 等风靡全球的电子产品，深刻地改变了现代通信、娱乐、生活方式。

乔布斯对人才十分重视，他把大约四分之一的时间都用在招募人才上。他曾说：“我过去常常认为一位出色的人才能顶两名平庸的员工，现在我认为能顶五十名。”前百事可乐总裁约翰·斯卡利的市场能力闻名于世，尤其是在百事公司推广“the Pepsi Challenge”这项计划，使得公司从主要竞争对手可口可乐那里获得了市场份额。1983 年，乔布斯为了让斯卡利加入苹果，说出了这段著名的话，这极具煽动性的语言至今仍被人津津乐道——“你是想卖一辈子糖水，还是跟着我改变世界？”然而，之后故事的发展却变得极具戏剧性。1985 年，在斯卡利加盟苹果公司后不久的“壮举”却是——把乔布斯赶出了苹果。

1997 年乔布斯于苹果公司危难之中重新归来，推出了著名的非同凡想广告《Think Different》，只有那些疯狂到以为自己能够改变世界的人，才能真正地改变世界。若干年后，苹果更是市值一举超越微软，成为全球最值钱的科技企业。

在全球各类媒体的报道中，我们不难发现乔布斯的几项个人特质，比如：自信专注、完美主义、极简主义、超凡魅力、坚韧不拔、知难而进、勇于创新、敢于冒险等。如果隐去乔布斯的名字，你觉得有上述特质的人创业会成功吗？

(资料来源：作者根据相关资料自行整理)

案例导学

人没完人，所以一个人的优秀只是相对而论的，年轻时的乔布斯也有很多缺点。在他被自己创建的公司赶出去后，其内心世界发生了很大转变，创业的失败使他变得更加谦逊，孩子的出生使他变得更加温顺，年龄的增长使他变得更加成熟。这就是乔布斯，一位将技术与艺术完美融合的创造者，一位改变世界的梦想家。乔布斯的特质与人生经历，值得我们探寻和研究。

第一节 创业者概述

有这样一类人，他们敢为人先、敢冒风险、坚韧不拔、吃苦耐劳，他们渴望成功也不畏惧失败。人们常说，幸运之神眷顾他们，却常常忘了失败之神也是他们的常客，这类人便是创业者。

创业者并非天生，创业行为也并非注定只能发生在谁的身上，创业的行为是在市场经济条件下应运而生的，企业的创建者可以是个人，但更多的是团队，是一群有着共同愿景和价值观的人，怀揣着对梦想的渴望而走到一起，形成最初的创业团队。他们从拥有的资源出发，并高效地利用和整合资源，发现和验证用户的需求，提出创造性的解决方案，从而创造价值。

一、创业者的含义与类别

“创业者”一词最早起源于法国，是由法国经济学家理查德·坎蒂隆(Richard Cantillon)提出的，他认为创业者是指这样一类人，对于一项新鲜事业，他们勇于冒险并且敢于承担责任。随后，法国经济学家萨伊(Say)对创业者的定义有了更明确的说明。在他看来，创业者在一项经济活动过程中同时协调着资源的分配、资金的使用和劳动力的雇佣，他们将经济资源从生产率较低的地方转移到生产率较高的地方，他们的身份更像是一个代理人。著名经济学家熊彼特认为，创业者应为创新者，即具有发现和引入新的更好的能赚钱的产品、服务和过程的能力。在今天，我们将创业者更多地理解为创办或建立一个新的企业，并维系这个企业的运营与管理，行使决策、承担风险、完善发展，从而获取收益。总之，创业者的内涵随着经济的发展不断丰富。

创业者作为一种相对独特的社会群体，按不同的分类标准可以划分为不同的类型。

(一)根据创业动机的不同，分为生存型创业者和机会型创业者

生存型创业者是指创业者进行创业活动的动力完全是因为生活所需，为了钱财和物质，不得已而为之。这类人的典型特征是被动。这类创业者在我国的创业者中比例最高。

机会型创业者是指那些为了追求某个商机而进行创业活动，是从个人角度出发，为了满足精神需求而非生理需求的一类人。这类人的典型特征是主动。生存型创业者与机会型创业者的区别如表 2-1 所示。

表 2-1　生存型创业者与机会型创业者的区别

创业者类型	生存型创业者	机会型创业者
创业动机	满足生存所需	满足精神所需
受教育程度	大多学识水平偏低，较少受过高等教育	多数受过高等教育
思想高度	维持生计，小富即安	瞄准时机，不甘现状，敢于拼搏，做大做强
行业偏好	餐饮、百货、零售、家政	金融、教育、投资
风险承担	以安全性为主，以营利性为辅	以营利性为主，以安全性为辅

(二)根据创业范围和所获支持的不同，分为独立创业者和企业内创业者

独立创业者即个体创业者，多是在工作、生活中萌生出独立创业的想法与观念，自己出资成立公司，并管理公司。创业的原因多是在工作中不顺，或对所从事的行业感到失望，而急切想要改变。这类创业者需具备一定的投资能力、极强的自立精神和极强的风险承担能力。

企业内创业者即内部创业者，是指在已有的公司或单位中，根据现有的资源、项目创新出不同于以往的商业模式或产品服务，一般是由企业内有创业意愿的员工来主持发起。其目的多是为了增加企业竞争力，阻止人才流失，发挥员工创造力。但由于有原有公司的扶持，相比独立创业者，风险相对较小，资金也更容易到位。

(三)根据创业的次数和经验不同，分为初始创业者和二次创业者

初始创业是指创业者第一次根据自己的分析与思考，确定自己的创业类型并开始筹备，一直到招聘员工、建立公司制度、设计研发产品、进行营销并获利的过程。初始创业者特指第一次进行创业活动的人群。他们有着缜密的计划和满满的信心，但由于结果的未知性，他们往往也需要更强大的内心。

二次创业是指创业者在经历过初次创业之后，根据自己的学习经验和心得体会而产生更有助于企业进步与发展的方案并实施的过程。二次创业者往往对公司的运营把控得更加完善，决策也更加现实。毕竟创业是一个学习、再学习、不断学习的过程。

二、成功创业者的特征

在我们身边有着数不胜数的创业成功的典范，包括海尔的张瑞敏、华为的任正非、格

力的董明珠、腾讯的马化腾、小米的雷军等，我们常常会剖析他们的创业环境和背景，分析他们身上的性格特质，深入挖掘他们成功的因素，并找到成功的秘诀。我们将成功创业者通常具备的心理、行为、知识、能力等四个维度的特征归纳总结为以下几点。

(一)成功创业者的心理特征

1. 创业激情

对于一个创业者来说，最先要具备的是对创业这件事情怀揣的热情。对创业饱含兴趣，才会萌生观念与想法，才有继续探索下去的热情，才会展开无限的可能。创业的激情不是一时的，它伴随整个创业过程，在漫长且艰辛的创业之路上，不是所有人都会一帆风顺，当困惑迷茫时，回想当初是什么动力促使创业，才会拨开迷雾，重见光明。

2. 敏感好奇

创业者在选择创业项目时，要有新奇点和侧重点。而这两点便取决于创业者的好奇心与洞察力，以便能适时地寻找机会，抓住机会，对商业机会作出快速反应。机会是留给有准备的人的，但对创业者来说，机会是留给敏感好奇的创业者的。很多时候，商机就摆在眼前，而我们却往往视而不见，将别人眼中的平淡无奇变为自己的无限商机，是一个合格的创业者应具备的特质。

3. 情绪稳定

创业过程相当于一次冒险过程，没人能预料未来会发生什么，也没人能预料未来你的公司会走多远，面对创业路上充满的种种未知，保证良好的心态和稳定的情绪显得尤为重要。创业需要极大的心理承受能力，如果你天生心理承受能力不足，是不适合创业的。罗永浩认为，创业过程中需要承受的压力和恐惧是超出想象的，它会让大部分抗压能力正常的人崩溃。所以说创业者在心理承受能力方面是要优于常人的。

4. 敢于承担

每个现实生活中的人都扮演着不同的角色，而每个角色又承担着相应的责任。对于一个创业者而言，合理合法地创办企业，保障企业和员工的生存，作出合理正确的决策……这些都是创业者的责任。作为一个勇于冒险、敢于担当的创业者，责任和义务是要时刻铭记于心的，而不能一味地只想索取、获利，权利与义务永远是对等的。同时敢于承担也不仅仅是承担应尽的责任和义务，还包括对于决策后果的承担，无论公司发展如何千变万化，都要敢于面对现实，敢于接受现实，不自暴自弃，有勇有谋有担当，才是一位合格的创业者。

(二)成功创业者的行为特征

1. 诚实守信

自古以来，诚信都是最重要的美德之一。作为商人，丢失诚信可谓寸步难行，不仅会导致顾客利益受损，同时也会丧失客流量，在诚信的同行面前更是毫无竞争力，结局注定只能是死路一条。因而，诚实守信是每一个创业者的第一要义。

2. 勤奋好学

一分耕耘，一分收获。并非每个人生来就注定会成为天才，生来就一定会成功。成功的人总是不断学习、不断进步的。只有用勤奋的钥匙才能打开进阶的大门，只有不断地与时俱进，才能把握机会，实现价值。

3. 吃苦耐劳

如果一个创业者只将创业挂在嘴边，那么他终将是个失败的创业者。只有付诸行动，才有成功的可能。万千世界，唯有适者才能生存。创业也是如此，敢打敢拼敢吃苦，不轻言放弃的人便是竞争中的适者。坚韧不拔的毅力会是助他穿梭于河流中的小舟；反之，丢掉这些，他会很容易迷失于沼泽，半途而废。

4. 随机应变

创业是任重道远的，创业路上布满了荆棘，充满了不确定性，没有人敢说自己的创业不会出现一点点意外，一切都在预计好的轨道上运行。一个好的创业者，一定要具备灵活应变的能力以应对企业面临的各种变数，要行动，在行动中学习；要小步快跑，不断迭代，切忌一条巷子走到黑。

(三)成功创业者的知识特征

1. 夯实的基础知识

学习知识是为了让我们更好地认识世界，认识自然，认识美丑，明辨是非。学习基础知识不仅可以加深我们的认知，也会让我们看清精神价值的方向。对于一个创业者来说，学习管理，他会对经营公司略知一二；学习法律，他会对注册公司略知一二；学习道德，他会对为人处世有着更深的理解；学习理财，他对财富可能会有更完善的管理……总之，夯实的基础知识在人的学习、生活中起着不可替代的重要作用，有了它不一定会成为优秀的创业者，但优秀的创业者一定精通它。

2. 精湛的专业知识

仅具备基础知识对一个创业者来说是远远不够的。如果想把企业做大做强，那么学习广博精湛的专业知识是必不可少的，比如工商管理、人力资源管理、财务管理、公司金融、会计学、审计学、法学、决策论等，这些都是必要的。除此之外，还应学习与创业理论息息相关的经营知识及相关行业的专业知识。就像代码与 IT 行业是永远分不开的一样，只有掌握核心的代码、核心的技术，才能掌握核心竞争力，才能有市场，从而获取利润。

3. 多彩的实战经历

对创业者而言，要具备丰富的理论知识，同时也要具备实践精神。俗话说，是骡子是马，得拉出来遛遛。一个企业在注册、创办、经营、发展的各个阶段，都有核心问题要处理，如果对这些过程的方方面面不了解也不去学习，那必定会是个失败的创业经历。实践才能出真知。了解到经营企业的艰辛，才会对今日的成果倍加珍惜。

4. 丰富的社会阅历

如果说以上三点侧重考察的是智商，那么社会阅历一定是情商的代言人。俗话说，读万卷书不如行万里路，行万里路不如阅人无数。社会上的人形形色色，稍有不慎，都有可能毁掉辛苦创办的企业。创业者所积累的社会阅历会帮助创业者在初次接触一个人后快速作出正确判断。另外，丰富的社会阅历会有助于创业者用更高的眼光来分析、判断事物，也会对创业者处理事务的方式方法产生影响，实现一步步的自我提升。

(四)成功创业者的能力特征

1. 创新力

创新意识和创新能力是一个创业者综合能力的一种体现，包括发现一个新的问题、产生一个新的思路、建立一套新的机制、发明一项新的技术等。它是以深厚的文化底蕴、夯实的知识为基础，综合心理、智力、人格多方面相互协调配合的一种能力。当今社会，与其说是人才的竞争，不如说是人的创新力的竞争。于创业者而言，好的创新项目不仅是赢利的工具，更是创业者的心血。只有不断地进步，认识创新的重要性与必要性，才能促进个人的发展，才能推动社会的进步。

2. 领导力

一个好的创业项目，靠单打独斗是成不了大气候的，团队的力量永远不容小觑。而在一个团队中，卓越的领导人是团队的风向标，委任各部门的员工，各司其职，才能使企业蒸蒸日上。一位好的领导，不仅要管理好自己，更要管理好员工、激励员工，展现好的人格魅力，设立完善的管理机制，强化团队沟通，提升凝聚力，发挥“1+3”远大于 4 的效果。

3. 洞察力

在惜时如金的今天，对时间的把控很大程度上就是对公司发展的博弈，可能让你赚得盆满钵满，也可能让你输得一塌糊涂。这就要求创业者必须具备敏锐的洞察力，走在认知与时间的前沿，与时俱进，善于发现别人忽略的发光点，将一个点不断放大，不断向下延伸，发现另一片不为人知的天地。

4. 沟通力

创业是一个交流沟通的过程，无论是你的员工、客户、上游供应链还是投资人，有效的沟通可以达到事半功倍的效果。有效的沟通力往往表现在以下两方面。

1)　有效的口头表达能力

随着社会的进步与发展，路上行人的脚步也是越来越快，工作中的人更是忙忙碌碌，如何在短时间内运用逻辑、抓住重点、直奔主题、言语巧妙不晦涩地拴住你的潜在客户，让他们产生兴趣，成为很多创业者面临的大问题。感兴趣的创业者可以试着模拟“电梯演讲”。

2)　有效的书面表达能力

在向投资者、顾客推荐创意/想法或者某种产品时，光利用口头的语言是不够的，必要的时候，我们要作出详尽的计划书和产品推荐书，或以高效简洁的 PPT 向别人展现自己的项目，这都会为创业计划增光添彩。

小贴士

电梯演讲

电梯演讲(elevator speech)源于麦肯锡公司一次沉痛的教训。该公司曾为一个重要的大客户做咨询，其项目负责人在乘坐电梯时遇见了对方的董事长，在电梯从 30 层运行到 1 层的约 30 秒内没有把事情说清楚，结果痛失客户。自此，麦肯锡要求公司员工凡事要在最短的时间内把结果表达清楚，凡事要直奔主题、直奔结果。麦肯锡认为，一般情况下人们最多记得住一二三，记不住四五六，所以凡事要归纳在 3 条以内。这就是如今在商界流传甚广的“30 秒钟电梯理论”或称“电梯演讲”。

假设有一天，创业者在乘坐电梯时遇见了重要的客户或投资人，在电梯运行的短短几十秒内，创业者能否抓住这个宝贵的机会，在最短的时间内言简意赅陈述清楚自己的创业计划，从而引起客户或投资人的浓厚兴趣和青睐？优秀的创业者只需要与天使投资人同乘一部电梯的时间，就能搞定天使投资人。“30 秒钟电梯理论”告诉我们，沟通的本质在于抓住重点，让事情变得更简单，才能作出成效。电梯演讲训练通常要求参与者进行 60 秒的演讲，兼顾完美与效率，锻炼其重点突出、逻辑清晰、表达流畅、直奔主题、直奔结果的能力。

第二节　创业者自我认知与能力素质测评

一、创业者自我认知

“认识你自己”，是一句镌刻于古希腊德尔菲神庙上的铭言。苏格拉底说，“认识自己，可以获得幸福，避免祸患”。当代美国组织心理学家塔沙·欧里希(Tasha Eurich)指出，认识自己是 21 世纪生存最重要的能力。研究表明，对自己有更清晰和准确认知的人，能够作出更明智的决策。通过自我认知，重新审视自己和自己拥有的资源，从而产生有价值的想法。

(一)冰山模型

冰山模型是由美国著名心理学家麦克利兰提出的全面描述一个人的个体素质要素的模型。这个模型包括 3 个层面 6 大维度。冰山上露出海面的部分，这部分最容易观测，包括知识和技能。冰山中间的部分，是能力。因为它在海面上半隐半浮，有些能力比较容易体现出来，比如沟通能力；有些能力是隐性的，不容易被外人看出来，甚至你自己都不知道是否拥有这个能力，比如领导力。完全隐藏在海面之下的部分，这一部分不容易被观测到，却对人的行为表现起到至关重要的作用。它包括价值观、性格和动机。大学生可以通过职业兴趣的探索、性格的探索、技能的探索以及价值观的探索来进一步认知自我。

(二)手中鸟原则

有谚语说："一鸟在手，胜过双鸟在林。"意即自己拥有的资源胜过无法得到的资源，被称为手中鸟原则，来自效果推理理论。该理论是由弗吉尼亚大学萨拉斯(Saras Sarasvathy)教授提出的，她曾深度访谈了多个跨行业、跨国家、跨年代的专家型创业者，找到他们面对不确定性时做决策的观点和原则，然后用一种内在的逻辑把它们连在一起，并称之为创业思维。创业推理理论是创业思维的逻辑基础及理论模型，为创业思维提供了整体框架和方法论。

创业思维五大原则包括手中鸟原则、可承受损失原则、疯狂被子原则、柠檬原则和飞行员原则。其中手中鸟原则是五大原则中的驱动型原则，它强调从拥有的资源出发，且高效利用自己手中的资源。而创业者手中有何资源呢？我们说每个人与生俱来都有三大资源：我是谁，包括爱好、特质、能力；我知道什么，包括教育、培训和经验；我认识谁，包括私人网络和工作网络。知识(knowledge)、能力(ability)和人脉(relationship)这三大资源构成 KAR 模型。手中鸟原则为我们带来一种新资源观，你就是自己最大的闲置资源和首要的机会来源。

二、创业者能力素质测评

创业者的能力素质是指创业者在特殊环境影响下形成的一种与心理素养、文化教育相关的综合素质，包括创业者心理素质、创业者技能素质、创业者行为素质和解决问题的能力等。以下将提供几种创业者素质测评的方法和工具，大学生创业者通过测评，能使其在创业前对自己有更清楚的认识，制定出合理的能力提升方案，适度地降低创业过程中的风险，从而对未来企业的稳健运营提供帮助。

(一)基于创业者核心素质模型的测评

基于创业者相应的能力与素质要求，选取 15 项要素作为评价指标，测试创业者的综合素质能力。测试者对每一项评价指标给自己打分，进行测评总结与制订改进方案。通过测评，明确自己已经具备哪些创业者能力素质，还不具备哪些创业者能力素质，制订如何提高能力素质的方案。在填写测评表时，可以独立完成，对于一些不太明确的评价，也可以参考他人意见。在表中，1～5 表示对某项能力水平的评价等级，分数越高说明越符合某项素质。同时表中有两次测评，建议测评者先进行第一次测评，在学习和实践一段时间后，再进行第二次测评。可观察两次测评有无变化。创业者核心素质测评表见表 2-2。

表 2-2　创业者核心素质测评表

能力要素	释　义	评　分					第一次评分	第二次评分
成功欲望	希望通过自己的努力实现创业目标，并且过程中积极主动	1	2	3	4	5		
竞争意识	主动接受挑战，并在竞争过程中保持公平、公正	1	2	3	4	5		
冒险意识	敢闯敢拼，勇于冒险，不畏惧失败与风险	1	2	3	4	5		
持之以恒	在明确自己的目标后，坚持不懈，砥砺前行	1	2	3	4	5		

续表

能力要素	释 义	评 分					第一次评分	第二次评分
沟通技巧	掌握人际交往过程中的沟通技巧，能够很快让别人清楚了解自己想要表达的东西，说话有吸引力	1	2	3	4	5		
领导力	对自己和员工有清楚的认识和定位。既可以管理好自己，也可以管理好团队	1	2	3	4	5		
洞察力	善于发现事物的闪光点，能够获取别人容易忽略的信息	1	2	3	4	5		
创新力	能够在自己的创业项目中加入创新元素，大胆组合，迸发出别样的特点	1	2	3	4	5		
组织力	办事逻辑清晰，对企业中的团队组织活动可以做到良好、高效	1	2	3	4	5		
应变力	处理事务时能够保持清醒的头脑，随机应变	1	2	3	4	5		
诚实守信	保持应有的职业道德与职业操守，真诚待人，实事求是	1	2	3	4	5		
正直自信	品行端正，并且能够保持积极自信的态度，尤其是在遇到挫折时，依旧相信自己，相信自己的团队	1	2	3	4	5		
知识储备	具备良好的知识储备，包括书本知识与实践知识。具备一定的社会阅历与社会分析能力	1	2	3	4	5		
建立企业文化	有自己完整健康的世界观、人生观、价值观。能够形成优秀的企业文化，并带领团队不断深化完善	1	2	3	4	5		
人际网络	有广泛的人际交往圈，喜欢并擅长结识新的朋友。同时又能为新朋友留下好的印象	1	2	3	4	5		
合计								
测评总结与改进方案 我已经具备的素质： 仍不具备的素质： 提高方案：								

(二)基于RISKING素质模型的测评

1. RISKING模型介绍

RISKING 模型是从资源(resource)、想法(idea)、技能(skill)、知识(knowledge)、智力(intelligence)、关系网络(network)和目标(goal)七个维度描述创业者的能力素质，RISKING是七个英文单词的首字母。RISKING模型如表2-3、图2-1所示。

表2-3 RISKING模型的要素及释义

素 质	描 述
资源(resource)	指创业者具备的与创业活动相关的项目资源、财力资源、人力资源及其他资源
想法(idea)	指创业者具备的与创业活动相关的，在参考行业市场、行业价值后产生的一系列具有可行性、拓展性与创新性的想法

续表

素 质	描 述
技能(skill)	指创业者具备的专业技能、领导技能、沟通技能及对信息的处理技能
知识(knowledge)	指创业者所具备的行业领域专业知识、商业知识、法律知识及相关财务知识等
智力(intelligence)	指创业者具备的智商、情商及财商，可以用来为公司赚取利润的能力
关系网络(network)	指创业者建立的人际关系网络，包括合作者、服务对象、新闻媒体，甚至是竞争对手
目标(goal)	指创业者明确的创业方向与创业目标，找准企业的市场定位并严格执行

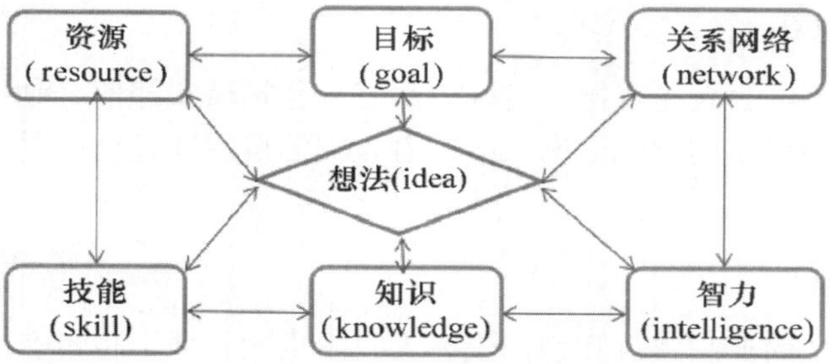

图 2-1 RISXING 素质模型框架图

2. 基于 RISKING 素质模型测评表

基于以上资源、想法、技能、知识、智力、关系网络与目标七大方向，设计出具有代表性素质特征的测评表。在此表中，要求创业者按照自己的实际情况，用第一印象，选择自己最符合的选项，并在符合自己的选项下打“√”，全部完成后，统计结果。

测评结束后，对自己的测评结果进行统计，频率最高的选项即对应创业者所处的类型。

A——你非常适合创业。在创业路上，必然会充满种种挑战，你需要全身心地投入进去，要相信团队的力量，不断进取、不断学习、拓宽视野，终有一天会收获自己的成功果实！

B——你适合创业，并且满足创业的一些基本要求。在创业路上，你需要更加完善自己，增强自己各方面的素质，提高自己守业的能力。

C——你具备一定的创业潜质，但信念并不坚定。你了解创业的风险，但有时又惧怕创业的风险，或者说更多的是因为你对自己缺乏足够的自信，因而相比来说，别人和外界环境更容易影响你的选择。

D——你只是对创业过程有所了解，但更多的是自己不愿去接触。在风险和稳定中，或许后者对你来说更重要。

E——或许你并不适合创业。在你的潜意识里，你似乎更喜欢安逸稳定的生活，而对刺激的挑战并没有展现出很多的兴趣。同时，你的社交圈范围较小，相比之下，你可能更适合做一个普通职员。

三、创业者的能力素质培养

创业者的能力素质，有一些是与生俱来的，但更多的是通过后天的学习和培养形成的。我们可以从书本中学习理论，可以从失败中反思总结，可以从别人的经历中学习经验，还可以从摸爬滚打的实践中自我总结。

(一)创业者的健康心理

如何培养一个创业者健康的心理素质，可以尝试从以下三方面入手。

1. 树立良好品德

所谓育才先育人，育人先育德。良好的品德，包括诚实守信、勤俭节约、善良勇敢、有所担当等，都作为优质的意识形态，推动着人类的发展和社会的进步。德与才是相辅相成的，缺一不可的。

2. 正确认识自己

古往今来，无数的典故告诉我们，没有人是生来的将才，也没有人是生来的士兵。同样，对创业者而言，没有天生的成功人士。每一位成功的创业者都要经历种种磨难和考验，这是他们的必经之路。要正确地认识自己，从历史、现实和未来三维角度看自己。成功的创业者，能分辨形势，看清自己，懂得把握分寸。俗话说，没有金刚钻，别揽瓷器活。只要清楚地认识自己的能力，在能力范围内尽力而为，就是一个成功的创业者。

3. 做情绪的主人

在生活中，适时地培养、调度、调控自己的情绪，有助于更好地掌控和把握情绪。若你在经营过程中遇事无法自持，作出情急之下的错误判断，则既是对自己不负责，也是对员工和客户不负责，“冲动是魔鬼”说的就是这个道理。

(二)创业者的领导能力

创业者的领导能力是体现一家企业能否有立足之地的重要方面，创业者对自身的管理以及对员工的领导都是领导能力的体现。培养领导能力应着重从以下几方面入手。

1. 加强学习

在企业创立过程中，创业者需掌握专业技术、人才培养以及经营管理等相关知识。这并不仅仅是简单的几摞书的问题，而是创业者思考与实践的过程。通过学习理论，可以在面临选择与困难时为你提供思路，但若不加以实践运用，终是纸上谈兵。

2. 塑造良好的个人形象

创业者的个人形象和品质是创业行为的精神核心。它包括两个大的方面，即对自己的管理和对员工的管理。

于自身而言，创业者的意志、信念、人格都是自我形象的展现。正直诚信、不屈不挠、坚韧执着、敢于担当都是人格魅力的具体表现，这些精神会随着创业者注入企业文化，为企业的发展带来更多生机。

个人形象是可以传染的，领导者的工作作风与为人处世态度也会影响员工的工作热情及工作信心。好的领导者懂得引导、管理、爱护、尊重员工，与员工并肩作战，让员工感觉温暖，才是一个团队的基本构成。

3. 实行良好的工作机制

一个好的团队、一个优秀的企业，光靠一位品行端正的领导者是远远不够的，还需要团队机制和企业文化。其中最重要的是用人机制和赏罚分明的奖惩机制。创业者只有牢牢掌握这两点不动摇，一视同仁，才能真正地掌握领导权，才是对企业和员工负责。一个没有企业文化的组织，很难吸引优秀的人才加入，也很难实现企业的可持续发展。

(三)创业者把握机遇的能力

机遇就像是肥沃的土壤，只有将能力这棵小树培植于此，小树才能成长为参天大树。对创业而言也是这样，好的创意项目遇到正确的机遇，小企业会成长为具有竞争力的大企业。但机遇有时候往往也代表着挑战，没有把握好分寸，挑战失败，也会使企业走上下坡路。因此，把握机遇的能力也是一位合格的创业者应具备的。素质具体内容如下。

(1) 产生兴趣。

(2) 敏锐的洞察力。

(3) 立足实际，解放思想，勇于创新。

(4) 出现机遇，审时度势，牢牢把握。

不同的人往往对机遇有着不同的理解，就像硬币的两面，在很多人看来是深渊的机遇，却被另一些人认为是天堂；或者某些看起来不错的机遇，背后却是重重陷阱。因此，对待机遇，我们一定要结合自身的能力，善于听取他人意见，保持客观理性的态度，抓住适合自己的机遇，努力奋斗，实现价值。

(四)创业者的交际能力

交际能力是一个创业者综合能力的外在展现，也在日常事务的处理中显得越来越重要。良好的交际能力，不仅可以使自己得到更多的理解，也会增加他人对你的认识，有助于形成健康的心理，树立正确的人生观、价值观和世界观。创业者交际能力的提升可从下述方法着手。

1. 读书，听讲座

读书和听讲座的过程，对不同阶段各个领域的每个人，都会产生帮助，都会使其对问题的判断和处理产生新的理解与认识。对创业者来说，掌握说话的技巧，往往会获得更多的机会。

2. 积极参加活动

创业者应积极主动地参加晚宴、交流会等聚会，在这些聚会中，尝试结识各类前辈或朋友，多听取他人的意见和见解，开阔眼界、拓宽思路。从别人的学习、实践经历中吸取精华，择其善者而从之，其不善者而改之。

3. 主动交流，向别人介绍你的想法

想必很多人对《国王的演讲》中结巴口吃的艾伯特有着深刻印象。从起初的断断续续，到后来的流利自如，这段演讲鼓舞了士兵，赢得了民众的赞扬，但更多的是他战胜了自己。学习、读书、听讲座、听取他人见解只是提升交际能力的输入过程，但一个人对交际能力的展现最终是要落在输出渠道上的。针对此，好的办法就是多说。只有不断锻炼，大胆尝试，让别人了解你的想法，才能真正提升自我，完善创业过程。

第三节　创业者伦理与企业家精神

创业与伦理的关系可以用“功过参半”来形容。一方面，创业者作为创新实践者，通过改进产品、完善服务和为大众提供就业机会，在很大程度上推动了社会的进步，受到人们的广泛赞誉；另一方面，一些创业者又因为片面地追求商业利益和成功，有时甚至违背法律规定、社会责任和道德规范，成为千夫所指的对象。因此，创业者在追求利润最大化的过程中要遵守创业伦理道德，要积极培育企业家精神，使自己和企业始终不偏离正确的方向，使创业成功并可持续发展。

一、创业者伦理概述

(一)创业者伦理的定义

创业者首先是创造财富，其次要承担相应的社会责任，最后还要遵循创业伦理，这是对创业者更高层次的素质要求。创业者伦理是指创业者在从事商业活动中处理各方相互关系的行为规范和准则，或者是说商务活动中所有人都应遵循的行为标准。其实质是涉及相关利益的人与人之间的关系。

创业者伦理是一个企业生存和发展的根基和生命线，没有好的创业伦理，企业是难以为继的，即便企业应势发展，生命力也不会长久，只能昙花一现。很多传承数百年的知名企业，不仅是因为其产品和服务符合社会需求，更是因为其始终恪守商业伦理，才在激烈的市场竞争中始终屹立不倒。创业者从一开始就要把创业伦理摆在突出的位置，严守伦理要求，才能为企业初创、成长以及长远发展打下坚实的基础。

(二)创业者伦理的核心要素

在中国经济进入“新常态”的情况下，越来越多的有志青年投身于“大众创业，万众创新”的时代大潮中。在这样的背景下，创业者伦理的核心要素作为基本的商业伦理道德，值得每一个创业者、每一个企业家去学习、去领悟。这样在面对市场全球化和经济全球化的今天，创业者才能在改革的浪潮中不至于迷失自我，才能真正实现创业者的社会价值和自我价值的结合与双赢。

创业者应具备以下伦理核心要素。

1. 自由交换

在经济全球化的市场经济条件下，各种生产要素、产品以及服务能够在全球市场快速地流动和组合。自由交换是这种时代背景下的产物，也是市场经济能够顺利运行的重要保证。创业者可能既是生产要素的供给者，又是需求者，然而无论是何种角色，创业者均需按照同质同价的要求进行商业活动。囤货居奇、哄抬物价、强买强卖、垄断经营等行为不仅严重背离了自由交换原则，也阻碍了商业贸易的有序进行和市场经济的持续健康发展。

自由交换原则的违背者在特定的条件下和短时间内可能获得数倍、数十倍的暴利，但长期来看这些行为必将被市场还以颜色。因为按照马克思“等量资本获得等量利润”的原则，任何不公平的利益格局都不会稳定地存在，投机者最终可能会落得一败涂地的下场，这样血淋淋的案例在商业长河中比比皆是，发人深省。

2. 恪守诚信

恪守诚信是保证商贸活动正常进行、生产要素合理流动、经济有序发展的前提和保证。在中国发展的现阶段，诚信缺失的问题十分突出，缺斤短两、以次充好，甚至假冒伪劣的报道常常充斥于各媒体，“三聚氰胺毒奶粉”“地沟油”“黑心棉”等突破道德底线的恶性事件，一次次刺激着公众的神经。创业者在创业伊始就要牢固地树立诚实守信的人生信条，无论遇到何种竞争、挑战或诱惑，都不能动摇自己的信念。

企业诚信经营，是获得用户数量的过程，更是一个用户习惯养成和黏度形成的过程。诚信的价值在短时间内可能不会显现，但是长期来看，一旦品牌观念在消费者心目中树立起来，消费者就会产生消费路径依赖，从而习惯和信任企业的产品与服务，结果必然会给经营者带来丰厚的利润回报。恪守诚信不仅是一种个人修养和良知的体现，也是一种充满力量的商业智慧。

3. 服务至上

服务至上原则的核心是“顾客至上”，顾客是所有最终产品和服务的体验者，每一个消费者的满意程度都关系着整个社会的商业满意指数。创业者在面对消费者时要着重注意“慎、勤、亲”的原则。

“慎”指的是创业者在开发新产品和服务时，要认真地进行市场调研和分析，要真正了解消费者的实际需求，这样才能有的放矢。盲目地上项目，不仅不会给消费者带来便利，并且由于创业者要投入自身的时间、资金、人力资源，还会浪费大量的社会资源。

“勤”指的是面对消费者的不解和询问要细致地解答，认真做好消费者的售后服务工作，耐心地倾听消费者对产品和服务的消费评价与改进意见。这样才能将产品和服务现有的优势充分发挥出来，并将暴露出来的问题一一有效地解决，从而进一步提高产品和服务的质量。

“亲”是指创业者从一开始就要与顾客建立起朋友和伙伴的关系，而不是买卖双方的博弈关系。要树立和顾客合作共赢、共同成长的理念，想顾客之所想，急顾客之所急，着力提高竞争的“软实力”。

4. 公平竞争

在市场竞争日趋激烈的现实背景下，各商家为推销自己的产品和服务可谓是“挖空心思、费尽心机”，从打折销售，到“买一送一”，乃至“买一送多”，可谓是五花八门，无奇不有。更有商家为了暂时的销售业绩，不惜亏本倾销，真是“杀敌一千，自损八百”，不仅扰乱了市场秩序，而且得不偿失。部分商家为了摆脱产品“同质化”的桎梏——在产品的外形和功能相似、相近的情况下，采取了夸大自己产品功能，诋毁同行的恶意竞争手段。这不仅违背了诚信的商业伦理原则，还破坏了公平竞争的商业原则，如果对方在博弈中也采取类似的做法，其后果必将是两败俱伤，造成市场混乱和资源错配。

创业者为了在竞争中脱颖而出，最重要和最根本的方法是提升自己产品与服务的内涵，不断创新，满足消费者的需求。

5. 依法办事

依法办事是商业伦理最低层次的要求，也是创业者必须遵守的原则。创业者在创业的各个环节都要树立法治观念，从创业项目的审批，营业执照的领取到缴纳税额，都要遵循相关的法律法规。为了做到依法办事，创业者既不能“以身试法”，也不能因为“法盲”而触犯国家法律。

2021 年年底，直播“一姐”薇娅偷逃税被罚 13.41 亿元，此事在社会上引起了很大的反响。同时也给人们敲响了警钟：无论是做直播还是经营企业，税务合规都是企业经营的重点。因不懂法而在不知情的情况下触犯法律的情形也有很多，创业者不仅要学习掌握基本的法律知识，遇到困惑不解的事务时还要及时查阅相关的书籍资料或者请教专业的法律人员，从而避免因“不知法而犯法”。

创业者在创业初期可以联合数名创业者聘请一名法律顾问，在企业初具规模后聘请专业的法律咨询人员来确保自己的决策行为符合国家的法律法规。

6. 义利并重

利以义制，名以清修。中国商人很早就提出了这样的观点，将商业活动和儒家所倡导的修身联系在一起。从古到今，中华民族涌现出了一批批可歌可敬的儒商。

创业者在赚取利润的同时，也要在力所能及的范围内积极投身公益事业，在敬老助学、扶危济困等方面承担起自己应尽的社会责任。做公益并不是很多人所说的浪费钱财，而是对企业和社会都大有裨益的事情。一方面，众多企业坚持不懈、久久为功地做慈善，在一定程度上解决了社会问题，推动了社会发展。这也必将有助于自身经营环境的改善。另一方面，企业能够扩大自身的知名度和社会影响力，进一步得到公众的认可，从而有利于企业产品的销售，并且可以进一步培育企业文化，增强员工的归属感和凝聚力。

二、企业家精神

(一)企业家精神的定义

“企业家精神”是由英文单词 entrepreneurship 翻译而来的。著名的理论经济学家熊彼特认为，企业家精神就是一种首创精神，即不断创新的精神。新古典经济学的代表人物马歇尔认为，企业家精神是一种包括“果断、机智、谨慎和坚定”以及“自力更生、敏捷并富有进取心”的心理特征。管理学大师德鲁克在《创新与企业家精神》中指出：“企业家精神既不是一门科学也非一门艺术，它是一门实践。”企业家精神是一个非常广泛的概念，随着时代的变迁会有不同的定义。笔者认为，所谓企业家精神，是指企业家在所处的社会人文环境和特定的经济制度下，在企业经营管理和市场竞争中形成的心理素质、价值取向、思维方式和精神状态。

企业家精神通过企业家的一个个具体的行为表现出来，体现在企业家日常的商品生产和经营活动中，而且通常是优秀企业家共同的基本特征。企业家精神是一个企业管理者所具有的竞争“软实力”，是一个企业区别于其他企业的重要标志。企业家精神不仅包括个体层面的企业家精神，而且还包括组织层面和社会层面的企业家精神。

个体层面的企业家精神是狭义的企业家精神，是个体企业家所具有的区别于普通人的特质，仅指企业创始人和少数管理者的精神。个体层面的企业家精神是企业家在长期生产实践活动中形成的，既有个人先天的因素，也有社会发展的印记，是自身与企业、社会共同作用的结果，是以企业家自身特有的个人品质为基础、以创新精神为核心，包括冒险精神、敬业精神、合作精神和强烈的社会责任感等在内的一种多元的精神品质。

组织层面的企业家精神主要是指一个企业或一个组织所具有的创新、进取、合作等价值观和经营理念，是个体层面的企业家精神在组织层面的延伸和体现，属于较高层次的企业文化。组织层面的企业家精神是企业的核心竞争力之一，它是在企业长期发展实践中形成的，对企业的发展会产生深远影响。组织层面的企业家精神可以帮助企业形成企业文化，增强员工的向心力和凝聚力，形成“企业性格”，提升企业竞争的软实力。

社会层面的企业家精神，是指引导地区乃至整个国家创建具有企业家精神特征的文化。社会层面的企业家精神是最广义的企业家精神，反映了整个国家和社会对于创业创新的态度，其作用在于最大限度地激发整个社会的创新、创业热情，培育经济增长点，解决就业，加快国家创新能力的形成。

2017 年 9 月 8 日，《中共中央国务院关于营造企业家健康成长环境弘扬优秀企业家精神更好发挥企业家作用的意见》(以下简称《意见》)发布，这是中央首次以专门文件明确企业家精神的地位和价值。《意见》从三个层面对弘扬优秀企业家精神提出了要求，即弘扬企业家爱国敬业遵纪守法艰苦奋斗的精神、创新发展专注品质追求卓越的精神、履行责任敢于担当服务社会的精神。

(二)企业家精神的培育

企业家精神和个人修养一样，不是与生俱来的，而是需要后天培育的。企业家精神包含的内容很多，可从以下几个方面着重培育。

1. 创新

企业家精神的核心就是创新。在竞争激烈的商业环境中，创业者是否具有创新精神事关企业的生死存亡。创业者要敏锐地把握市场所需，应用最新的科学技术，不断改进消费者所需的产品。在市场变革中下先手棋，引领行业的发展。

2. 勤奋

古语云："业精于勤，荒于嬉。"卓越的产品品质，人性化的一站式服务，这些都需要从业者辛勤的汗水和艰辛的付出。作为企业家，勤奋是其获得成功不可或缺的关键要素。事业维艰，奋斗以成，企业家必须有顽强的拼搏精神应对各种挑战，为员工带好头、领好路，企业才有可能取得长足的发展。

3. 感恩

企业家所获得一切成就都是社会赐予的，没有人可以独自完成复杂、艰巨的工作，企业家应当从内心感谢社会和他人给予的厚爱，只有懂得感恩的人才能不断地开拓进取，做有益于国家和人民的事，实现自我价值和社会价值的统一。

4. 仁爱

企业家要有"仁爱之心，同情之心"。要爱自己的员工，热爱社会，关心弱势群体。"爱人者，人恒爱之；敬人者，人恒敬之"，仁爱是消除企业家与员工隔阂，走进员工内心世界的金钥匙。有仁爱之心的企业家才能缔造出一流的企业，服务于社会、无愧于内心。

5. 正直

正直是企业家必须具备的品质之一。唯有正直的企业家才能公正地面对自己的员工和社会，不正直的人是不能也做不成企业家的，只有正直的企业家才能从容地面对各种诱惑和挑战，在波涛汹涌的商海中扬帆远航。

6. 慎独

所谓"修合无人见，存心有天知"，在没有监管或监管薄弱的区域，慎独是保证企业家不偏离正确方向的法宝。高级管理人员如果没有慎独的品质，根本无法授之以权力、委之以重任。

本章小结

(1) 明白创业者的含义与类别，能够区分创业者与其他职业人群，并明白创业者的具体分类。重点掌握包括心理特征、行为特征、知识特征以及能力特征在内的创业者的各项能力与素质。

(2) 学习使用两类创业者素质测评表，能够正确看待自己的形象与身份，及时查漏补缺，做到不断地自我完善与进步。

(3) 创业过程中重视企业家精神，不断提升自我的同时注意伦理问题，以社会权益为重，促进社会进一步和谐友好地发展。

实训案例

基本案情：

鲨鱼在线音乐网(Grooveshark)成立于2006年，是一个为数不多的面向欧洲的免费在线音乐搜索试听与存储服务网站。与其他在线音乐搜索引擎不同的是，在鲨鱼在线音乐网，只有一小部分音乐有版权，绝大部分音乐来自用户上传。因此，鲨鱼在线音乐网一直被起诉侵权。

虽然官司不断，但它总能利用“避风港原则”不让自己陷于险境。只要不被抓到它本身参与到网站上侵权内容的制作，就能一直这么躲避下去。“避风港原则”实质上是对网络服务商提供的特殊保护，最早在美国《千禧年数字版权法》(Digital Millennium Copyright Act，DMCA)中提出。“避风港原则”指的是对于无法实时监控用户生成内容的互联网服务提供商来说，若发生涉嫌版权问题的指控，只要及时删除或下架相关侵权内容，即可不承担侵权责任。这给了很多互联网产品以UGC(user generated content，用户原创内容)的名义绕过版权门槛的机会。

然而，2014年年末的一场诉讼中，鲨鱼在线音乐网被判定“指使自家员工上传音乐到音乐库中”。这使它面临巨大危机。随后在2015年3月的诉讼判决上，法官判断，鲨鱼在线音乐网滥用“避风港原则”为自己的侵权行为找借口，它的情况不适用于“避风港原则”。这让鲨鱼在线音乐网瞬间面临数亿美元的赔偿。之后，2015年5月就发生了鲨鱼在线音乐网宣布倒闭的事件。

(资料来源：thethief. Grooveshark 倒闭了，但作为一个侵权者它是怎么撑过这十年的？[EB/OL].http://36kr.com/p/532494.html.)

案例点评：

案例中的鲨鱼在线音乐网利用法律中的漏洞，一直游走在法律边缘，试图蒙混过关，避免受到法律的制裁。这一行径显然不妥，严重违背了创业道德与创业伦理，最终未能逃脱法律的制裁。

思考讨论题：

1. 什么是创业伦理？它的核心要素有哪些？
2. 创业伦理有哪些冲突，应如何调节？

实训课堂

张瑞敏管理哲学的“破与立”

基本案情：

张瑞敏在30余年的企业管理实践中，兼收并蓄大量成功的管理经验，带领海尔成为行业的标杆企业。他曾在第四届“人单合一模式国际论坛”上三次提到“破与立”的颠覆性改变，分别为“砸冰箱、砸组织、砸标签”。

1985 年“第一砸”，张瑞敏砸掉了 76 台有质量问题的冰箱，砸醒了海尔人的质量意识，打破了外界认为“中国人生产不了好产品”的固化思想，竖立起了中国制造企业的质量意识。在海尔的发展中，质量始终是海尔品牌的根本。海尔冰箱曾经连续 11 年成为全球销量排名第一的品牌，海尔集团已经成长为世界第四大白色家电制造商。

2005 年，张瑞敏首次正式提出“人单合一”的管理模式，将员工的价值和用户需求紧紧地联系在一起。期间他又将“锤子”砸向了组织，颠覆了科层制企业组织架构，砍掉了 1 万多名中间层领导，立起了整合社会资源的“创客”体系。这可以说是基于张瑞敏对移动互联网的理解以及对未来的洞察，找到了自己新的基于客户的经营管理模式。不止如此，2021 年第五届“海尔人单合一模式引领论坛”上，海尔成立了“人单合一全球研究中心”，发布“人单合一”认证体系，实现了“人单合一”在全球的适用。2021 年 9 月 17 日，首张“人单合一”管理创新体系国际认证证书签署，进一步印证了张瑞敏首创的“人单合一”模式已然成为让全球管理学界都为之赞叹的一套管理范式。

2020 年，张瑞敏第三把锤子砸下去，砍掉了海尔“家电”的标签，立起了“生态品牌”的新标签，海尔以全新的品牌形象重新出现在公众视野里。张瑞敏不但为海尔创造了有形价值，还创立了物联网时代引领的“人单合一”模式，以及依托“人单合一”模式，首创了一种使海尔在转型为生态型企业后仍可持续进化的传承机制。

2021 年 11 月 5 日，张瑞敏宣布不再参与新一届董事提名，并提出“向小微形式的动态链群——哥伦布号们发起冲锋号召……”这些都暗含了其管理哲学，就是要破要立。

(资料来源：作者根据《企业管理》杂志整理)

实训题：

1. 海尔管理者发展的关键词是什么？

2. 张瑞敏管理哲学的“破与立”和其独到的管理思想来自哪里？诠释出怎样的企业家精神？

复习思考题

一、基本概念

创业者　生存型创业者　机会型创业者　创业者能力素质　创业者伦理　企业家精神

二、判断题(正确的画“√”，错误的画“×”)

1. 创业者在创业过程中应该保持清醒的头脑，控制情绪，坚定信念。　(　　)
2. 在进行创业活动过程中，个人利益最重要，必要情况下，可以违背社会利益。(　　)
3. 企业家所具备的能力是一成不变的。　(　　)

三、单项选择题

1. 创业者的类型不包含(　　)。

A. 机会型创业者　　B. 生存型创业者
C. 独立型创业者　　D. 依赖型创业者

2. 优秀创业者的特征不包括(　　)。
A. 诚实守信　　B. 吃苦耐劳　　C. 恃才傲物　　D. 敢于担当

3. 企业家精神不包括(　　)。
A. 感恩　　B. 创新　　C. 诚信　　D. 自私

四、简答题

1. 如何培养创业者的能力素质？
2. 成功的创业者的基本特征有哪些？
3. 请谈谈创业伦理的构建。
4. 如何构建企业家精神？

阅读推荐与网络链接

[1] 孔祥毅. 晋商的商业伦理[J]. 山西社会主义学院学报，2006(4)：41-44.
[2] 张玉利，薛红志，陈寒松，等. 创业管理[M]. 北京：机械工业出版社，2016.
[3] 刘志阳，李斌，任荣伟，等. 创业管理[M]. 上海：上海财经大学出版社，2016.
[4] 彼得 • 德鲁克. 创新与企业家精神[M]. 北京：机械工业出版社，2009.
[5] 姚祖军，蔡根女. 论企业家精神的内涵与中国企业家精神的缺失[J]. 经济师，2004(8).
[6] 李秀华，刘武，赵德奎. 大学生创新与创业[M]. 长春：吉林大学出版社，2015.
[7] 何予平. 企业家精神与中国经济增长[J]. 当代财经，2006.
[8] 何建湘. 创业者实战手册[M]. 北京：中国人民大学出版社，2015.
[9] 百度文库. 马云有过三次创业经历[EB/OL]. https://wenku.baidu.com/view/15f6fcfe7c1cfad6195fa723.html.
[10] 百度文库. 马云(阿里巴巴集团创始人)[EB/OL]. https://baike.baidu.com/item/%E9%A9%AC%E4%BA%91/ 6252？fr=aladdin.
[11] 百度文库. 松下幸之助(日本松下电器创始人)[EB/OL]. https://baike.baidu.com/item/%E6%9D%BE%E4%B8%8B%E5%B9%B8%E4%B9%8B%E5%8A%A9/957？fr=aladdin.
[12] 名人故事. 海尔砸冰箱的故事[EB/OL]. http://zw.liuxue86.com/z/2999039.html.

随身课堂

创业者与创业能力素质.PPTX　　创业者.MP4　　创业者能力素质.MP4　　企业家精神.MP4

第三章　创业机会与想法

学习要点及目标

- 了解和掌握创业机会的含义、来源及识别方法。
- 了解和掌握创业想法产生的途径和方法。
- 了解和掌握分析筛选创业想法的方法。

核心概念

创业机会　创业想法　创业机会识别　创业想法筛选

引导案例

杨秀波的返乡创业之路

杨秀波，出生于贵州省三都水族自治县，是地地道道的水家娃，也是大山深处的幸运儿，更是全村为数不多的大学生。

2015 年 6 月，杨秀波从南华大学毕业，在校期间一直热衷于创业，曾带领团队参加第四届、第六届中国自主创业大会并得到院校认可。在离校两年后，他被南华大学聘为“南华大学创业创新导师”，同年获得“贵安新区创业创新十佳带头人”及“贵安新区创业创新导师”等荣誉称号。

毕业之后他也一直在广州、深圳从事电商运营工作，担任企业运营总监职务。经过几年不断的努力学习，他对电商行业有自己独特的理解。2019 年，一次偶然的机会，得知家乡大力推进农村电商，怀揣着对家乡的感恩之情，他放弃了高薪职务，决定自己带领高校创业团队返乡创业，开启了他的家乡电商扶贫之路。

2019 年，他担任了三都县乡筹科技发展有限公司(国有控股)总经理，创立三都县官方电商平台——三都乡筹，统筹企业管理和电商运营。为了使更多的人了解和熟悉电子商务，让更多的农民朋友搭上电子商务快车，他开展了一系列形式多样的电商讲座、培训以及大型直播等活动，带动三都县的农产品“黔货出山”。

团队组建以来参与了县级举办的电商活动，在县级电商农产品销售中多次荣获嘉奖，并在 2020 年荣获“中国创翼”创业创新大赛扶贫组，三都县赛第一、黔南州赛第三、贵州省赛优秀奖的好成绩。

同时带动他的团队开发线上及线下多平台渠道销售，现有平台公众号 1 个、淘宝店 3 个、拼多多店 3 个、线下实体店 1 个，拓展了销售渠道，有效地提高了三都县农副产品变现率，解决了农副产品滞销问题。其中平台累计上架 260 款 SKU 产品，与 32 家企业电商服务站点及合作社供应链企业建立了长期合作关系，同时与 50 家企业达成了合作，促进供应链的建设成效完善体系。

从 2019 年组建企业以来，公司直接提供就业人数 34 人，间接岗位人数 637 人次；2019—2020 年电商运营团队带动帮扶建档立卡户 672 户农户 3360 人，通过电商销售农副产品，实现增收。在任职期间，杨秀波组织了“三都县电商扶贫 · 黄桃节直播大赛”，2020 年 6 月 16 日县委书记、县长助力“黔货在京 · 消费扶贫”等大型电商助力脱贫活动。

经过这一年多的农村电商创业之路，虽然很艰辛，但是杨秀波坚信：路虽远，行则将至；事虽难，做则必成。

(资料来源：根据 https://www.360kuai.com/pc/980bb5c63bb90e9eb?cota=4&kuai_so=1&tj_url=so_rec&sign=360_57c3bbd1&refer_scene=so_1 整理)

案例导学

创业机会与想法是一个创业者进行创业的源头，任何一个创业想法的产生都不是空穴来风，它来源于现实生活。杨秀波正是因为一次偶然的机会，毅然返乡创业，所以说创业过程的开始就是源于创业机会的发现。

第一节 创 业 机 会

机会总是留给有准备的人。在现实生活中，许多人都有创业幻想，但能否发现创业机会、抓住创业机会并最终成为一个成功的创业者，这需要创业者对创业机会有深入的了解并具有一定的识别能力。下面我们将对创业机会的来源、创业机会的识别以及创业机会的评价方法进行介绍。

一、创业机会的来源

投资创业要善于抓住好的机会，把握住了每一个稍纵即逝的投资创业机会，就等于成功了一半。那么，什么是创业机会呢？创业机会是指通过把资源创造性地结合起来，满足市场需要，创造价值的一种可能性。它具有吸引力、实时性、持久性、为客户创造价值四大特征。而创业过程的开始就是源于创业机会的发现。根据德鲁克的机会来源理论，即按照可靠性和可预测性的递减顺序依次排列为：意外之事、不一致之处、流程需要、产业和市场结构的变化、人口变化、观念变化和新知识 7 个主要来源。结合大学生实际情况，创业机会的来源具体归纳为以下几个方面。

(一)变化就是机会

著名管理大师将创业者定义为那些能“寻找变化，并积极反应，把变化当作机会充分利用起来的人”。产业结构变动、消费结构升级、城市化加速、人们观念改变、政府改革、人口结构变动、居民收入水平提高、全球化趋势等这些都是变化，其中都蕴藏着大量的商机，关键要善于发现和利用。比如，居民收入水平提高，私人轿车的拥有量将不断增加，这就会派生出销售、修理、配件、清洁、装潢、二手车交易、代驾等诸多创业机会。

再如，新冠肺炎疫情的来袭，虽然一些实体行业遭到了重创，但也给无人餐饮、物流配送等同城服务行业带来了机会，比如京东到家、兴盛优选、盒马鲜生等，在疫情期间，就让居家的人们充分享受到了配送服务平台带来的便利。还有疫情导致学校无法正常开课，加上“停课不停学”的原则，线上教育可借助这个机会扩展客户群体。

(二)顾客问题就是机会

企业的根本是满足顾客需求，而顾客需求没有得到满足就是问题。寻找创业机会的重要途径，就是善于发现和体会自己和他人在需求方面的问题或生活中的难处。也就是着眼于那些大家“苦恼的事”和“困扰的事”。因为是苦恼、是困扰，人们总是迫切希望得到解决，如果能提供解决的办法，实际上就是找到了机会。例如，有一位大学生发现放假时交通难的问题，于是创办了一家客运公司，专做大学生生意，这就是把问题转化为创业机会的成功案例。

需要注意的是，机会不能从全部的顾客身上去找，只要关注某些人的日常生活和工作，就会从中发现某些机会。因此，在寻找机会时，应把顾客进行分类，认真研究各类人群的需求特点。

(三)挑战就是机会

商场如战场！竞争非常残酷，既是挑战，也是机会。如果你看出了同行业竞争对手的问题，并能弥补竞争对手的缺陷和不足，这就将成为你的创业机会。因此，平时做个有心人，多了解周围竞争对手的情况，看看自己能否做得更好，能否提供更优质的产品，能否提供更周全的服务，如果可以，你也许就找到了创业机会。

小贴士

从校园“小买卖”起家

谢玲万，是一名大四学生，大一刚进校时，谢玲万带的钱还不够交学费，那时他就决定自己挣钱交学费，养活自己。

“很多人都想创业，只是很多人不知道从何入手。”谢玲万说，他的创业是从校园中的“小买卖”做起的。谢玲万发现学生喜欢看《英语周报》，他就通过努力当上了校园代理，最终卖了700份左右，挣了六七千元，淘到自己的第一桶金。

后来，一个偶然机会，谢玲万看到教务处贴的征订下学年教材的通知，学生可自愿购买，他从中发现了商机。他就跑到书城、旧书市场联系资源。由于他卖的教材便宜，所以很受学生欢迎。

(资料来源：百度文库，根据 https://wenku.baidu.com/整理.)

(四)创造发明就是机会

创造发明提供了新产品、新服务，能更好地满足顾客需求，同时也带来了创业机会。比如，随着电脑的诞生，电脑维修、软件开发、电脑操作的培训、图文制作、信息服务、网上开店等创业机会随之而来，即使你不发明新东西，也能成为销售和推广新产品的人，从而带来商机。

(五)新知识就是机会

知识经济的一个重要特征，就是信息爆炸、技术不断更新换代。知识经济的出现改变了企业之间的竞争模式，这些都蕴藏着大量的商机，使得创办新企业的机会大大提高。比如，随着健康知识的普及，仅仅日常的饮水问题就带来了不少创业机会，各种净化水技术派生出诸多饮用水产品和相应的饮用水供应站。上海有不少创业者就是通过加盟“都市清泉”走上创业之路的。知识的创新并不一定是科技方面的，基于知识的社会创新甚至更重要。

二、创业机会的识别

商业机会并不等于创业机会。当你看到了创业商机之后，接下来就是考察创业商机的可行性。那么，该如何判断一个好的创业机会呢？

(一)创业机会识别的必要环节

无论是商机诱发型创业，还是创意推动型创业，创业机会的识别都需要经历以下四个识别环节。

1. 机会的价值性分析

机会的商业价值分析，就是分析特定创业机会所对应的市场需求规模与结构，特别是该创业机会刚刚形成时的需求规模与结构、可能的客户群、客户群的人文特征，以及哪些客户有可能成为新创企业的“目标客户”，哪些客户有可能成为目标客户中的“早期客户”，等等。商机总是针对细分市场而言的，不同细分市场上的商机的商业价值是不同的。成长型行业中的创业机会，未来会有较大的商业价值；而萎缩型行业中的创业机会，对创业者而言，具体商机对应的市场需求也不会有多大的价值，这样的行业中的商机多数是不可取的。

2. 机会的时效性分析

机会的时效性分析，就是分析特定创业机会的持续时间与市场需求的成长性。相应的市场需求持续越久，越值得创业者去追逐这样的创业机会。创业者所面对的市场需求会持续成长的情况下，市场上才可能容纳较多的企业，从而创业者才会有较大的成长空间。一般而言，创业者在市场需求成长最快的时间段(简称“机会窗口”)向市场推出自己的产品或服务，才有可能尽快在市场中立足，进而为未来的成长奠定基础。

3. 机会要素的匹配性分析

创业机会是适当的商机、有价值的创意、可得的资源、团队的能力四者的有机组合。也只有当这四种要素处于匹配状态时，对特定的创业团队而言，相应的商机才能够被称为“创业机会”。商机与创意之间的匹配是最基本的，如果这二者不匹配，此时的商机自然不能被视为创业机会。如果商机与创意之间是匹配的，接下来就需要分析创业者的自身能力是否与自己的创意相匹配，即创业者是否有能力实施相应的创意，以及创业者是否能掌握实施该创意所需的资源。如果自己的能力、掌控的资源不足以实施相应的创意，这时的商机就不构成创业机会。

4. 商机的收益性分析

通过上述三个环节的考察分析，创业者能得出“这是一个适合本团队的创业机会”的判断，这时就需要进行机会的收益性分析，以判断该机会是否好到值得自己冒险而为。只有当机会的收益大到某种程度，达到创业者“满意”的程度，创业者才会冒险起步，启动创业；否则，就得回到第一个环节，以寻找、发现更具价值、更恰当的创业机会。

(二)创业机会识别的影响因素

创业者特征及环境变化构成了影响创业机会识别的关键因素。创业者特征是指创业愿望、认知能力与创业技能、先前经验、社会关系网络、创新思维；环境变化主要是指宏观经济政策和制度变化、产业经济结构变化、社会和人口结构变化、价值观与生活理念变化、竞争环境变化、技术变革。其具体内容如下。

1. 创业愿望

创业愿望是创业的原动力，只有拥有强烈的创业愿望，创业者才有可能更多、更有效地发现和识别市场机会；反之，再好的创业机会也会与创业者失之交臂。

2. 认知能力与创业技能

很多人认为，多数创业者的“第六感”比别人更灵敏，能够帮助他们看到别人错过的机会。事实上，这种能力最终取决于个人或者团队的认知能力与创业技能，其中包括创业者所积累的行业知识、创业经验等。一般来说，在某个领域经验丰富的人士，相对于外围人士来说，更加具有商业敏感度。据国内外研究和调查显示，与创业机会识别相关的能力主要有远见与洞察能力、信息获取与分析能力、环境变化及技术发展趋势预测能力、模仿与创新能力、社会关系建立与维护能力、行业或者创业领域知识与经验储备能力等。

3. 先前经验

严格地讲，先前经验也是决定个人认知能力、创业技能的重要因素之一，因为大多数创业者的创业能力都是基于先前经验而不断成长的。但是，考虑到该因素对创业机会识别的影响程度较高，所以单独提出作为影响创业机会识别的关键因素之一。而且，该因素还涉及一个非常重要的概念，即走廊原理：创业者一旦创建企业，就开始了一段旅程，在这段旅程中，通向创业机会的“走廊”将变得清晰可见。也就是说，特定产业中的先前经验有助于创业者识别出创业机会。走廊原理强调经验和知识对于个体发现和把握创业机会的重要性，个体在特定领域的经验和知识积累越多，就越容易看到并把握该领域内的创业机会，从而实施创业活动。

4. 社会关系网络

社会关系网络也叫社会资本。创业者的社会资本是指与创业者个人及组织所建立的各类社会关系连接在一起形成的一系列资源，实际上是创业者各类社会关系资源价值的集中体现。创业者的社会关系网络包括政府、金融机构、高校、专业支持机构、商业合作伙伴、朋友、家人、同事等。有关研究发现，社会关系网络是个体识别创业机会的主要来源，其中的“强联系”与“弱联系”相比较，前者的信息转化率相对较高，但是相对于前者而言，后者有助于个体识别更多的创业机会。

5. 创新思维

创业的本质就是创造。而创业机会的识别过程也要求新的创造关系，最终形成新的产品、新的服务、新的原材料以及新的组织方式。其本身就是一个不断反复的创造性思维过程。可见，创新思维对于创业机会识别及其后续创业活动十分重要。例如，从纷繁复杂的信息中，你有没有可能挖掘出客户的需求，并提出具有创意性、产生新价值的产品或者服务解决方案，取决于你的创新思维能力。如果缺乏一定的创新思维能力，即使你获取了高价值信息甚至，明确了客户的新需求，恐怕也难以识别出蕴藏其中的创业机会。

6. 创业环境

环境的变化是创业机会的重要来源，因此创业环境必定会对创业机会的识别产生巨大影响。创业环境是创业过程中多种因素的组合，包括宏观经济政策与制度、产业结构、人口环境、技术环境、自然环境、市场环境、创业价值观等。例如，创业型经济发展的政策倾向、人们生活方式的改变、市场竞争环境的公平性，都会对创业机会的识别产生较大程度的影响。

三、创业机会的评价方法

尽管发现了创业机会，但这并不意味着要创业，更不意味着成功就在眼前，创业活动是创业者与创业机会的结合。并非所有的创业机会都有足够大的价值潜力来填补为把握机会所付出的成本，并非所有的机会都适合每个人，因此需要一定的评价方法。这里介绍两种创业机会的评价方法。

(一)蒂蒙斯创业机会评价体系及简化改进体系

蒂蒙斯的创业机会评价框架涉及行业和市场、经济因素、收获条件、竞争优势、管理团队、致命缺陷问题、个人标准、理想与现实的战略差异等 8 个方面的 53 项指标。通过定性或量化的方式，创业者可以利用这个体系模型对行业和市场问题、竞争优势、财务指标、管理团队和致命缺陷等作出判断，来评价一个创业项目或创业企业的投资价值和机会。

它主要适用于具有行业经验的投资人或资深创业者对创业企业的整体评价。该指标体系必须运用创业机会评价的定性与定量方法，才能得出创业机会的可行性及不同创业机会间的优劣排序。该指标体系涉及的项目比较多，在实际运用中可作为参考选项库，结合使用对象、创业机会所属行业特征及机会自身属性等进行重新分类、梳理简化，提高使用效能。该指标体系及其项目内容比较专业，创业导师在运用时，要多了解创业行业、企业管理和资源团队等方面的经验信息，同时要掌握这 53 项指标内容的具体含义及评估技术。

蒂蒙斯创业机会评价体系有三个局限性：一是对评价主体要求比较高；二是蒂蒙斯指标体系维度有交叉重复问题；三是指标体系缺乏主次，定性定量混合，影响效率。

鉴于蒂蒙斯创业机会评价体系的局限性，创业者在实际进行创业机会评价时，通常会参考该指标体系，筛选出符合国情环境、行业特征与评价者特质的精简化的指标体系，如表 3-1 所示。

表 3-1　创业机会评价体系简化版

指标类别	具体指标
管理团队	创业者团队是一支拥有优秀管理者的团队
竞争优势	有优秀负责的员工、优秀的管理团队
行业与市场	顾客愿意了解或者接受该产品，愿意接受服务，并且不产生反感情绪
致命缺陷	不存在致命的缺陷
个人标准	创业家虽然承担压力，但却保持良好的心态
收获条件	创业机会带来的附加价值，具有较高战略意义
管理团队	行业和技术经验能达到或者超越本行业内的最高水平
经济因素	能获取持久的税后利润并且税后利润率要超过 10%
竞争优势	固定成本和可变成本都比较低
个人标准	个人目标与创业活动目标相契合

(二)标准矩阵打分法

标准矩阵打分法是一种先选择影响创业机会成功概率的重点因素，再由专家小组对其进行优秀(3 分)、良好(2 分)和一般(1 分)三个等级的打分，最后求出所有因素在不同创业机会下的加权平均分，从而对不同的创业机会进行比较的方法。表 3-2 列出了 10 项主要的评价因素，但在实际使用时可以根据具体情况灵活选择其中的部分因素进行评价。

这种方法简单易懂，容易操作。该方法主要用于不同创业机会的对比评价，其量化结果可直接用于机会的优劣排序。只用于一个创业机会的评价时，可多人打分后进行加权平均。其加权平均分越高，说明该创业机会越有可能成功。一般来说，总分高于 100 分的创业机会可进一步规划，低于 100 分的创业机会，则需要考虑淘汰。

表 3-2　标准矩阵打分法

评价指标	专家评分			加权平均分/分
	优秀(3 分)	良好(2 分)	一般(1 分)	
易操作性	8	2	0	2.8
质量及易维护性	6	2	2	2.4
市场接受性	7	2	1	2.6
增加资本的能力	5	1	4	2.1
投资回报	6	3	1	2.5
专利权状况	9	1	0	2.9
市场的大小	8	1	1	2.7
制造的简单性	7	2	1	2.6
广告潜力	6	2	2	2.4
成长的潜力	9	1	0	2.9

第二节　创 业 想 法

创业难，但最难的是创业想法。一个有价值的创业想法的发现是创业者实现愿望和创造创业机会的关键一步，它是一个创业者进行创业的源头。有人说创业想法就是一个构想、一个计划、一种意图或者一种意向，其实这种说法是不完整的。简单来说，创业想法就是用简洁的语言对你未来将要创办的企业的基本业务的一个明确描述。

一、创业想法的产生

创业想法是创业的源头，大多数来源于现实生活。这里介绍几种常见的发掘创业想法的渠道和方法。

(一)爱好和兴趣

爱好和兴趣是指你在业余生活中喜欢从事的活动。很多人在追求爱好和兴趣的过程中产生了创业想法。尤其是大学生创业者，因为缺乏社会经验和人脉关系，从兴趣爱好中寻找创业项目，不失为一种好策略。如计算机专长的学生因对电脑熟悉和感兴趣，可以在电脑维修、网页制作等方面产生创业想法；旅游管理专业的学生因对旅游法规的熟知，可以在创办小型旅行社上多一些思考和探索，并把它发展成为一种好的创业想法。

大学阶段，有些同学的兴趣和爱好广泛又难以准确把握。在此情况下，要想从兴趣和爱好中产生创业想法，有时也不那么容易。你可以列出几个问题，对熟悉自己的人做一个小小的调研，例如：我的兴趣和爱好是什么？我擅长做什么？别人说我擅长做什么？

把你肯花时间做的事罗列出来，仔细分析确认哪些才是自己真正的兴趣所在，确定一下列表中你最想把哪件事发展成你的事业。当然，有些兴趣爱好适合创业，有些兴趣爱好因市场空间狭小或其他原因，不适合创业。因此，在通过自己的兴趣和爱好选择创业项目时，一定要将自己的兴趣或爱好放入市场中进行可行性分析。

(二)技能和经验

个人的技能和经验也是产生创业想法的重要途径，也可以说技能和经验在创业想法的产生和实现过程中扮演着至关重要的角色，它将成为你创业过程中的重要资源，无论是在创业想法的产生上还是在新企业的运作上，都是你的优势。例如一个曾就业于大型汽车制造厂并且积累了丰富经验的机械技工，创办一个汽车修配厂的可能性就非常大。或者说你知道怎样去做糕点，也有相关设备，你可以尝试去开一家糕点店，就是一个不错的想法。真正想创业就要做有把握的事，因此你一定要对某一行业越熟越好，不要光凭想象和冲劲做事。所以说，任何阅历和背景都是一笔宝贵的财富。

(三)市场调查

市场调查是收集市场上消费者的问题和需求情况并进行统计分析的一种科学的方法，通过对市场的现状及发展趋势进行数据的搜集、记录和整理，为创业想法的产生及经营决策的制定提供较准确的信息资料。

调查的方式是多种多样的，常见的有巡街法、人际关系法、异地领悟法等。可以通过实地考察，同时设计调查问卷，收集你想要的信息资料，可以组织正式或者非正式的会议进行调查，当你与朋友、家人或他人聊天的时候，从中了解到是否有一些需求还未被满足。例如：你发现周边很多人使用电脑，但经常需要维修和更新配置，对他们来说非常困难，那么开办一家小型电脑维修店就是一个不错的想法。

(四)互联网

互联网是现今浏览量最大的大众电子媒介，它的兴起反映了大众传播媒介的更新，极大地改变了人们的工作、学习、生活和交往方式。目前，随着互联网的广泛渗透，在诸多方面不断改变和改善着我们的生活和工作形态，人们正通过互联网方便地获取自己想要的任何信息。因此，你可以通过互联网来捕捉大量的信息和机会，来促使创业想法的产生。当你在浏览网页的过程中，从敏感的创业者角度出发，会从网页上五花八门的时事新闻、形势政策、突发事件、商业广告等，察觉到市场的流行趋势和消费者需求的变化，这些都是你获得创业想法很好的途径。例如国家经济的转型发展、新型特区的设立、人们对健康的态度、对环境保护的看法、对经济发展的统筹等类似有用的信息，都会使你的创业想法得到启迪。

小贴士

胡启立校园创业

胡启立，1982 年出生在红安县华河镇石咀村一个普通农家，父亲严重骨折瘫痪在床，不能下地干活，只得开了家小卖部，卖些日用品。胡启立小小年纪就经常跑进跑出“添乱又帮忙”，也正是因为这个原因，他从小就接触到了买卖。长大后胡启立在商业方面开始显现出才能，他经常带着同伴们去挨家挨户收购土特产，如蜈蚣、桔梗、鳝鱼等，卖到贩子手上，挣些零花钱。

2002 年 9 月，胡启立考进武汉科技学院电子信息工程专业。利用闲暇时间，他给一所中介机构贴招生海报，这是他找到的第一份兼职工作。后来认识了几位在学校网络中心搞勤工俭学的大四学生，几个学生商量后，经过学校网络中心同意，利用网络中心的电脑和师资，面向大学生搞起电脑培训班，他们负责招生，获得提成。

2005 年，“胡启立会招生”的传闻开始传开了。一家大型电脑培训机构的负责人找胡启立商谈后，当即将整个招生权交给他。随着这家培训机构一步步壮大，胡启立被吸纳成公司股东。但胡启立并不满足，他注册成立了自己的第一家专门做校园商务的公司。胡启立谈起成立第一家公司的目的：“校园是一个市场，很多人盯着这个市场，但他们不知道怎么进入。我成立公司，就是想做这一块业务，我叫它校园商务。”

同时，胡启立发现很多大学生通过中介公司找兼职，上当受骗的较多，就成立了一家勤工俭学中心，为大学生会员提供实实在在的岗位。他的勤工俭学中心影响越来越大，后来发展到 7 家连锁店。

在给一些培训学校招生的过程中，胡启立结识了一家篮球培训学校的负责人，开始萌生涉足体育培训业务的念头。经过多次考察比较，2006 年年底，胡启立整体租赁汉阳一所中专校园，正式进军体育培训。当年招生 100 余人，以前都是为别人招生，这次他总算是为自己招了。

如今，胡启立已涉足其他类型办学，为自己创业先后已投入 200 万元左右。在师生眼里，他现在成了校园里的创业明星，但胡启立一点也不张扬。

(资料来源：豆丁网根据 https://www.docin.com/整理.)

对于创业者来说，也可以进行网络调查，把你的调查问卷放在网上进行信息收集，或通过百度、搜狗、谷歌等搜索引擎，搜索创业想法的有关信息，使抽象的想法得以进一步完善和清晰，最终捕捉到有价值的、适合自己的好想法。

(五)问题导向

以问题为导向，试着去想解决消费者面临的各种问题的办法，这些办法就是你创业想法的萌芽状态，尽量与自己的专长和经验相结合，你的创业想法就隐藏在这些解决办法之中。

我们在思考过程中经常会遇见一连串问题：为什么会出现这样的问题？问题出现的原因在哪里？有什么样的解决方案？哪种解决方案是最好的？在以后的过程中应如何避免类似情况发生？等等。之前，我们经常听人抱怨“手机屏幕过小、上网速度太慢、像素太低、内存太小、充电时间长……”等一系列问题，然而现在看来这些都不是问题。仍以手机市场发展为例，手机是一个更新换代很快的产业，从最开始的诺基亚、摩托罗拉垄断手机市场到现在华为、小米、ViVo 等国产手机的兴起，以及苹果、三星这样的国外手机品牌的引进，通信技术的竞争已经转变为软件技术的竞争，短短几年依然定位在传统通信领域的诺基亚和摩托罗拉两大巨头在手机市场上几近销声匿迹，令人唏嘘，而且手机市场百家争鸣，过去一家独大的时代也一去不复返。所以，谁能把消费者的抱怨和使用过程中面临的问题作为研发目标，谁就能在市场中站稳脚跟。手机市场的风云变幻就是例证。

(六)头脑风暴

头脑风暴是指无限制地自由联想和讨论。其目的在于短时间内产生新观念或激发创新设想。其最大的特征是异想天开、胡思乱想、奇思妙想等。在创造性地解决问题以及产生创业想法时，头脑风暴不失为一种很好的技术方法。头脑风暴法分为一般性的头脑风暴法和结构性的头脑风暴法。

1. 一般性的头脑风暴法

一般性的头脑风暴法是从一个词或一个问题开始，将脑海中闪现的所有想法都写出来。你可以像滚雪球一样一直写下去，能写多少就写多少，尊重每一个想法，即使某个想法异想天开或者毫不相干。然后，从写出的有关企业想法中，想一想这些想法中哪些想法自己可以做？哪些不能做？不能做的原因是什么。癞蛤蟆能不能吃到天鹅肉，不想肯定吃不到，首先要敢想，并且想了去做才有可能。你可以试着一个人进行，当然和别人一起使用此方法效果会更好。

2. 结构性的头脑风暴法

结构性的头脑风暴法不是让你从任意一个词组开始，而是从一个特定的产品开始，在该产品的制造线、销售线、服务线、副产品线四个产业链条上，把能想到的所有相关的企业都写出来，如图 3-1 所示。同样，你可以一直想下去，不论你想起什么都要将其写下来，直到不再有任何新的想法为止。全部写下来之后，再去分析这个想法是否有价值、是否正确。

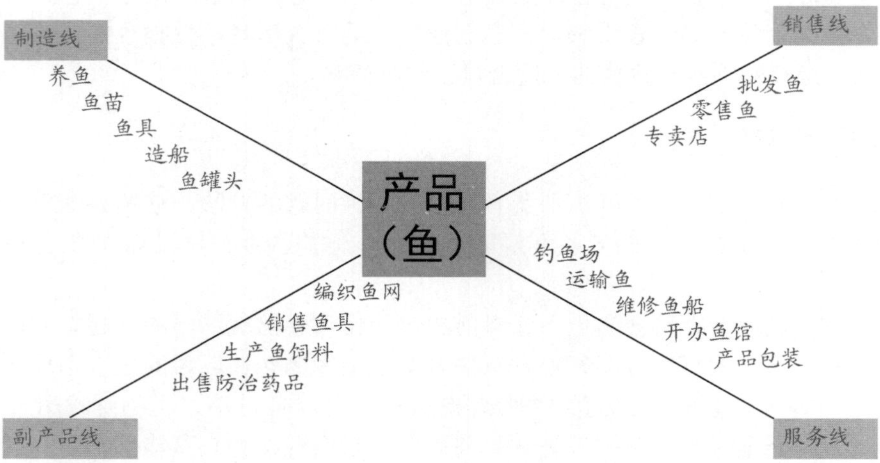

图 3-1　结构性头脑风暴法

(1) 制造线一般包含生产设备、原料、辅料、配料、佐料、燃料、成品、半成品、包装材料、包装设计等。

(2) 销售线一般包含销售人员、商店、零售商、顾客、销售方式的选择等。

(3) 服务线一般包含生产设备的维修与保养、运输、广告、清洁剂、产品的售后服务等。

(4) 副产品线一般包含产生的废料、残次品的处理和利用等。

在运用这两种头脑风暴方法时，需要遵守一定的原则：一是不要局限于个别的想法，想法越多选择性越大；二是不要轻易打断、批评或否定他人的想法；三是鼓励天马行空、作风大胆、看似疯狂的设想；四是要懂得相互协作、相互启发，在他人想法的基础之上产生新的想法。

以上两种头脑风暴技巧的运用都不是独立存在的。当你应用这些技巧时，你可以从家人、朋友那里得到支持和帮助。此外，不要随随便便否定任何一个看似不合逻辑和疯狂的想法，只要有想法，不妨把它记录下来。“人人都应该拥有梦想，万一实现了呢。”想法也一样，万一变为现实呢。

二、创业想法的筛选

创业不是一件容易的事，需要做大量的前期工作，许多新创企业失败的原因，不是因为创业者不尽心、不努力，而是因为没有筛选到有价值的创业想法。你可以通过对创业想法进行分析，从中选择一个最适合于你且能使你营利的想法，将它创建为好的项目。否则，你在创办企业的过程中所付出的全部努力和投入的资金可能都会白费。

(一)创业想法的初筛

在你产生想法的过程中，会有一些好的、有用的想法，当然也不可避免的会有一些你不太了解的想法或一些不太靠谱的念头。不管是什么想法，你都要把它记下来。那么，这一步的任务就是在理性分析的基础上进行初步筛选，只留下最适合你的那些想法。在进行初筛时，你需要考虑以下两大方面因素。

1. 创业资源

要想创办企业，你就需要仔细思考你所拥有的创业资源。创业资源包括资金、顾客、人力、时间等，概括起来主要有以下几类。

(1) 资金资源。对于你将要创办的企业，你是否已经具备足够的启动资金和一定量的流动资金？因为企业运行需要一定的空间、设备及基础性的办公用品，你的资金将从哪里筹得？你将预留多少流动资金？资金资源是核心资源，它关系着你的企业能够走多远。

(2) 顾客资源。创办企业时，顾客是支撑企业生存的灵魂，因此你在创办企业前一定要对你的顾客来源进行分析。比如，哪些顾客对你计划创办的企业有需求？谁将成为你企业的顾客？你的顾客足够多吗？顾客有能力购买你的产品或服务吗？你是否具备能吸引顾客并拥有一批顾客的能力？等等。仔细分析顾客资源有助于你对自己将要创办的企业的规模、能否营利有一个较为准确的判断。

(3) 人力资源。当企业开始运行时需要分管财务、营销、人事等各类专业人才，那么你是否拥有专业性的人才来组建团队？团队多大规模？团队成员如何分工？这些都需要有具体的方案。

(4) 时间资源。作为一个创业者，你将面临的一大问题是你的工作时间和精力是否有保障。一般来说，创业者尤其是在起步阶段既要完成当前的工作，又要进行业务的开发，在工作时间的分配上往往会顾此失彼。时间能否保障是你需要考虑的问题。

当然还有知识资源、行业资源、技术资源、人脉资源及经营管理能力等，这些都是新创企业和运营的必要条件。

以上资源你作为创业者不需要百分之百地具备，但至少应该具备其中一些重要条件，如资金资源。假设创业初期你每天都在为资金四处奔走，不仅影响经营状况，也可能会改变你的创业初衷。还有客户资源，没有了客户，你的企业将成为无水之源。

2. 竞争对手

在对创业想法进行筛选时，需要对那些现在或将来对你将要创办的企业产生重大影响的主要竞争对手进行简单的战略性分析。例如，你的这个企业本地区有没有类似的企业？哪些是现有的直接竞争对手？哪些是潜在的竞争对手？和这些竞争对手相比你的优势在哪里？你打算如何与他们进行竞争？等等。你的创业想法应该密切关注主要的直接竞争对手，尤其是那些与自己类似可能与自己同增速甚至比自己增速快的竞争对手，如果你执意要选择这个创业想法，你还必须注意现有直接竞争对手的竞争优势的来源，同时，分析潜在的竞争对手是否会给你的企业带来威胁。

仔细分析每一个创业想法，通过筛选努力把创业想法表中的想法减少到 3 个左右。切记，如果你发现你选择的这几个想法存在不确定性，你可以随时返回来重新筛查。

(二)确定创业想法的优先等级

通过初步筛查，你对自己的创业想法有更进一步的了解，且已经将你认为最合适的创业想法减少到了 3 个左右，关于这些想法你还需要从不同的侧面搜集更多信息，通过理性分析确定这些想法的优先等级，可以从以下几方面入手。

1. 实地调研

对创业想法进行有效的评估分析，最根本的一点是深入市场进行实地调研。你需要了解市场的供求状况及变化趋势；你的创业想法中涉及到的顾客，其需求是否已经得到了满足；你的竞争对手有哪些的长处与不足；等等。

实地调研方法有多种，如设计调查问卷、组织非正式小组讨论、邀请相关人士进行座谈等，你必须根据你创业想法的实际情况确定将要采取的调研方法。在调研前要做好充分的准备工作，如确定访谈的地点、访谈的对象、设计访谈的问题、需要注意的事项等，有计划地收集你想要的信息，且要在调研之后做好资料的整理和相关资料的分析论证工作。

多看、多听、多记、多想能使你广泛地获取相关信息，及时从别人的知识经验中汲取有益的东西，从而对你的创业想法的可行性有一个正确理性的评估，你的目的是通过考察论证，排出你创业想法的优先等级，把优先等级最前面的创业想法付诸行动。并且，当你在创办企业时，你也可以从你在调研中访问过的一些人员那里获得有益的帮助和支持。

2. SWOT 分析

在对创业想法进行分析评估时，SWOT 分析法是一种比较准确和明晰的分析方法，它能较客观地分析和研判你的创业想法的现实情况。

SWOT 是优势(strength)和劣势(weakness)、机会(opportunity)和威胁(threat)第一个英文字母的缩写。优势和劣势是存在于企业内部的要素，是企业内部的物质、文化环境的总和，一般包括企业的文化、资源、组织结构等。机会和威胁是存在于企业外部的要素，是企业外部的政治环境、经济环境、社会环境、技术环境等的总称，具有复杂性和不确定性，由存在于企业组织外部、短期内不为企业所控制的变量所构成。

针对每一个创业想法，你已经通过实地考察，收集到你想了解的相关企业的有关信息，现在就可以进行 SWOT 分析了。

企业内部的优势和劣势分析。根据你的实地考察，了解到你计划创办的企业的内部情况，分类整理有关信息资料，哪些是你计划创办的企业的积极方面？与同类企业和竞争对手进行对比，这些积极的方面就是你企业的优势。如充足的财政来源、技术力量、良好的企业形象、成本优势、市场份额等。哪些是你计划创办企业的消极方面？与同类企业和竞争对手进行对比，这些消极的方面就是你企业的劣势。劣势是你企业的不利方面，具体包括设备老化、资金短缺、产品积压、缺少关键技术、经营不善等。它们是公司在其发展中自身存在的因素。

企业外部的机会和威胁分析。其中机会因素具体包括：新产品、新需求、新市场、竞争对手失误等；威胁因素具体包括：替代产品增多、出现新的竞争对手、市场紧缩、突发事件、经济衰退等。这些外部环境对公司发展产生的有利影响和不利影响，都属于客观因素。了解你计划创办企业的外部环境情况，哪些方面对你将要创办的企业发展有利，是机会；哪些方面会对你的企业产生不利影响，是威胁。

将 SWOT 分析结果建立一个四种要素的组合矩阵(见图 3-2)，其中：SO 组合(优势+机会)为最佳创业想法；WO 组合(劣势+机会)为可以改进的创业想法；ST 组合(优势+威胁)为考虑调整的创业想法；WT 组合(劣势+威胁)为必须放弃的创业想法。

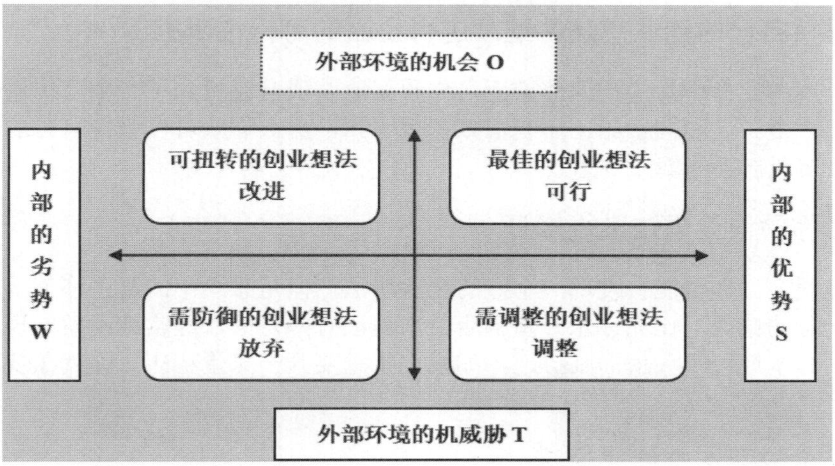

图 3-2　SWOT 四要素组合矩阵

分析的基本思路是：发挥优势因素，克服劣势因素，利用机会因素，化解威胁因素。根据分析结果，依次排出你创业想法的优先等级。SWOT 分析法又称自我诊断法，在战略分析中，它是最常用的方法之一。

分别为你选择的几个企业想法进行 SWOT 分析，找出每个想法中有利且值得肯定的优势和机会，以及不利的需要回避的劣势和威胁，并建立相应的 SWOT 矩阵。将你的几个创业想法依次通过 SWOT 方法进行分析，对比分析所有创业想法的 SWOT 矩阵，排出这些想法的优先等级。

3. 环境影响评估

一个企业对其环境的影响既可以是积极的，也可以是消极的。例如，企业一方面向人们提供了就业、收入或便利，对环境产生了积极影响。另一方面，企业可能会利用大量的非再生资源，或者在生产过程中对环境造成污染。小的如小饭店、洗车行，大到如煤炭企业、化工企业等，都可能对环境产生消极影响。企业环境内的员工在生产过程中也可能会受到环境卫生风险、职业安全等的影响，每个企业都是环境中的一分子，维护优良环境，保持环境的生态平衡有利于人们的身心健康和提升人们的生活质量。

因此，针对你将创办的企业，要将可能对环境产生的不利影响和需要采取的措施，预先进行一下评估，不仅要了解相关的政策法规，还要征求企业所在地的居民和当地政府的意见，进而对原计划进行修改，直到达成一致意见再开始投产。如果无视你的企业对环境造成的负面影响，你将会遇到很多麻烦，不仅会影响你计划创办企业的生存和可持续发展，甚至不能注册。

三、创业想法的调整

尽管进行了一系列筛选和评估，但是考虑到想法和现实之间的巨大差距，要筛选到一个有价值的好想法一定要慎之又慎。因此，在好想法付诸实施前，一定要综合考量筛选和评估的各种因素，然后作出下面三种抉择。

(一)坚持自己的创业想法并继续进行全面的可行性研究

通过一系列的分析筛选、评估论证，你欣喜地发现自己找到了一个有价值的好想法，不仅拥有很多资源，和同行相比还有很多积极因素，那么你就可以坚持自己的创业想法，一步一步去实现自己的创业梦想。

(二)对你的创业想法进行修订

分析过程中，你可能会发现一个好的创业想法，但是想法中的某些环节不切实际，需要你进行一定的修改。比如你想开蛋糕店，本地已有好几家，经实地考察发现这些蛋糕店经营惨淡，且本地区不久就面临拆迁，如果你执意要开一家蛋糕店，你就需要对自己的选址进行调整。

(三)完全放弃这个创业想法

通过对自己筛选到的几个创业想法进行考察分析，你发现自己的几个想法中各有一些问题没有办法解决。比如 A 想法选址面临拆迁，因种种原因你又不能去别处经营，B 想法的融资还没有到位，C 想法面临的环境污染问题没办法解决，等等。那么，请你重新发掘新的好想法，或者暂时放弃你的创业念头。

大学生创业不可一意孤行，抱着走一步看一步的错误想法，要避免“空想”和“错想”的产生，更不可感情用事，要在筛选过程中及时发现创业想法中存在的问题并纠正，使其更好地呈现到现实之中，这才是发掘到一个有价值的好的创业想法真正的魅力所在。总之，及时调整自己的创业想法至关重要，避免在实现梦想的过程中偏离方向，越走越远。

创业想法是一个创业者进行创业的源头，无论是哪种想法，它的实现都是为了进一步惠及人们的生活，满足人们日益增长的美好生活的需要。只有本着这样的原则，你的创业想法才是有价值的，实现创业项目才有可能盈利。

本章小结

(1) 创业机会的来源有：问题、变化、创造发明、竞争、新知识新技术。

(2) 创业机会的识别都需要经历商机价值性分析、商机时效性分析、机会要素的匹配性分析和机会的风险四个识别环节。

(3) 创业想法的产生渠道和方法有：兴趣和爱好、技术经验、市场调查、头脑风暴、问题导向、互联网。

(4) 创业者要对自己的创业想法进行评估，对创业想法进行优先排序，集中精力解决首要想法，并且在评估筛选的过程中及时调整创业想法。

实训案例

卖猪肉的北大毕业生

基本案情：

陈生毕业于北京大学，十多年前放弃了自己在政府中让人羡慕的公务员职务毅然下海，倒腾过白酒和房地产，打造了“天地壹号”苹果醋，在悄悄进入养猪行业后，在不到两年的时间在广州开设了近 100 家猪肉连锁店，营业额达到 2 亿元，被人称为广州千万富翁级的“猪肉大王”。

据不完全统计数字显示，目前我国大学生创业成功率只有 2%～3%，有 97%～98%的大学生创业失败。专业人士分析，缺乏相关的创业教育和实战经验、缺乏“第一桶金”等都是其中的重要原因之一。然而，对于成功创业的大学生来说，极重要的实战经验及“第一桶金”都是“天上掉下来的”吗？为什么陈生在进入养猪行业不到两年的时间里，就能在广州开设近 100 家猪肉连锁店，营业额达到 2 亿元？这个问题的确值得我们好好思考。

实际上，之所以很短时间就能在养猪行业里取得骄人成绩，成为拥有数千名员工的集团董事长，还在于陈生此前就经历的几次创业的“实战经验”：陈生卖过菜、卖过白酒、卖过房子，卖过饮料，这使得陈生有着这样的独到见解：很多事情不是具备条件、做好了调查才去做就能做好，而是在条件不充分的时候就要开始做，这样才能抓住机会。

然而“条件不充分”时到底怎么才能“抓住机会”呢？我们来看一下陈生的做法：他卖白酒时，根本没有能力投资数千万元建立厂房，可他直接从农户那里收购散装米酒，不需要在固定设施上投入一分钱便可以通过广大的农民帮他生产，产能却可以达到投资 5000 万元的工厂的数倍。此后，他才利用积累起来的资金开始租用厂房和设施，打造自己的品牌。迅速地进入和占领市场，让他在白酒市场上打了个漂亮仗。而当许多人“跟风”学习一位到南方视察的国家领导人用陈醋兑雪碧当饮料的饮食方法时，善于“抓住机会”的陈生想到了如何将这种饮料生产出来。经过多次尝试，著名的“天地壹号”苹果醋就此诞生。

当然，资金积累到一定程度时，陈生成功的秘诀就更让人难忘：在经济飞速发展的年代，无数企业家“抓破脑袋”寻求发展良机，在这样的情况下，只有技高一筹者才能够获得成功。而一些企业运用精细化营销，就是一种技高一筹的做法。于是，从传统的中国猪肉行业里，陈生分析到了其中的巨大商机，因为中国每年的猪肉消费约 500 亿千克，按每千克 20 元算，年销售额就高达上万亿元。而与其他行业相比，猪肉这个行业一直没有得到很好的整合，基本上没有形成像样的产业化，竞争不强、档次不高，因此机会很多。更重要的是，进入这一行业的陈生，机智地率先推出了绿色环保猪肉“壹号土猪”，开始经营自己的品牌猪肉。

虽然走的还是“公司+农户合作”的路子，但针对学生、部队等不同人群，却能够选择不同的农户，提出不同的饲养要求。例如，为部队定制的猪可肥一点、学生吃的可瘦一点、为精英人士定制的肉猪。据传每天吃中草药甚至冬虫夏草，使公司的生猪产品质量与普通猪肉“和而不同”。在这样的“精细化营销”战略下，陈生终于在很短的时间内打响了“壹号土猪”品牌，成为广州知名的“猪肉大王”。

(资料来源：根据 https://wenku.so.com/整理.)

案例点评：

陈生的成功带给我们的启示：识别机会是创业者启动创业互动并创造价值的前提。机会是创业的核心要素，创业离不开机会。不同的机会有不同的价值；同样的机会，不同的人看到，产生的创业效果差异也很大。

思考讨论题：

1. 创业机会产生的根源来自哪里？
2. 怎样才能发现创业机会？

实训课堂

面向未来的腾讯智慧

基本案情：

腾讯公司在 1998 年 11 月成立于深圳市，主要有马化腾等五位创始人。目前腾讯通过互联网平台已经成为中国最大的综合服务提供商之一，从服务用户的数量上看已然成为中国最大的互联网企业之一。马化腾于 1993 年毕业于深圳大学计算机专业，毕业后进入深圳一家通信公司工作，由最开始的编程员到最后荣升为开发部主管，这段工作经历对马化腾创办腾讯公司有重要的启发作用。他最开始的创业想法就是一定要开发对用户而言具有实用性的软件，而不是单纯的娱乐软件。

有了深入人们生活这一想法，腾讯推出了腾讯 QQ、微信、腾讯新闻、腾讯游戏等一系列应用程序。尤其微信功能更加被人们所熟知，它不仅拓宽了人际交往的方式，通过添加好友、朋友圈、视频聊天等功能拉近人与人之间的距离，更被人们广泛使用的是“微信支付”功能。微信支付功能打破了传统意义上的结算方式，实现了出门可以不用带钱，只要拥有一部手机，在任何地方都可以进行消费的理想状态，既方便又快捷。在日常结算中，微信支付已经成为一种很常见的方式之一，同时通过微信平台还可以实现提现、转账等业务，大大地方便了人们的生活。

2017 年 5 月 4 日，微信支付平台宣布携手 CITCON 正式进军美国。在微信支付正式进军美国后，赴美人群可在美国享受无现金支付的便利。通过微信支付，在美国的衣食住行均可直接使用人民币进行结算。这一消息对出国人群来说无疑是一巨大的福音，出国旅游、读书的人将再也不用担心烦琐的货币兑换问题，通过手机便可以直接进行支付。

2017 年 9 月 12 日，“十年智汇 慧赢未来——2017 腾讯智慧峰会”在上海举办，大会上腾讯公司首席运营官任宇昕表示，“一切以用户价值为依归”的原则没有变。面对下一个十年，在“专注内容和连接”的布局下，腾讯将会持续加强内容与科技的联动，发挥整合优势，以更开放的心态携手合作伙伴，构建“互联网+”生态下的智慧新营销。

腾讯的成功来源于不断地创新，而创新的落脚点在于方便人们的生活，实用性成为腾讯软件的主要优势之处。因此立足于生活，以解决人们的实际问题为出发点才是创业想法的根源。

(资料来源：作者整理.)

思考讨论题：

1. 创业想法产生的根源来自哪里？
2. 简述技能和经验在创业想法中的重要作用。
3. 如何使自己的创业想法“与众不同”。
4. 谈谈该案例给你的启示。

复习思考题

一、基本概念

创业想法　头脑风暴　市场调查　SWOT 分析法　创业机会

二、判断题(正确的画“√”，错误的画“×”)

1. 创业想法应该有多个，便于我们进行筛选。　(　　)

2. 创业想法的产生离不开实际生活。 ( )
3. 创业想法对创业者来说至关重要，但却不是唯一的决定因素。 ( )
4. 创业机会等同于创意。 ( )
5. 一旦新产品市场建立起来，机会窗口就打开了。 ( )
6. 机会的本质是创业者识别机会，并将其转化为成功的企业。 ( )

三、单项选择题

1. 创业想法最根本的来源是( )。
   A. 盲目空想　B. 他人建议　C. 实际生活　D. 道听途说
2. 下列选项对创业者来说最重要的是( )。
   A. 人脉关系　B. 资金资源　C. 创业想法　D. 背景知识
3. 以下( )不是影响创业机会识别的关键因素。
   A. 个人特质　B. 创业机会的自然属性
   C. 社交网络　D. 环境因素　E. 上述答案都正确
4. 以下( )不是关于创意的表述。
   A. 创意是一种思想　B. 创意是一种概念
   C. 创意是一种想法　D. 创意是一种机会
5. 决定创业能不能成功的关键是( )。
   A. 人脉　B. 资金　C. 创业精神　D. 项目

四、简答题

1. 什么是创业想法？创业想法的产生有哪些渠道？
2. 创业机会的来源有哪些？
3. 评价创业机会的方法有哪些？
4. 创业机会识别过程包括哪些阶段？影响创业机会识别的因素有哪些？

五、实训题

课堂中可以 10~15 人为一组，围绕大学生关心的产品比如“手机”“化妆品”“早餐”等词汇，用头脑风暴法的两个技巧，让学生产生更多的创业想法，并对这些创业想法进行筛选，形成大学生创业的初步想法。

阅读推荐与网络链接

[1] 孙洪义. 创新创业基础[M]. 北京：机械工业出版社，2016.
[2] 张玉利，李华晶，薛扬. 创新与创业基础[M]. 北京：高等教育出版社，2017.
[3] 陈又星，吴金椿，夏亮. 创业基础[M]. 北京：高等教育出版社，2016.
[4] 简明，金勇进，蒋妍. 市场调查方法与技术[M]. 3 版. 北京：中国人民大学出版社，2012.
[5] 安索尼. 最初一英里 从创意到创业，把创新想法变成伟大企业[M]. 北京：人民邮电出版社，2016.

[6] 人力资源和社会保障部职业能力建设司组织. 创办你的企业(大学生版)[M]. 北京：中国劳动社会保障出版社，2016.
[7] 张玉利，薛红志，陈寒松，等. 创业管理[M]. 4版. 北京：机械工业出版社，2016.
[8] 刘志阳，吴桂兴，庄欣荷. 创业修炼前沿视角[M]. 上海：上海财经大学出版社，2016.
[9] 刘志阳，李斌，任荣伟，等. 创业管理[M]. 上海：上海财经大学出版社，2016.
[10] 邓汉慧. 创业基础[M]. 北京：北京大学出版社，2016.
[11] 张耀辉，张树义，朱锋. 创业学导论：原理、训练与应用[M]. 北京：机械工业出版社，2011.
[12] 朱恒源，余佳. 创业八讲[M]. 北京：机械工业出版社，2016.

随身课堂

创业想法的发掘与筛选.PPT

创业想法.MP4

创业想法筛选.MP4

头脑风暴法.MP4

创业机会的识别与评估.PPTX

创业机会评价体系.MP4

创业机会特征.MP4

识别创业机会.MP4

客户画像.MP4

用户体验地图.MP4

第四章　创 业 团 队

学习要点及目标

- 了解创业领袖的特质。
- 重点掌握创业团队的组建原则和组建过程。
- 掌握创业团队的股权分配原则。
- 了解创业团队的激励原则和方法。

核心概念

创业领袖　创业团队　股权　冲突管理

引导案例

携程四君子

在中国的创新创业舞台上，有这样一个特殊群体——连续创业者。季琦，华住集团创始人兼董事长，唯一一位在美国纳斯达克 3 次“敲钟”、4 次见证自己创办的企业上市的中国企业家。携程、如家、汉庭、华住，中国酒店与出行领域这些耳熟能详的企业，都与这位“创业教父”有关，甚至有人把季琦誉为“中国版酒店领域的乔布斯”。

1999 年 3 月，季琦和梁建章两个人在上海徐家汇建国宾馆旁一家新开张的上海菜餐馆里讨论一起做个网站，但具体做什么类型的网站，两个人没有达成一致意见，他们讨论过网上书店，讨论过在线招聘，还讨论过网上宜家，但最后，他们发现都不如做一个在线旅游网站。两人都是旅游爱好者，从心开始，做自己最喜欢的事情，携程就这样诞生了。

在公司创建之初，季琦和梁建章琢磨着扩充创业团队，他们想到了一个人——沈南鹏。当时沈南鹏正在四处寻找项目做投资，当梁建章和季琦找到他的时候，沈南鹏二话没说就同意了。携程公司最开始注资 100 万元人民币，其中梁建章和季琦各出 20 万元，各占 30%的股份，沈南鹏出资 60 万元，占 40%的股份。

开办在线旅游网站的计划在三个人不断的讨论中逐渐地成型。但他们很快发现，还缺少拼图的最后一块：梁建章是做技术和咨询出身的，沈南鹏从事于投资银行，季琦自己开公司，却没有一个人了解他们即将从事的行业——旅游。这个团队还需要第四个人，一个熟悉旅游行业的人。这个人很快被季琦和梁建章找到，时任上海大陆饭店的总经理的范敏，当时已在旅游业工作了 10 年。

就这样，4 个个性不同、经历相异的人，组成了一个创业团队。梁建章任首席执行官，沈南鹏任首席财务官，季琦任总裁，范敏任执行副总裁。在这 4 个人中，季琦有激情、锐意开拓，是团队的实干者和推动者；沈南鹏风风火火，从资本的角度不断做推手，是团队的监督者、完善者；而梁建章偏理性，用数字说话，眼光长远，具有海归背景，通晓并遵守全球通行的商业逻辑法则，是团队的信息者、技术者；范敏善于经营，善于发现并实现商业价值，方方面面的关系处理得当，是团队的行业专家。一个团队里，容纳了最具典型性的四类成功者，失败的概率真的很小。

携程率先成为第二拨中国互联网上市公司的引领者，品牌知名度大增。在携程取得成功后，富有创业激情的季琦又一次敏锐地看到了经济型酒店的商机，2002 年，季琦成立如家快捷酒店，沈南鹏再次入股，梁建章以联合创始人身份成为如家董事，如家在 2006 年赴美国纳斯达克上市。2005 年季琦创办汉庭连锁酒店，2010 年汉庭也顺利地在美国上市。

一路走来，季琦用 15 年的时间，走过欧美酒店集团 50 年乃至更长时间才走完的路，追赶到全球第三。季琦认为中国服务会成为中国的第二增长曲线，和中国制造一起担负起中国富强之路，这是中国未来的大方向。携程四君子这支创业团队带给中国经济的意义并不简单只是三家纳斯达克上市公司，而在于他们创造出了一个新的商业理念——基于传统产业之上的创新服务行业。

(资料来源：作者根据相关资料整理)

案例导学

季琦认为，一个人、一个社会、一个企业都必须有信仰。华住正是在创业之初就定下信仰，并逐步成型。这个信仰就是“一群志同道合的朋友，一起快乐地成就一番伟大的事业”。在美国接受教育并且工作多年的沈南鹏、梁建章，与接触过外国文化的民营企业家季琦、国营企业管理者范敏，构成了中国企业史上的一个奇妙组合。携程创业团队的 4 位创始人，他们的性格、技能、知识和能力互补，在各自擅长的领域都是行业佼佼者，他们有着共同的创业梦想，抓住了中国互联网创业的黄金时期。这些正是他们创业团队获得创业成功的重要因素。

第一节 创业领袖

拿破仑说：一头狮子带领的一群羊可以打败一只羊带领的一群狮子。这充分说明了团队领袖的重要性。无论怎样的创业团队，都有一个核心人物，那就是团队的领导者，即创业领袖。而一个团队的绩效如何，关键取决于创业领袖的胸怀和魅力，创业领袖的思维方式、行为习惯乃至价值观念都会对团队成员产生影响，创业领袖的能力水平也决定了创业团队整体的能力水平。创业领袖是创业团队的灵魂，是团队力量的协调者和整合者。四大名著中只有《西游记》中师徒四人是一个成功的团队，其他最终都是一盘散沙。究其原因，在于《西游记》中的团队拥有一个好的领袖——唐僧。

一、创业领袖概述

创业领袖是为了实现团队的一致性目标，为团队其他成员提供指引和领导的人。创业领袖既是团队的核心人物，也是团队领导者。哈佛商学院教授亚伯拉罕·扎莱兹尼克(Abraham Zaleznik)认为，领导者与管理者是不同种类的人。领导者眼光长远、喜欢冒险、不受规矩束缚，能激发追随者强烈的情感；管理者则循规蹈矩，追求秩序、控制以及及时有效的解决方案。哈佛商学院教授约翰·科特(John P. Kotter)则认为，领导与管理是不同种类的工作，而非不同种类的人。领导的目的是创造改变，主要是通过一种美好愿景，找到愿意为之奋斗的人，启发他们去实现；管理则主要是通过例行规划、组织和协调保证工作效率。大多数组织都需要两者的结合，领导通过管理实现团队目标，领导是方向，管理是手段和过程，两者相辅相成。在团队中，领导者就是决策者，而管理者则是执行者。领导者不仅要正确地做事，更要做正确的事，领导者做了正确的选择后，管理者就应该正确地去做事。

小贴士

领导与管理

管理和领导有诸多相似之处，两者都涉及对需做的事情作出决定，建立一个能完成某项计划的人际关系网，并尽力保证任务能得以完成。从这个意义上讲，两者都是完整的体系，而不是属于对方的一个部分。

然而，尽管管理与领导有一些相似之处，但两者之间存在着极明显的差异。管理的计划和预算趋向于注重几个月到几年的时间范围，强调微观方面，看重风险的排除与合理性；而领导过程中经营方向的拟定，着重于更长的时间范围，注重宏观方面敢冒一定风险的战略及人的价值观念。管理行为的企业组织和人员配备趋向于注重专业化，挑选或培训合适的人员担任各项工作，要求服从安排；而联合群众的领导行为则注重整体性，使整个群体朝着正确的方向前进，并且投入进去，实现所确定的目标。管理行为的控制和解决问题常常侧重于抑制、控制和预见性；而领导的激励和鼓舞侧重于授权、扩展，并时不时地创造出惊喜来激发群众的积极性。领导和管理，它们各自的主要功用不同，前者能带来有用变革，后者则是为了企业高效运作。但这并不意味着管理与变革毫无联系，相反，管理与有效领导行为相结合，能创造出更有序的变革过程。这也不意味着领导行为与秩序毫不相干，相反，有效的领导与高效的管理相结合，将有助于产生必要的变革，同时使混乱的局面得到控制。

总而言之，领导与管理在功用和形式上的差别会引起潜在的冲突。例如，有力的领导可能扰乱一个有序的计划体制，削弱管理层的基础；而有力的管理可能会打消领导行为所需的冒险意识和积极性。即使有冲突的可能，但我们得出的唯一符合逻辑的结论依然是：企业组织要发展，两者缺一不可。

(资料来源：约翰·科特. 变革的力量[M]. 方云军，张小强，译. 北京：华夏出版社，1997.)

二、创业领袖的特质

创业领袖必须有旺盛的精力，并全身心地投入到工作中。优秀的创业领袖不仅要有优秀的领导才能，还要懂得分权，不会事无巨细都去过问，他只掌控方向，并在关键时刻或关键问题上进行控制。创业团队在起步阶段，资源有限，一切程序均未步入正轨，创业领袖极有可能需要身兼数职，并且需要具备很强的协调能力。这时的团队非常仰赖创业领袖，只有优秀的创业领袖才能在这样艰苦的环境中带领团队走出困境，实现团队目标。而在追求成功的过程中，创业领袖所表现出来的某些优秀特质具有共性。

(一)富有远见

每个组织或团体都需要有一份远景规划，领导者必须对未来有明确的定义，与团队成员共享自己的愿景，并激励大家向梦想前进。在制定远景规划的时候，必须有相应的目标与之配合，目标必须是可操作的、明确而又可以衡量的。彼得·德鲁克曾说过："优秀的经营管理和平凡的经营管理不同，优秀的经营管理能够取得长期和短期的平衡。"优秀的领导者为团队指明了正确的发展方向。

创业领袖知道自己的使命是什么，知道组织存在的意义。一个优秀的创业领袖对组织的目标会有一个深思熟虑的描述(通常是书面的)。这个目标既不神秘也不抽象，而是可以描述的、明晰的并且可以理解的，组织里的每一位成员都应能认同这个使命并努力去实现它。

(二)诚信

创业领袖的重要特质是诚信，诚信是创业的立足之本。贡纳·罗福莱斯(Gunnar Lovelace)，有机食品配送公司 Thrive Market 的联合创始人)说："假如我们保持专注，在每次和客户的互动中表现得真实可信，那么将会对我们的业务和企业文化产生积极影响，剩下的自然就水到渠成。"我们已进入诚信时代，诚信作为一种无形资产，已成为企业的立足之本和发展源泉。

创业领袖的品质决定企业的市场声誉和发展空间。不论在企业内部还是外部，创业领袖都必须诚实地对待每个人，诚实地去做每件事，树立好个人形象，进而将诚信转化为企业组织运作的典范，并成为企业文化的优秀传承者。

(三)自信

自信同样是创业领袖必须具备的重要特质。创业领袖必须非常确信自己所指的方向是正确的，自己设想的团队愿景是完全可以实现的，团队所做的产品正是市场所期待的，自己领导的创业团队是一定会成功的。只有这样，创业领袖才可以把这种自信传达给每个团队成员，凝聚成员的力量，激励成员努力奋斗，从而战胜一切困难，获得成功。对创业者来说，信心是创业的动力。巴里·拉弗蒂(Barri Rafferty)说："作为一名女性领导者，我感觉要得到公司内部的认同，就必须表现出意气风发、自信满满的气质。"

(四)热情

“你必须热爱自己的工作。要想在某方面取得成功，你必须沉浸其中，并全身心投入。”乔·佩雷斯(Joe Perez) (美食视频平台 Tastemade 的联合创始人)说。创业领袖不仅要对所从事的工作抱有特别的热情，同时还要能激发团队成员的工作热情。这种热情是团队完成目标和任务的一种催化剂。

(五)坚忍

创业是一个长期且艰苦的过程，在此过程中，创业领袖和创业团队会遇到许多无法想象的困难。创业领袖需要有特别坚定的信念和坚韧不拔的毅力，才能在逆境中找到新的机会，扭转不利局面，坚持创业，从而获得成功。瑞安·霍利央视(Ryan Holiday)《反障碍》(*The Obstacle is the Way* 的作者、曾任服装品牌 American Apparel 的市场总监)说：“创业中有些事情是不可避免的，有时我们会处于某种糟糕的境地，比如犯了代价高昂的错误、遇到无法预料的失败，或是要面对不择手段的敌人。我们要接受和提前考虑到这些问题。这时你会发现，坚忍是最有效的解决对策，这样当我们真正遇到问题时就不会一下子崩溃，作出情绪化的决定，使形势恶化。”对于创业者来说，创业是一段未知的旅程，失误和挫折都在所难免，拥有坚忍的性格是创业者走向成功的必备条件。

(六)灵活变通

创业领袖既要有坚忍的性格，又不能僵化固执，必要时需灵活变通，调整目标及策略。在创业初期，创业规划往往脱离实际，但其实每个目标都不会一成不变。这就要求创业领袖能根据形势变化及时调整团队目标，使团队的产品和服务符合社会发展的需求。在向目标努力的过程中，如果遇到无法克服的困难，创业领袖要及时调整策略，灵活解决问题。

(七)放权

要成立一支“成绩超过预期”的队伍，领导者需要给团队成员分配责任，下放权力。从心理学角度分析，充分信任和授权，能激发员工创造性和主观能动性。就我们耳熟能详的海底捞服务创新，其背后是对人性的了解和深刻洞察、对员工心理的把握。海底捞个性化服务是否高效？能否实现？在很大程度上取决于一线员工有无快速决策的权力。雷军手机屏保上有 10 个字：“能不管的事情一定不管。”为什么雷军会将这句话作为屏保时刻提醒自己呢？原因不难分析，我们都知道雷军年轻的时候在金山就已经成为业界知名的“中关村劳模”“IT 行业劳模”，劳模的称号实至名归。其实这句话对于其他忙碌的企业家也是很有借鉴意义的，该放权时就要放权，否则自己累，手下也得不到锻炼的机会。但是放权并不容易，重点是要知道团队成员具备哪方面的工作能力，然后最大限度地加以运用。

三、创业领袖的职责

(一)组建创业团队

俗话说：“一个好汉三个帮。”创业路上找一些志同道合的同伴结伴而行，将避免单打独斗带来的许多麻烦，尤其在这个竞争日趋激烈的时代，组建创业团队将会使创业之路变得顺畅很多。据针对美国 20 世纪 60 年代高科技企业的一项研究报告显示，年销售额超过 500 万美元的高速发展企业中，由创业团队建立的比例高达 83.3%。

(二)确立团队目标

确立明确的团队发展目标，是创业领袖在创业初期的重要任务之一。团队目标是一个有意识的选择并能清楚表达出来的方向，它利用团队成员的才能，促进组织发展，使团队成员体会到一种成就感。目标在团队组建过程中有特殊价值，是一种非常有效的激励因素。共同的目标是创业领袖带领团队成员克服困难、取得成功的动力。只有目标一致，创业领袖和团队成员才能齐心协力，从而获得最终成功。

(三)打造团队执行力

作为团队领袖，必须对团队的所有工作成效负责，该工作成效是团队执行力的产物。为了更好地完成团队目标，创业领袖要想办法提高团队执行力。制定团队阶段性目标，并明确每位团队成员的任务是行之有效的方法。这就要求，每位团队成员都能完成他们所承诺的工作任务，特殊情况除外。要做到这一点并不容易，因此创业领袖需要关注团队成员的状况，及时发现问题，并帮助成员解决问题，从而保证团队目标的顺利实现。

(四)建立责、权、利统一的团队管理机制

一个企业想要获得成功，必须制定有序的组织策略和管理机制。一方面，创业领袖要妥善处理好创业团队内部的权力关系，在企业运作过程中，明确每位团队成员的权力和责任；另一方面，创业领袖还要妥善处理好创业团队内部的利益关系，不仅包括股权和薪资报酬，还包括个人成长机会和荣誉等方面。此外，企业还需要制定管理规则，并进行企业文化建设。

(五)整合资源

根据资源性质，创业资源可分为六种，分别为人力资源、社会资源、物质资源、财务资源、技术资源和组织资源。资源缺乏是大多数创业者面临的初始情况，创业领袖需要创造条件获取资源，但最好的办法是对现有资源进行整合，充分利用好已有的资源，发挥资源的杠杆作用。

(六)人才战略

人才是企业最重要的资产，也是企业发展的核心生产力，人才决定企业命运。因此，聘用人才、培养人才是企业的重中之重。作为团队领袖，要有魄力去聘用比自己更优秀的人，并能按照每个人的特点安排合适的职位和工作，做到人尽其才，既不可大材小用，也不能小材大用。另外，领导者还需要重视本企业的员工培训和人才培养，给每位员工提供实现自我价值的平台，在向企业目标迈进的过程中，成就每位员工。

(七)激励员工

员工是企业一切活动的核心，企业的发展离不开员工才能的发挥，激励是员工努力工作的动力源泉。因此，创业领袖应经常在语言上和行动上激励他们，使员工对自己充满自信、对工作充满热情，从而满怀激情地投入到团队工作中去。即使工作进展一切顺利时，创业领袖有时也要提出进一步的建议或者鼓励，从而保证员工能以最佳状态完成工作。

第二节　创业团队组建

为了将创业想法付诸行动并有效地实现创业背后隐藏的商业价值，创业者往往需要借助团队的力量。当今社会正处于百年未有之大变局，创业所面临的情况和环境复杂多变，在很多情况下，靠个人单枪匹马很难解决各种错综复杂的问题和采取切实高效的行动。因此，组建一个志同道合、能力卓越互补、行为风格匹配、相互尊重信任的创业团队是非常明智的选择。且当今世界充斥着丰富的技术、大量的创业者和充裕的风险资本，而真正缺乏的是出色的团队，如何组建一个优秀的团队将是创业者面临的最大挑战。

一、创业团队概述

(一)创业团队定义

斯蒂芬·P. 罗宾斯在《组织行为学》中指出，团队是有两个或者两个以上，相互作用、相互依赖的个体，为了特定目标而按照一定规则结合在一起的组织。

团队与群体有所不同，团队成员之间的关系是互补的，而群体成员之间是互换的，简言之，在团队中离开谁都不行，在群体中离开谁都无所谓。团队成员对是否完成团队目标一起承担成败责任，而群体成员只承担个人成败责任。团队绩效评估以团队整体表现为依据，而群体的绩效评估以个人为依据。团队的目标实现需要成员间彼此协调、相互依存，而群体的目标实现却不需要成员间的相互依存。团队较之群体在信息共享、角色定位、参与决策等方面更进一步。

创业团队是指一群经营新成立的营利性组织的人，他们有共同的创业目标、共担创业风险、共享创业收益；他们才能互补，相互信任，有相同的价值观，容易形成凝聚力和忠诚度；他们为社会提供新产品或新服务。创业团队是为了一个共同愿景、一起去做有可能失败却又有价值的事情的一群人。在这里，我们将创业团队区分为狭义的创业团队和广义的创业团队。

狭义的创业团队是指有着共同愿景、目标、共担创业风险、共享创业收益，且思维、技能、性格与资源互补的一群将新想法付诸实践的人。广义的创业团队不仅包括狭义的创业团队，还包括与创业过程有关的各种利益相关者，如风险投资家、专家顾问、供应商、销售商、顾客等。

创业团队与一般团队有所不同，创业团队组建在于成功创办新企业，其成员大多是公司高管，拥有公司的股份，对公司有浓厚的情感，其连续性承诺、情感性承诺和规范性承诺都比较高。一般团队的组建则是为了解决某个或者某类特定问题，临时组建在一起的。

表 4-1 所示为一般团队与创业团队的区别。

表 4-1 一般团队与创业团队的区别

类 型	一般团队	创业团队
组建动机	解决某类或某个具体的问题	开创新企业或者拓展新业务
职位层级	成员并不局限于高层管理者职位	成员处在高层管理者职位
权益分享	并不一定拥有公司股份	一般情况下拥有企业股份
组织依据	基于解决特定问题而临时组建在一起	基于工作原因而经常性地共事
影响范围	只是影响局部性、任务性问题	影响组织决策各层面，范围较广
关注视觉	战术性、执行性问题	全局性、战略性决策问题
领导方式	受公司最高层的直接领导和指挥	以高管层的自主管理为主
成员对团队的承诺	较低	较高
成员与团队间的心理契约	心理契约关系不正式，且影响力小	心理契约关系特别重要，直接影响到公司决策

(二)创业团队组成要素

创业团队一般需要具备五个重要的组成要素，即共同的价值观、共同的目标、成员、定位和成员权限划分。

1. 共同的价值观

共同的价值观是创业团队成立和存在的基石，是创业团队的灵魂，也是促进创业团队发展的精神动力，对创业团队起着导向、凝聚、约束和激励作用。如果团队成员价值观一致，则在创业初期，团队成员会团结一致，工作效率高，工作成效大，大家拧成一股绳，努力向创业目标迈进。

汤姆·彼得斯(Tom Peters)曾说过：“价值观是人们选择行动的判断标准，它可以决定管理活动的成效和方向，也是组织文化理论的核心概念。许多公司之所以能够获得成功，在于员工能分辨、接受和执行组织的价值观。”

2. 共同的目标

创业团队需要有一个既定的共同目标，为团队成员指引方向。在初创企业的管理中，目标常以初创企业的愿景、战略等形式体现。共同目标的价值在于激励团队成员把个人目标升华到群体目标中去，团队成员对该目标要有明确的认识，在为实现共同目标作出努力时，清楚地知道自己应该做哪些具体工作，以及怎样共同工作才能完成共同目标。

在初创企业成立以及步入成熟期的时候，创业团队的首要任务是提升企业的技术实力、扩大市场、增强管理、掌控企业发展方向和规划长远发展。为了实现这个团队目标，需要将总目标分解为若干可行的、阶段性的子目标。

3. 成员

团队成员是创业团队创业成功的关键因素，只有适合创业的人员加入到创业团队，才能保证创业企业的稳健经营。如果不适合的人加入到创业团队，有可能对创业企业的经营发展产生不利影响。因此，要谨慎选择团队成员，主要根据团队的目标和定位来确定团队创业所需的学识、技能、经验、才华等，然后根据需要选择合适的人选，使创业团队成员结构合理，知识技能互补，并能根据自己的特长从事适合的工作。

4. 定位

创业团队定位有两层含义：一是创业团队的定位，即创业团队在初创企业中处于什么位置，创业团队对谁负责等；二是创业团队成员的定位，即成员个体在创业团队中扮演着什么角色等。

5. 成员权限

创业团队内部权限应该正确划分，这样才能保证创业计划的顺利进行。权限划分时，创业团队应明确每位成员在企业运营过程中的权利和义务，使权限既不重叠也不空缺。创业团队中，主导人物的权限大小和团队的发展阶段以及初创企业的行业性质相关，一般来说，创业团队越成熟，主导人物的权限就越小。

(三)创业团队成员角色划分

创业团队组建时，要根据团队类型和结构物色成员，实行分工协作。团队人数可以不多，但必要的分工不可缺少。团队成员只有各司其职、优势互补，才能充分发挥高效的协作优势。一般来说，创业团队中的角色类型有八种，如表 4-2 所示。

表 4-2　创业团队中的角色类型

角色类型	特　点
主导者	性格坚毅果断，一旦作出决定就不轻易改变，能很好地授权于他人，是一个好的咨询者
策划者	知识面广，思维活跃，喜欢打破传统，属于“点子型”人才
协调者	成熟、自信，能够引导一群具有不同技能和不同性格的人向着共同的目标奋斗，具有权威性和感召力。阐明目标，促使决策的制定，能按照成员的个性和优势进行合理分工
信息者	外向、热情、健谈，其强项是与人交往，对外界的信息和环境十分敏感
创新者	富有创造力和想象力，思路开阔，不墨守成规，勇于挑战，会推动变革
实施者	计划性强，有很好的自控力和纪律性，值得信赖，有保守倾向，是把想法和主意变为实际行动的人
推广者	说干就干，行动力强，办事高效；自发性强，目标明确，具有高度的工作热情和成就感；善于解决问题，且具有强烈的竞争意识
监督者	冷静，思维逻辑性强，适合对工作方案的实施等进行监督；具有战略眼光，能作出正确的选择

小贴士

创业者谈创业团队

苹果创始人 美国科技网站Entrepreneur对乔布斯在团队成员组建方面的常用策略进行了梳理，可以概括为三点：明确自己的人员需求，但不要僵化死板，当发现候选人特殊优点时可以适当放宽标准；拓展人才搜索渠道，参与演讲、交流时也可能找到合适的人才；学会利用身边资源，询问团队成员有关雇用意见，优秀的人会推荐其他人才。

(资料来源：腾讯科技，http://tech.qq.com/a/20121130/000187.htm.)

京东创始人 京东创始人在“潘谈会”上对话创业者时表示：人是最重要的。大部分企业死掉基本都是因为自己团队不行，核心还是团队没有跟得上。创始人对这家公司要承担绝对的责任。“所以我也常说，如果有一天京东的业绩和增长不好，涨不上去了，业绩大幅度下降，往往是我们核心管理团队，特别是以我为首的核心管理团队出了问题，跟不上发展的节奏。”

(资料来源：创业故事网，http://www.cyegushi.com/3959.html.)

(四)高效创业团队的特点

1. 目标清晰

高效的创业团队，成员对团队目标有着清晰的认识，并坚信这一目标有重大价值。而且，该目标的价值激励着团队成员把个人目标升华到团队目标，并为达到这一目标坚持不懈地努力。

2. 相互信任

团队每位成员都信任其他成员的品行和能力，相信每位成员都忠诚于团队以及团队成员之间彼此忠诚，相信每位成员都能胜任他在团队中的工作，并且相信团队将会获得成功。

3. 能力互补

高效的创业团队成员具有能力互补性。团队中，有的成员解决技术难题，有的成员进行团队管理，有的成员则偏向外部资源开拓，团队成员工作区域不重复且优势互补，形成一个完美的创业团队。

4. 沟通良好

在团队目标一致且团队成员相互信任的基础上，把各自的想法毫无保留地与其他成员进行交流，各抒己见，最后统一意见、达成共识，可以大大提高创业团队的工作效率，减少团队成员间的矛盾冲突。

5. 团队协作

团队最大的优势在于协作，通过团队协作有效地规避个人短处，利用个人长处。团队协作有利于提高工作效率，从而更快更好地实现团队目标。

二、创业团队组建原则

(一)精简高效原则

在创业初期，资本较少，因此在能保证企业高效运作的前提下，应当尽量精简创业团队，减少企业运作成本，使团队成员获得最大收益。

(二)互补原则

创业者寻求团队合作，其目的在于弥补创业目标与自身能力之间的差距，因此创业团队成员相互间的性格、技能、知识能力等方面应当实现互补，这是创业团队创业成功的重要因素。成功的创业团队中，成员分工明确，各司其职，缺一不可。

(三)分享原则

团队成员之间应当进行利益、成果和荣誉的分享，这样，成员对团队会更有归属感，从而能齐心协力创造奇迹、获得成功。

(四)动态开放原则

创业过程是一个充满不确定性的过程，这个过程也是团队和成员相互选择的过程。期间，成员可以由于观念、能力等多种原因加入或者离开团队，团队也可以在不同时期选择真正适合团队的成员加入。因此，团队在组建时，应坚持动态开放原则。

三、创业团队组建过程

创业团队的组建是一个复杂的过程，不同类型的创业团队组建步骤不尽相同，但过程大体一致。

(一)明确创业目标

拥有一个明确的、鼓舞人心的目标，意味着在创业团队面对的主要任务上成员之间达成了相互理解、共同的协议。当团队成员对于未来状态拥有共同愿景时，向着共同目标迈进的团队合作就会发生。

(二)制订创业计划

在确定创业目标后，接下来就是研究如何一步步实现目标，这就需要制订周密的创业计划。创业计划是一份全面说明创业构想和怎样实施创业构想的文件，是在对创业目标进行分解的基础上以创业团队为整体考虑的计划，确定了在创业阶段不同时期需要完成的任务，并通过逐步实现阶段性目标最终实现创业总目标。

(三)招募团队成员

招募团队成员需要考虑两方面因素。一是志同道合，团队成员合作的基础就是志同道合、目标一致。共同的目标和经营理念将团队成员凝聚在一起。二是优势互补，即团队成员在性格、技能、知识、能力等方面形成互补。这种互补性既有助于加强团队成员间的合作，又能保证团队的战斗力，从而更好地发挥团队作用。

(四)团队职权划分

为了保证创业团队各项工作的顺利实施，必须在创业团队内部进行职权划分。创业团队职权划分是根据执行创业计划的需要，具体确定每个团队成员所担负的职责和享有的权限。团队成员之间职权的划分必须明确，既要避免重叠和交叉，又要避免遗漏。此外，由于团队处于创业阶段，面临的创业环境复杂多变，会不断地出现新问题，团队成员也会发生变化，因此创业团队成员的职权也应根据实际情况不断地进行调整。

(五)构建制度体系

创业团队的制度体系体现了团队对成员的控制和激励能力，主要包括创业团队的各种约束制度和激励制度。创业团队要想健康发展、稳步提高，就必须建立一个公平、公开、公正的环境。一方面要保证团队成员的利益，建立明确的团队内部利益分配制度，并确保其有效实施；另一方面，团队领导者应讲原则、负责任，遵守团队行为准则，利用制度来约束和规范团队成员。另外，创业团队的制度体系应该以规范化的书面形式确定下来。

(六)团队调整融合

完美的创业团队并不是一开始就能建立起来的，随着时间的推移，团队在各方面都会进行相应的调整，把不适合的剔除或完善，把适合的纳入进来，慢慢形成一个完美的创业团队。随着团队工作的开展，团队在人员、制度、职权划分等方面的不合理之处逐渐显现，这时创业团队就需要调整融合。由于不合理之处的显现需要一个过程，因此创业团队的调整融合也是一个动态持续的过程。创业团队的调整融合工作，是针对团队前面工作过程中出现的问题不断地进行调整直至满足实践需要为止的工作过程。需要注意的是，在进行创业团队调整融合时，应保证创业团队成员之间及时有效的沟通。

第三节　创业团队管理

一、股权分配

股权通常是指因出资而享有的股东权利，具体是指股东从公司获取经济利益并参与公司管理的权利。创业团队成立后，面临的一个关键问题就是决策成员间的工作分工和股权分配方案。工作分工是对成员工作内容和职责的界定，而股权分配则是对创业利益分配方式的约定。工作分工有助于短期内维持创业过程的有序性，股权分配则有助于长期维持团队和企业的稳定发展。

在团队成员之间进行股权分配，可以使团队利益和个人利益、团队目标和个人目标关联起来，从而激发每个成员的工作积极性，在实现个人目标和团队目标的过程中，达到团队利益和个人利益的长期最大化。

在进行股权分配时，创业者应遵循以下三个重要原则。

第一，重视契约精神。在创业之初，就要把股权分配方案以公司章程的形式确定下来，并以契约的形式明确创业团队成员的利益分配机制，从而保证创业团队的长期稳定。

第二，遵循贡献决定权利原则分配股权。在现实中，首先可以依据出资额进行股权分配，其次对于没有注入资金但持有关键技术的团队成员，则需要考虑技术的商业价值，从而确定股权份额。

第三，控制权与决策权统一原则。股权分配本质上是对公司控制权的分配方案。在创业初期，控制权和决策权的统一至关重要。如果公司持股份最多的成员不拥有公司的控制权会非常危险，由于该成员更关注新企业的发展，更容易挑其他成员的毛病，甚至会去挑战决策者的决策权威，进而引发团队矛盾和冲突。

小贴士

苹果、谷歌和 Facebook 如何分配股权

苹果的股权分配 苹果公司成立于 1976 年 4 月 1 日，成立之初，乔布斯和沃兹尼亚克各 45%的股份，韦恩占 10%的股份。苹果电脑是沃兹尼亚克开发的，而乔布斯与沃兹尼亚克的股份一样，沃兹尼亚克的父亲对此十分不满。因为乔布斯不仅是个商业奇才，擅长将产品变现，而且对公司未来意志坚定，激情四射。沃尼亚克兹尽管是技术天才，但生性内敛，习惯一个人工作，后经劝说才同意为新公司全职工作。而韦恩在公司运营方面经验丰富(其他两人在运营方面完全是新手)，但由于其厌恶风险，不久后就退股，股权被乔布斯和沃兹尼亚克回购。苹果公司于 1980 年 12 月 12 日上市。

谷歌的股权分配 谷歌成立于 1999 年，成立之初，佩吉和布林各占一半股份，从天使轮到 A 轮差不多一年时间，硅谷著名风投 KPCB 和红杉资本各注资 125 万美元，分别获得 10%的股份。2004 年谷歌上市，近 2000 名员工获得配股。

Facebook 的股权分配 Facebook 成立于 2005 年，成立之初，扎克伯格占 65%的股份，萨维林占 30%的股份，莫斯科维茨占 5%的股份。Facebook 是扎克伯格开发的，他是一个意志坚定的领导者，萨维林懂得怎样把产品变成钱，而莫斯科维茨在增加用户上贡献卓著。Facebook 不到一年时间就拿到 A 轮融资——阿克塞尔公司投资 1270 万美元，公司估值 1 亿美元。7 年后的 2012 年 Facebook 上市。

(资料来源：张玉利，薛红志，陈寒松，李华晶. 创业管理[M]. 4 版. 北京：机械工业出版社，2018.)

二、创业团队内部冲突管理

团队内部冲突是指在个人、人际关系或感情方面出现紧张情绪。冲突可能在任务、过程或关系上发生。任务冲突主要是团队成员对工作目标和内容的分歧，即需要“做什么”以及“为什么要做”。过程冲突主要是团队成员关于“怎样”完成任务，即手段和方法的分歧。而关系冲突或情感冲突则更加情绪化，其主要特征是敌对和愤怒。通常，任务冲突和过程冲突是建设性的，属于认知层面的冲突，有助于团队成员激发和分享不同的观点，进而使创业团队作出更好的决策。而关系冲突或情感冲突会削弱和毁灭能量，会产生焦虑和敌意，最后可能导致创业团队决策失效甚至团队决裂。

如果冲突水平过高，团队成员之间彼此厌恶，这时团队氛围的特征就是“战争”。如果冲突水平过低，团队成员就会缺乏工作热情或对他们的任务不感兴趣，到最后可能无法实现团队目标。所以，团队的目标并不是最小化冲突和最大限度地保持一致，而是保持在一种建设性的冲突水平，从而满足多样化和创造性解决问题的不同偏好。

因此，在决策认知范畴内，团队领袖要鼓励正面冲突，让团队成员感受到通过知识分享实现创业成功之后，能获得相应的收益和价值。在制定激励方案时，创业者应注意以下几方面。

第一，差异化。通常，不同的团队成员对企业作出的贡献不同，因此合理的薪酬制度应反映这种差异。

第二，关注业绩。报酬要与业绩挂钩，该业绩是指团队成员在企业早期生命的整个过程中所表现出的业绩，而不是此过程的某个阶段的业绩。

第三，灵活性。团队成员在某个时段的贡献量，随着时间的推移会发生变化，业绩也会和预期不符。因此，灵活的薪酬制度、年金补助以及提取一定份额的股票以备日后调整等机制，有助于团队成员产生一种公平感。

创业团队内部冲突超出一定范畴后，会给创业团队带来负面影响。为了将冲突控制在可控有利的范畴内，在管理团队时应遵循以下原则。

第一，打造合作式的创业团队。团队内部意见不统一是一种常态，合作式创业团队会在不统一的意见中寻求合作的可能性，通过一些正面的、建设性的冲突，作出最佳决策。

第二，强化整体，弱化个体。强调团队整体的利益和成就，不特意突出某个个人。在获得团队利益的前提下，根据业绩分配个人利益。这样，不仅有助于把团队成员间的争论控制在可管理的范畴内，还可以利用正面冲突促进创业团队的发展。

第三，避免团队内部不适宜的竞争。团队内部竞争是为了团队更好地发展，一切都要以团队的整体利益为导向，要避免过度冲突。

第四，决策者要果断。决策者要广泛听取团队成员的意见，但是要避免出现“议而不决”的情况，适当的时候要果断拍板。

第五，适时地调整团队构成。如果冲突超出一定范畴，创业者应理性地作出判断，通过成员调整来维持团队的稳定和发展。完善的团队结构的建立不是一蹴而就的，是需要经过实践不断地进行调整和磨合的。

对于创业团队内部冲突，既要有科学的激励机制去激发正常认知范畴内的冲突，又要有有效的管理机制去避免关系冲突和情感冲突。创业者要保持开放的心态，在合理组建创业团队的基础上，不断加强团队管理，通过有效的激励和管理机制，使团队成员在尊重、信任、公平、公正的团队氛围中密切配合，保证创业团队的稳定和发展。

三、创业团队激励

创业团队成员本身具有分离倾向，管理稍有松懈就可能导致团队绩效大幅下降。如果缺乏有效的激励，团队的生命就难以持久。有效激励是长久保持团队士气的关键。有效激励是给予团队成员合理的利益补偿，包括物质条件和心理收益。

美国哈佛大学教授威廉·詹姆士研究表明，如果缺乏科学、有效的激励，人的潜能只能发挥出 20%～30%，而科学有效的激励机制能够让成员把另外 70%～80%的潜能也发挥出来。科学的激励工作需要奖励和惩罚并举，既要对符合团队期望的行为进行奖励，也要对不符合团队期望的行为进行惩罚。激励的最终目的是在实现团队预期目标的同时，团队成员也能实现其个人目标，即达到团队目标和个人目标在客观上的统一。

(一)创业团队激励原则

1. 公平

公平性是创业团队成员管理中一个非常重要的原则，任何不公平的待遇都会影响团队成员的工作效率和工作情绪，并且影响激励效果。如果团队成员取得同等成绩，就一定要给予同等层次的奖励；同理，如果团队成员犯了同等错误，就一定要受到同等层次的惩罚。创业团队的领导者如果做不到这一点，则宁可不进行奖励或惩罚。创业团队领导者一定要以一种公平的心态来处理团队成员问题，对事不对人，不要让领导者个人对成员的喜好影响对事情的处理，在工作中要一视同仁，不能有任何不公平的言语和行为。

2. 及时

奖惩的时效性比奖惩的力度更重要，要尽量缩短奖惩周期。在创业团队成员有良好表现时，要及时给予奖励，越及时越好。等待的时间越长，则奖励的效果越有可能打折扣。

3. 灵活

不同的创业团队成员需求不同，因此，相同的激励策略对成员的激励效果也不相同。即便是同一个人，在不同时期的需求也是不相同的。激励效果取决于团队成员的内心满足程度，故激励要因人而异。对于期望晋升且具备能力的成员，可以用高职位来激励；对于期望高物质回报的成员，可以用高薪和奖金来激励。当然，不同激励的前提是公平，即取得相同贡献的团队成员，奖励策略可以不同，但奖励等级必须相同。

4. 差异

差异即贡献程度的不同，则奖励程度也不相同。贡献大则奖励大，贡献小则奖励小，没有贡献则没有奖励。只有这样，才能真正调动团队成员的积极性，为了获得更大的收益而努力奋斗。

5. 适度

奖励和惩罚不适度都会影响激励效果，还会增加激励成本。奖励过度会使被奖励者产生骄傲自满情绪，失去进一步提高自己能力的机会；奖励太轻则起不到激励效果，甚至让团队成员产生不被重视的感觉，失去工作热情。惩罚过重会让团队成员感到不公，感情受到伤害，甚至失去对创业企业的认同，产生怠工情绪；惩罚太轻则会使团队成员认识不到错误的严重性，起不到警示作用。值得注意的是，适度并不是无差别，也不是不能重奖或重罚，而是激励要与团队成员的业绩相对应。

(二)创业团队激励方法

1. 团队文化激励

团队文化是固化剂，创业团队凝聚力的培养离不开创业团队文化的建设。团队文化通过营造一种积极向上、相互尊重和信任的文化氛围来协调团队内外的人际关系。通过调动团队成员的积极性、主动性和创造性来增强创业团队的凝聚力与竞争力，使团队成员与整个创业团队同呼吸、共命运，把领导者、团队成员和团队整体紧紧地联结在一起。

2. 经济利益激励

团队成员必须分享团队成功的果实，随着创业企业的发展，团队成员的收入必须同步增长。经济激励包括奖金、股权和期权等，对团队成员的经济激励要结合。奖金是一种短期激励方式，其作用是对与生产或者工作直接相关的超额劳动给予报酬，或对创业企业发展作出的贡献予以奖励，具有很强的针对性和灵活性，可以及时弥补团队成员工资的不足，具有更强的激励作用。但是，完全采用现金激励，创业企业负担太重，而且无法达到长期激励的目的。创业企业的产权一般比较明晰，机制灵活，因此对于创业团队成员来说，可以把期权激励当作经济激励的一项重要内容来实施，对于立志于长期与创业企业一同成长的团队成员而言，在未来期权所带来的财富放大效应将是对团队成员辛勤工作的更好回报。把以现金为代表的短期经济激励与以期权为代表的长期经济激励结合起来，体现出人力资源的价值。

3. 权力与职位激励

创业者具有极强的进取精神，而创业团队又通常是高知群体，他们不仅是为追求经济利益而进行创业活动，也是为了获得成就感以及权力和地位上的满足。大卫·麦克利兰(David C. McClelland)曾在其《成就激励论》中指出，人们在基本需要得到满足的情况下，还有权力、友谊和成就需要。对于有成就和权力需要的人来说，从成就和权力中获得的激励所起的作用远远超过物质激励所起的作用。

但是，并不是所有的团队成员都具备管理才能，也不是所有的团队成员都有管理、控制他人的欲望，因此在具体实施权力与职位激励时，一定要确定该团队成员有这种需要和能力。否则，这种激励方法的后果往往是多了一个平庸的管理者，还有可能少了一个有才华的技术专家。

本章小结

(1) 创业领袖是创业团队的领导者，他识别创业机会，分析创业的可行性，并能快速抓住创业时机领导创业团队实现创业目标，使企业利益最大化。

(2) 创业团队的组建原则：精简高效，团队成员优势互补，团队成员利益成就分享，动态开放。

(3) 股权分配是对创业利益分配方式的约定，在创业之初，就要把股权分配方案以公司章程的形式确定下来，并以契约的形式明确创业团队成员的利益分配机制，按照成员贡献的大小分配股份，并保证控制权与决策权的统一。

(4) 有效激励是长久保持团队士气的关键，激励的核心是奖惩分明。创业团队的激励原则：公平、及时、灵活、差异、适度。

实训案例

西少爷肉夹馍的股权之争

基本案情:

西少爷是奇点同舟餐饮管理(北京)有限公司旗下的快餐连锁品牌，创始团队分别来自全球著名互联网公司百度 Baidu、腾讯 Tencent。西少爷品牌受众定位于中高收入年轻一代群体，2015 年在北京开设 50 余家直营餐厅，并将持续拓展国内市场和海外市场。

该项目曾获得 2014 年第三届中国创新创业大赛团队组第一名，2014 年“创青春”全国大学生创业大赛银奖，2015 年中国连锁经营协会授予 CEO 孟兵 80 后创业新锐人物，2017 年被中国烹饪协会评选为“中国快餐新锐品牌”、入选“中国快餐百强企业”。2018 年 3 月 22 日，互联网餐饮品牌西少爷在北京召开国际品牌发布会，其创始人 CEO 孟兵发布了西少爷全球新品牌 Bingz 以及系列国际化战略。

然而西少爷肉夹馍在创业之初，在估值 4000 万元之际，曾因股权纠纷，创始人团队几乎分崩离析。

孟兵、宋鑫、罗高景三人同为西安交通大学校友，在 2013 年成立了名为“奇点兄弟”的科技公司(此时联合创始人袁泽陆还未加入)，由于孟兵承担了主要的产品研发工作，因此孟兵、宋鑫、罗高景的股权分别为 40%、30%、30%。而孟兵和宋鑫都是个性强势的人，所以这个团队并不是一个稳定的组织结构。在第一个创业项目未成功后，转型做肉夹馍，也是这个时候袁泽陆加入了，形成四名创始人的状态。

2014 年 4 月，西少爷第一家店铺在位于宇宙中心的五道口首次营业，开业当天中午就卖出了 1200 个肉夹馍，火爆的销售业绩加上“互联网思维”的外衣，孟兵以创业明星的姿态登上了各类媒体讲述创业故事。随后这 $10m^2$ 的小店创下 100 天卖 20 万个肉夹馍的记录。西少爷开业不到一周，便有投资机构找来，给出了 4000 万元的估值。但就在引入投资、协商股权架构的过程中，孟宋之间的矛盾彻底激化。

在与投资人商讨的过程中，孟兵给自己增加了投票权，使其投票权超过了 50%，那么宋鑫和袁泽陆则是处于一个被动的地位，可能会因为他的决定而被踢出局，所以他们感到不满，感觉自己的权力被削减。整个 5 月，引入投资的事情一直僵持着。由于一直没有谈拢，最终宋鑫被西少爷管理团队除名，另起炉灶重新开了家名为“新西少”的肉夹馍店，最后更是因为分红等原因将这场闹剧闹上了法庭。

不知是碍于校友情面，还是不懂股权，前者的因素或许有，但是不可否认后者的因素更多。而且，因为合伙人散了，西少爷用了很长时间才缓过来。

(资料来源：作者根据网上资料整理)

案例点评：

这类事件不是第一次发生，也不会是最后一次，对于今后的创业者在创业前有所启示。首先，搭建一支优秀的创业团队对于任何创业公司来说，都是一项至关重要的工作，它决定着创业的成败。其次，公司在创业之初一定要明确地分配好股权，约定好每个人的股权比例、相应的退出机制以及预留出一定比例的股权吸引优秀的人才。此外，公司创立之初，制定一套经营性的股权激励，对于公司的发展和扩张会更有利。

思考讨论题：

1. 优秀的创业团队有哪些基本特征？西少爷的创业团队有何不足之处？
2. 创业团队在股权分配时应遵循哪些原则？
3. 你从这个案例中学到了什么？

实训课堂

马化腾创业团队

基本案情：

1998 年，马化腾创办腾讯，最开始是两个人，除了他自己外，另一个是他在深圳大学的同学张志东，两个人同在计算机系。马化腾和张志东创办公司一个月后，腾讯的第三个创始人曾李青加入。曾李青是深圳互联网的开拓性人物之一，是深圳乃至全国第一个宽带小区的推动者。到 1998 年年底，许晨晔和陈一丹也加入了进来。

他们 5 个人凑了 50 万元，其中马化腾出资 23.75 万元，占 47.5%的股份；张志东出资 10 万元，占 20%的股份；曾李青出资 6.25 万元，占 12.5%的股份；其他两个人各出资 5 万元，分别占 10%的股份。“要他们的总和比我多一点点，不要形成一种垄断、独裁的局面。”而同时，他自己一定要出主要的资金，占大股。“如果没有一个主心骨，股份大家平分，到时候肯定会出问题，同样完蛋。”经过几次稀释，最后他们上市所持有的股份比例只有当初 1/3，但即便这样，他们每个人的身价都以 10 亿元为计量单位。为避免彼此争夺权力，马化腾在创立腾讯之初就和四个伙伴约定清楚：各展所长、各管一摊。

保持稳定的另一个关键因素，就在于搭档之间的合理组合。腾讯的 5 个创始人，首席执行官马化腾非常聪明，性格温和，注重用户体验。首席技术官张志东是一个计算机天才，QQ 的架构设计多年后还能适用。他还是一个工作狂，经常加班到很晚，说话总面带微笑，但讨论技术问题时会有些偏执。首席运营官曾李青是腾讯第三大个人股东，是腾讯 5 个创始人中最好玩、最开放、最具激情和感召力的一个。首席信息官许晨晔和曾李青是深圳电信数据分局的同事，他是马化腾在深圳大学计算机系的同学。许晨晔是一个非常随和又有自己观点、但不轻易表达的人，是有名的“好好先生”，是腾讯 5 人决策能形成合理成熟决策体系的平衡器。首席行政官陈一丹，是马化腾在深圳中学的同学，也毕业于深圳大学，专业是化学，持有律师执照，为人非常严谨，同时又是一个非常张扬的人，他能在任何时候激发大家的激情。

选择一个团队而不是一个人单枪匹马地创业，在1998年已经成为一种共识，但像马化腾这样，选择性格完全不同，各有自己特长的人组成一个创业团队是很少见的，而且更重要的是，马化腾很好地设计了创业团队的责、权、利，能力越大，责任越大，权力越大，收益也就越大。

(资料来源：林军. 沸腾十五年 中国互联网 1995—2009[M]. 北京：中信出版社，2009.)

思考讨论题：

1. 进一步搜集资料，试分析马化腾团队创业成功的原因？
2. 假如你要创业，你想做什么？你会选择哪些成员来组成创业团队？

分析要点：

1. 了解创业团队组建原则和过程以及股权分配原则。
2. 了解创业团队的组成要素和高效创业团队的特点。

复习思考题

一、基本概念

创业领袖　创业团队　股权　团队文化

二、判断题(正确的画“√”，错误的画“×”)

1. 只有在创业前或企业创建阶段参与进来的人员才是创业团队成员。 (　　)
2. 应尽量避免创业团队内部冲突。 (　　)
3. 科学的激励工作需要奖励和惩罚并举。 (　　)

三、单项选择题

1. 创业团队组建原则包括(　　)。
   A. 精简高效原则　B. 分享原则　C. 动态开放原则
   D. 互补原则　E. 上述答案都正确
2. 在进行股权分配时，创业者应遵循的重要原则包括(　　)。
   A. 平均分配股权　B. 遵循贡献决定权利原则分配股权
   C. 控制权与决策权分离　D. 只依据出资额分配股权
3. 创业团队激励误区包括(　　)。
   A. 既讲物质奖励，又讲精神奖励　B. 奖惩并举
   C. 团队成员均分收益　D. 奖惩适度

四、简答题

1. 创业领袖的特质有哪些？
2. 高效创业团队的特点有哪些？
3. 创业团队的组建过程包括哪些步骤？

五、论述题

如何正确认识和处理创业团队内部的冲突？

阅读推荐与网络链接

[1] 孙洪义. 创新创业基础[M]. 北京：机械工业出版社，2016.
[2] Adam Bornstein，Jordan Bornstein. 如何成为伟大的企业领袖？检视你是否具备这22个特质[J]. 创业邦，2016.
[3] Jeffry A Timmons, Jr Stephen Spinelli. 创业学[M]. 周伟民，吕长春，译. 4版. 北京：人民邮电出版社，2005.
[4] 苏世彬. 创业管理[M]. 北京：高等教育出版社，2015.
[5] 阳飞扬. 从零开始学创业[M]. 北京：北京联合出版公司，2015.
[6] 郑海航. 创业领袖[J]. 当代经理人，2005(07)：主编寄语.
[7] David Javich. 杰出领导者10大特质[J]. 孙博宁，译. 创业邦，2010(2)：72-73.
[8] 费再飞. 创业！创业！创业改变命运的5堂课[M]. 北京：清华大学出版社，2015.
[9] 徐明. 创新与创业管理学：理论与实践[M]. 大连：东北财经大学出版社，2016.
[10] 盖伊·川崎. 创业的艺术2.0：创业者必读手册[M]. 刘悦，段歆玥，等，译. 北京：电子工业出版社，2016.
[11] 张玉利，薛红志，陈寒松，李华晶. 创业管理[M]. 4版. 北京：机械工业出版社，2018.
[12] 乔·蒂德，约翰·贝赞特. 创新管理：技术变革、市场变革和组织变革的整合[M]. 4版. 陈劲，译. 北京：中国人民大学出版社，2012.
[13] 赛音德力根，闫莉菲. 大学生创新创业教育[M]. 北京：中国传媒大学出版社，2015.
[14] 张玉利，陈寒松，薛红志等. 创业管理(基础版)[M]. 4版. 北京：机械工业出版社，2017.
[15] 孙陶然. 创业36条军规[M]. 北京：中信出版社，2015.
[16] 王延荣. 创新与创业管理[M]. 北京：机械工业出版社，2015.
[17] 科特(Kotter J P). 变革的力量：领导与管理的差异[M]. 方小军，张小强，译. 北京：华夏出版社，1997.

随身课堂

创业团队.PPTX　　创业领袖.MP4　　创业团队管理.MP4　　创业团队组建.MP4

第五章　商业模式设计

学习要点及目标

- 熟悉商业模式的构成要素。
- 了解商业模式的基本类型。
- 了解商业模式的设计方法。
- 掌握商业模式的设计工具。

核心概念

商业模式　精益创业　商业画布

引导案例

哔哩哔哩的商业模式

2009 年 6 月，哔哩哔哩(bilibili，简称 B 站)成立于上海，是我国年轻人文化交流的新社区和视频平台，众多 80 后、90 后的年轻人相聚这里，它的使命和愿景是成为中国年轻人的文化生活方式，与这一代人共同成长。B 站最初是一个 ACG(动画、漫画、游戏)内容创作与分享的视频网站，现在已发展为包含二次元、生活、直播、购物、社交等在内的综合视频平台。在用户吸收上，2010 年 2 月 B 站邀请 40 多名 UP 主完成首个拜年视频(拜年祭前身)，初步积累了人气；2010 年 8 月通过大众投票选出 B 站的吉祥物；2012 年 2 月和 9 月分别上线安卓和 IOS 客户端，进一步方便了用户使用。同时，B 站还推出了独具特色的入站考试制度，只有在考试中及格的用户才算是正式会员，他们可以使用弹幕功能。截至 2021 年 6 月，B 站正式会员数达到 1.2 亿人，是 B 站坚实的基础。在内容布局上，从 2014 年开始，B 站全方位转入正规化，先后购买多部正版番剧并带来大量人气，并于 2016 年获得东京电视台动画网络播放权，此后一直在番剧版权购买上处于业界领先。与此同时，B 站进一步与索尼旗下的 Aniplex 展开合作，探索游戏联运和代理发行，独家代理了两款热门手游，为其带来了丰厚收入。此外，B 站于 2014 年推出直播功能，签约各大网红主播，还与游戏《英雄联盟》签订独家直播协议，直播业务得到稳步有序发展。2016 年 1 月 B 站又开放充电计划功能，2018 年 2 月上线创作激励计划，保障了 UP 主的创作利益，极大地激发了他们的积极性，为用户提供高质量内容夯实了基础。B 站还在会员购、影视、电竞、音乐等方面布局，2014 年年底在淘宝建立官方店铺，售卖官方周边产品，并发展成现在站内的会员购业务；2015 年 11 月成立哔哩哔哩影业公司；2018 年 2 月成立电竞公司，组建电竞战队；2018 年 11 月全资收购二次元音频社区猫耳 FM。线上线下都举办了多个大型活动，如拜年祭、MAD 大赛、嘉年华、BML、跨年晚会等。目前，B 站拥有动画、番剧、国创、音乐、舞蹈、游戏、科技、生活、鬼畜、娱乐、时尚等多个内容分区，已经从二次元交流社区逐步走向商业化，开启泛二次元时代。2018 年 3 月，B 站在美国纳斯达克成功上市，并相继获得腾讯、阿里、索尼的投资，进一步深化在动画、游戏等生态链上下游的战略合作，在上市的 3 年时间里市值增长了 14 倍，达到 2700 亿元。截至 2021 年 9 月，B 站总净营收达 52 亿元，B 站的未来不可限量。

(资料来源：根据 2021 年郭浩“哔哩哔哩的商业模式分析和优化设计”江西财经大学硕士学位论文资料整理.)

案例导学

在众多生活服务类团购网站竞争中，大众点评网依托良好的商业模式，多次被清客投资、China Venture 评选为最具投资价值的企业之一。有一个好的商业模式，成功就有了一半的保证。创业者如果不能清晰地设计自己的商业模式，创业失败的风险会成倍增加。

第一节　商业模式的内涵

现在已经不是企业靠单一产品或者技术就能打天下的时代，也不是靠一两个小点子或者一次投机就能决出胜负的时代了。要想使企业有生存空间并能持续地盈利，必须依靠系统的安排、整体的力量，即商业模式的设计。作为企业存在的最基本要素，商业模式已经成为创业者和风险投资者嘴边的一个名词。所有人都确信，好的商业模式是企业成功的保障。未来企业的竞争，将是商业模式的竞争。

一、商业模式的含义和特征

商业模式通俗地说就是老板的“生意经、生意诀窍”，一个企业做生意赚钱的逻辑和故事。比如某企业抓住了一个好的商机，也许他构建的商业模式是一个小炮艇，也是可以参加打仗从而获利的；也许他构建的商业模式是大军舰(拥有更多的功能和更好的性能)，就可以获得更多的竞争优势；如果他打造的商业模式是航母，所向披靡、攻无不克，那么他的企业就会变成行业领军企业，独占鳌头。

(一)商业模式含义

商业模式是一个非常宽泛的概念，通常所说的和商业模式有关的说法很多，包括运营模式、营利模式、B2B 模式、B2C 模式、“鼠标加水泥”模式、广告收益模式等，不一而足。

商业模式的概念经历了从浅显易懂的营利类，到设计企业体系的运营类，最后再到以价值为核心的价值类定义；关注问题也从最早的财务问题、运营类问题，到最后的价值类问题、营销类问题，从企业内部导向定义到企业内外部导向相结合的定义。从本质上说，价值类定义相比于营利类定义和运营类定义，是一种更深层次的探讨研究，价值类定义可以更好地揭示商业模式的本质问题。

商业模式就是创业者为实现客户价值最大化，把能使企业运行的内外各要素整合起来，形成一个完整的高效率的具有独特核心竞争力的运行系统，并通过最优实现形式满足客户需求、实现客户价值，同时使系统达成持续营利目标的整体解决方案。

商业模式的核心三要素是顾客、价值和利润。一个好的商业模式，必须回答的三个基本问题是：你能提供一个什么样的产品？给什么样的用户创造什么样的价值？在创造用户价值的过程中，用什么样的方法获得商业利润？

(二)商业模式的特征

1. 商业模式的一般特征

(1) 商业模式是一个整体的、系统的概念，而不仅是一个单一的组成因素。如收入模式(广告收入、会员费、服务费)、向客户提供的价值(在价格上竞争、在质量上竞争)、组织架构(自成体系的业务单元、整合的网络能力)等，这些都是商业模式的重要组成部分，但并非全部。

(2) 商业模式的组成部分之间，必须有内在联系，这个内在联系把各组成部分有机地关联起来，使它们互相支持、共同作用，形成了一个良性循环。

2. 优秀商业模式的特征

(1) 顺应形势。许多商业模式之所以成功是因为它们顺应了社会大趋势。未来商业模式的建构必须考虑三种变化。一是知识社会。在成熟社会中，各种基本需求都在不同程度上实现了高度满足。因此，有关个人价值实现的话题就变得越来越重要。二是茧式生活。在全球化世界里，人们都在繁忙的环境和封闭的社会中寻求一个可喘息的机会。三是安全性。自然灾害、恐怖主义和政治不确定性都将继续引发人们对安全的需求。好的创业商业模式必须适应社会大趋势。

(2) 创造优势。好的创业商业模式往往具有开创性，能构建品牌自身的竞争优势，形成核心竞争力。北京一大学生张松江创业，开拓出了一种叫作“小管家”的新家政商业模式，凭借新模式，这位创业者在北京仅一个社区就年收入 170 万元。尽管人们都把他的公司称之为“家政公司”，但在张松江看来，现在的户内保洁太没有特点了，他的“小管家”从一开始就背离了传统家政，针对北京 SOHO 现代城等高档社区，总结出了一套针对卧室、卫生间、厨房等不同性质房屋的工作程序和工作标准，来满足住户更高档次的家政服务。以地板打蜡为例，他将擦玻璃的方法移植到了地板上，并且在工具、使用方法上都做了重大改进。他们擦地板比传统打蜡法多花一倍的时间，但是擦出来的效果却让人感觉比传统打蜡服务高出几个档次。

(3) 提供独特价值。好的创业商业模式必须能够突出一个企业不同于其他企业的独特性，这种独特性可能是新的思想，也可能是产品和服务独特性的组合；要么使客户能用更低的价格获得同样的利益，要么使客户用同样价格获得更多的利益，进而赢得顾客、吸引投资者和创造利润。在国内互联网行业，每一个崛起的互联网品牌背后都有自己独特的创业商业模式支撑。传统门户背后是在线新闻，腾讯 QQ 背后是即时通信，盛大背后是游戏，百度背后是搜索，优酷背后是视频，阿里巴巴、淘宝、携程、当当背后是电子商务，前程无忧背后是招聘等。

小贴士

商业模式与盈利模式的关系

商业模式和盈利模式是两个不同的概念，描述两个不同的对象，所解决的问题也各不相同。商业模式是指商业操作中整合了什么资源，对资源如何整合的逻辑设计，是解决如何创造社会价值的逻辑结构设计；盈利模式是指在商业模式设计中，如何获取价值的问题，是解决在整个商业模式价值链中如何获利的逻辑结构设计。

商业模式是从大的方面，从整个价值链角度，从整个社会角度来描述一个商业操作的内在逻辑结构；而盈利模式则是在商业模式这样一个大的逻辑架构设计中从运作者的个体角度来描述一个商业操作的内在逻辑结构；两者是对一个商业操作的不同层面、不同角度的逻辑架构。

商业模式是起点，先有了商业模式的设计，才有盈利模式的设计，其内在的逻辑是：我们要获取价值，总要先去创造出价值然后再去分享到价值，商业模式重在创造出价值，盈利模式重在分享到(分抢到)价值，在这个逻辑链中，商业模式是前提条件。

无论是商业模式还是盈利模式，最终都为了解决一个核心问题——获取商业价值，而商业模式和盈利模式的设计不过是解决同一个问题的两个关键性的逻辑链条而已，两者存在着承启关系，一步步地实现获取商业价值的最终目标。

(资料来源：根据“Pyne. 商业模式与盈利模式[EB/OL]. http://blog.sinA.com.cn/s/blog_55893a0a0100gszp.html.”资料整理.)

(4)　难以模仿。企业通过对客户的悉心照顾、无与伦比的实施能力等，来提高企业的进入门槛，以确立自己的与众不同，从而保证利润来源不受侵犯。比如直销模式，人人都知道戴尔公司、安利公司是直销的标杆，但很难复制它们的模式，原因在于“直销”的背后，有一套完整的、极难复制的资源和生产流程。

(5)　脚踏实地。脚踏实地就是实事求是，就是把创业商业模式建立在对客户行为的准确理解和假定上。比如，企业要做到量入为出、收支平衡。这个看似简单的道理，要想年复一年、日复一日地做到，却并不容易。

二、商业模式的构成和逻辑

(一)商业模式的构成

商业模式是由不同要素组成的，不同的学者对于商业模式的构成要素有着不同的看法，其研究的深度、广度和详细程度也存在着许多差异和分歧，故目前学术领域对商业模式的关键构成要素依然无法形成一致意见，目前较为认同的主要观点有以下几种。

1. 四要素论

哈佛商学院教授克莱顿·克里斯滕森(Clayton M. Christensen)认为，商业模式构成要素包含四个方面内容：关键资源、关键流程、客户价值主张、收入模式。关键资源是企业在创造价值流程中的基础，关键流程则贯穿于企业利用这些关键资源的过程，这两个方面相配合旨在为客户提供价值，即满足客户价值主张。客户价值主张是指某种为客户创造价值的方法，这也是企业实现利润的直接方式。收入模式就是盈利模式，它是企业通过自身以及相关利益者资源的整合并形成的一种实现价值创造、价值获取、利益分配的组织机制及商业架构。这一整套活动都是在企业能够盈利的基础上进行的，也就是在这一系列的活动中形成了企业自身的盈利模式。

2. 五要素论

栗学思归纳和总结了企业商业模式设计的五个要素，它们是价值需求、价值载体、价值创造、价值传递及战略控制活动的价值保护。价值需求是指企业的客户群；价值载体是指企业可以获取利润的、目标客户购买的产品或服务；价值创造是指企业生产、供应满足目标客户需要的产品或服务的一系列业务活动及其成本结构；价值传递是指企业把产品和服务传递给目标客户的分销和传播活动；战略控制活动的价值保护是指企业为防止竞争者掠夺本企业的目标客户而采取的防范措施。企业商业模式都是以其中一两个要素为核心的不同形式的组合。

3. 六要素论

魏讳、朱武祥将商业模式中存在的体系划分成业务系统、定位、核心资源能力、收入模式、现金流结构及企业价值六方面内容。其中，业务系统强调整个交易结构的构型、角色和关系；定位强调满足利益相关者需求的方式；核心资源能力强调支撑交易结构的重要资源和能力；收入模式强调与交易方的收支来源及收支方式；现金流结构强调在时间序列上现金流的比例关系；企业价值是商业模式构建和创新的目标与最终实现的结果。

4. 九要素论

亚历山大·奥斯特瓦德(Alexander Osterwalder)认为价值主张、价值结构、核心能力、目标顾客、分销渠道、伙伴网络、成本结构、收入模式与顾客关系是商业模式的九大构成要素。慕尔雅(Ash Maurya)对奥斯特瓦德的九要素论提出了自己的看法，认为它不适合大学生创业群体。他认为，提出问题、解决方案、关键指标、独特卖点、门槛优势、渠道、客户群体分类、成本分析和收入分析九大要素，更适合想要创业的在校大学生和初创企业的人们分析与设计自己的商业模式。目前，九要素构成的观点常常被看作商业模式构建的依据。

(二)商业模式的逻辑

从商业模式构成要素各个观点来看，提及最多的是价值主张、营利模式、价值传递和价值获取，由此构成商业模式的核心。商业模式是以顾客为中心来解决一般价值创造问题的核心逻辑，必须将价值贯穿于商业模式之中。商业模式的这一逻辑性主要表现为层次递进的四个方面，如图 5-1 所示。

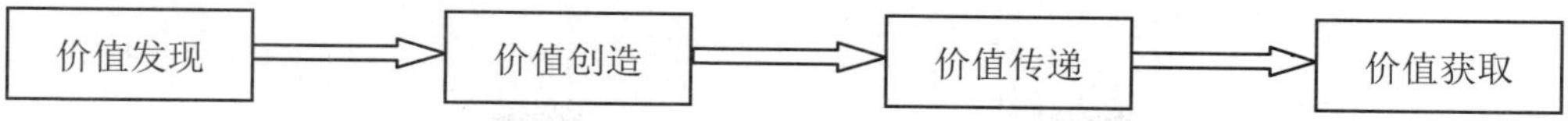

图 5-1　商业模式的逻辑

1. 价值发现，也称价值模式

价值发现是指企业深入洞察顾客价值，从而构建出既充分反映顾客需求、收入和成本变化以及竞争者的反应，又充分反映顾客价值主张的隐含假设。洞察价值由洞察需求、细分市场、顾客价值主张等部分组成。首先企业需要通过洞察来了解消费者最根本性的需求，及其他竞争对手是否有能力满足这些需求，并在组织结构、技术等方面提高满足顾客需求的可能性；其次是通过洞察需求找到自己有意满足或者能够满足的具体细分市场，最后通过发现细分市场中消费者的兴奋点，来确定自己的服务或者产品能够为顾客提供什么样的价值。

2. 价值创造，也称运营模式

价值创造是指企业为了实现顾客价值主张而设计并实施的一系列活动，包括价值网设计、定位和价值创造。企业首先通过设计价值网结构，明确价值网都包括哪些行动主体，厘清不同行动主体在价值生成、分配、转移等方面的结构和关系；其次明确企业自身在该价值网中的位置；最后构建能够创造价值的运营系统，确定进行价值创造的关键运营活动。

3. 价值传递，也称营销模式

价值传递是指企业采用何种方式来向顾客传递价值，包括渠道和品牌等。通常，商业模式创新也表现为电子商务渠道的创新。

4. 价值获取，也称营利模式

价值获取是指企业如何将自身所提供的服务及产品变现，来支付必要的业务成本，并最终获得利润，这表示营利模式是商业模式的重要组成部分。

第二节　商业模式的设计

商业模式是企业的立命之本，商业模式设计则是商业策略的一个组成部分。企业创立之初的商业模式并不是一成不变的，应当随着市场需要、产业环境、竞争形势的变化而不断调整。更重要的是，商业模式并不是生来平等的，有的模式相对轻松，企业很快就扶摇直上；而有的模式则需要付出更多精力，每年的增长却总是差强人意。因此，选择、设计一个好的商业模式会事半功倍，也会成为企业战略管理的一项基本功而被高度重视。

一、商业模式设计的基本要求

一个好的商业模式要符合五个方面的标准：定位要准、市场要大、扩展要快、壁垒要高、风险要低。因此在进行设计时，要重点从这五个方面入手。

(一)定位要准

确立好市场定位的关键是细分市场，并寻找到能够利用自身优势来满足该细分市场所需要的产品和服务。在设计产品或服务时，最关键的是，产品满足了顾客哪些方面的需要？产品本身为客户创造了怎样的价值？顾客为什么愿意认可该价值并付费？这是产品设计的核心所在，也是定位分析之后的最重要成果。

总之，定位最重要的目的就是找到细分市场，为这个市场提供满足顾客需要的、有价值的、独有的产品，让顾客愿意为此而付费。

(二)市场要大

当然，不是随意找一个细分市场提供所需的产品和服务就算一个优秀的市场定位的，关键在于，要寻找一个快速、大规模、持续增长的市场，这是确定是否为优秀市场定位的一个关键。

在目标市场确立时，最需要关注的四个问题：目标市场规模是否足够大？是否能满足目标客户重要的基本需求？是否能保证高速增长？如何保证持续性增长？

(三)扩展要快

这是很多商业模式在设计时最容易忽略的问题，也是决定该模式是快速增长还是缓慢增长的最关键环节。收入是否快速扩展，是衡量商业模式能否迅速做大规模的最关键的因素。

商业模式从本质上讲就是如何从客户身上挣钱，如果想挣钱最快，要么客户数量扩展速度最快，要么客户平均贡献额最高，两者兼备更佳。但从商业实践的角度来看，真正起到关键作用的实际上是客户数量的扩展速度。因为如果不能大规模复制，从单一客户身上即使获得再高的收入也是枉然。

在设计客户收入扩展策略时，最需要考虑的是三个问题：获取新客户的方法和难易程度？定价策略是否有利于快速扩展客户和实现利润最大化？客户是否会持续消费？能够大规模迅速扩展客户群的商业模式收入会持续高增长。

(四)壁垒要高

如果你具备了上述三点，但却发现有很高的行业壁垒无法攻破，那也只能黄粱一梦、望洋兴叹；或者谁都可以进入这个让人摩拳擦掌、前途无限的市场，那么凭什么你会取得成功呢？

好的商业模式一定要和自身的优势紧密结合。最好是自己独有的优势，从而构筑最好的竞争壁垒。关于进入壁垒，我们要考虑以下几方面问题：进入该行业本身是否有壁垒？是否存在产业链的制约因素？如何解决？如何利用自身优势来构筑竞争壁垒？如何建立产业竞合关系？如何构筑价值链？ 总之，自己进入时壁垒要低，进入后要能建立起高壁垒，使竞争者难以进入。这是考虑壁垒因素的重点所在。很多企业之所以发展到一定阶段就出现问题，就是因为没有考虑到提高后进者的壁垒，从而很容易被人赶超。

(五)风险要低

设计商业模式的最后一个环节，就是要综合评估可能面临的各种风险。在评估风险时，需要考虑四个方面：是否存在政策及法律风险？是否存在行业监管风险和行业竞争风险？是否有潜在的替代品威胁？是否已经存在价值链龙头？这是考虑商业模式所面临风险时最需要注意的一点。你准备进入的行业不能有链主存在，即不能有价值链的龙头存在，因为优秀的商业模式应当具有发展成为龙头可能性，而不是在一开始就受制于人。

二、企业创业商业模式的设计工具——商业模式画布

(一)商业模式画布的基本要素

亚历山大·奥斯特瓦德(Alexander Osterwalder)和伊夫·皮尼厄(Yves Pigneur)认为，商业模式包含九种必备要素。

1. 价值主张

价值主张即企业通过其产品和服务能向消费者提供何种价值，看看能否解决客户困扰或满足客户需求。也就是说，企业为了迎合特定客户细分群体的需求而提供可选择的系列产品或服务。其主要表现为：标准化和个性化的产品、服务或解决方案，宽窄的产品范围。应关注：向客户传递什么样的价值？正在帮助客户解决哪一类问题？正在满足哪些客户需求？正在为细分客户群体提供哪些产品和服务？

2. 客户细分

客户细分即企业经过市场划分后所瞄准的客户群体。客户细分主要表现为：大众市场、利基市场、区隔化市场、多边化市场、多边平台市场。应关注：正在为谁创造价值？谁是重要客户？

3. 渠道通路

渠道通路即描绘企业用来接触并将价值主张传递给目标客户的各种途径。渠道通路类型有：销售队伍、在线销售、自有店铺、合作伙伴店铺和批发商。应思考：通过哪些渠道接触到网民们的客户细分群体？如何接触他们？渠道如何整合？哪些渠道最有效？哪些渠道成本效益最好？如何把渠道与客户的接触和沟通过程进行整合？

4. 客户关系

客户关系即描述企业与其客户之间所建立的联系，主要是信息沟通反馈。客户关系类型表现为：交易型关系、关系型关系、直接关系、间接关系等。应思考：客户细分群体希望建立和保持何种关系？哪些关系已经建立了？建立这些关系的成本如何？如何把它们与商业模式的其余部分进行整合？

5. 收入来源

收入来源即描述企业通过各种收入流来创造财务的途径。收入来源主要有：一次性收入和经常性收入。应思考：怎样的价值能让客户愿意付费？客户现在付费购买什么？客户是如何支付费用的？客户更愿意如何支付费用？每个收入来源占总收入的比例是多少？

6. 核心资源

核心资源即描述企业运行其商业模式所需要的资源和能力。核心资源主要有：实体资产、知识资产、人力资源、金融资产。应思考：价值主张需要什么样的核心资源？渠道通路需要什么样的核心资源？客户需要什么样的核心资源？收入需要什么样的核心资源？

7. 关键业务

关键业务即描述为了确保其商业模式可行，企业必须做的最重要的事情。关键业务一般分三类：设计和制造产品、构建平台或网络、提出问题解决的方案。应思考：价值主张需要哪些关键业务？渠道通路需要哪些关键业务？客户关系需要哪些关键业务？收入需要哪些关键业务？

8. 重要伙伴

重要伙伴即企业为有效提供价值与其他企业形成的合作关系网络。合作关系主要有：上下游伙伴关系、竞争关系、互补关系、联盟伙伴、合资关系、非联盟合作关系。应思考：谁是重要伙伴？谁是重要供应商？从伙伴那里获取哪些核心资源？分配给合作伙伴哪些关键业务？

9. 成本结构

成本结构即运行某一商业模式所引发的所有成本。成本结构有两种类型：成本驱动型成本结构和价值驱动型成本结构。前者侧重低价的价值主张，后者侧重增值型的价值主张和高度个性化服务。应思考：什么是商业模式中最重要的固定成本？哪些核心资源花费最多？哪些关键业务花费最多？

一个有效的商业模式不是九大要素的简单罗列，要素之间存在着有机联系，我们可以用商业模式画布这一工具来描述，如图 5-2 所示。根据九大要素间的逻辑关系，商业模式的设计可以分四步进行。

(1) 价值创造收入：提出价值主张、寻找客户细分、打通渠道通路、建立客户关系。

(2) 价值创造需要基础设施：衡量核心资源及能力、设计关键业务、寻找重要伙伴。

(3) 基础设施引发成本：确定成本结构。

(4) 差额即利润：根据成本结构、调整收益方式。

值得注意的是，因为客户关系决定于价值主张和渠道特性，核心能力和成本往往是关键业务确定后的结果，所以九大要素中的客户关系、核心能力、成本三个要素难以形成商业模式创新。

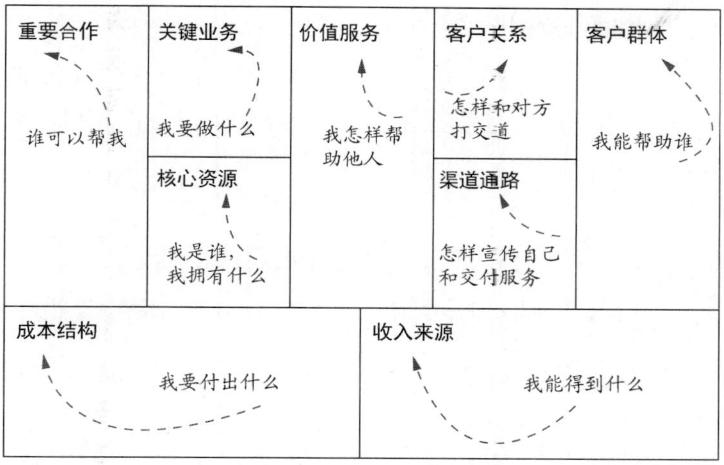

图 5-2 商业模式画布

(二)制作商业模式画布的步骤

制作商业模式画布，可以当作一次“商业模式画布”游戏。这种游戏将用于构建企业现有的商业模式和自身的评估，制定现有商业模式改进点以及讨论潜在的新兴商业模式。参与者可以根据各自的方案和目标加以调整。

1. 描绘客户细分市场

开始构建商业模式时，先让大家描绘企业所服务的客户细分市场。参与者根据客户细分群体的不同，将不同颜色的便利贴粘在画板上。每组客户代表着一个特定的群体(例如，鼠标垫的对象是个人用户和企业用户)，并描述他们的特定需求。

2. 参与者描述对价值主张的理解

让参与者描述企业对每一个客户细分提供的价值主张的理解，即反映出每类客户细分的价值主张。参与者应当使用相同颜色的便利贴代表每一个价值主张和对应的客户细分群体。如果每一个价值主张涉及两个差异很大的客户细分群体，那么应当分别使用这两个客户细分群体对应颜色的便利贴。

3. 参与者用便利贴完成各个模块任务

参与者使用便利贴将该企业商业模式中所有的剩余模块标识出来。相关客户细分群体始终坚持使用同一种颜色的便利贴。

4. 评估商业模式的优劣势

映射出整个商业模式后，可以开始评估该商业模式的优劣势。也就是说，将绿色(代表优势)和红色(代表劣势)的便利贴粘在商业模式中运行良好的模块和有问题的模块旁边。除了用绿色和红色标注优劣势，也可以在便利贴上标出“+”和“-”号分别标注优劣势。

5. 对现有商业模式进行改进

基于某企业的商业模式的图形化表达方法，即参与者通过步骤 1~4 所产生的画布，选择对现有商业模式进行改进，或创建出另外一个全新的模式。在理想情况下，参与者使用一个或几个商业模式画布来体现改进的商业模式或新的替代模式。

小贴士

百度搜索的商业模式设计

商业模式画布一般是从右向左进行分析，边分析边画，来构建我们的商业模式。

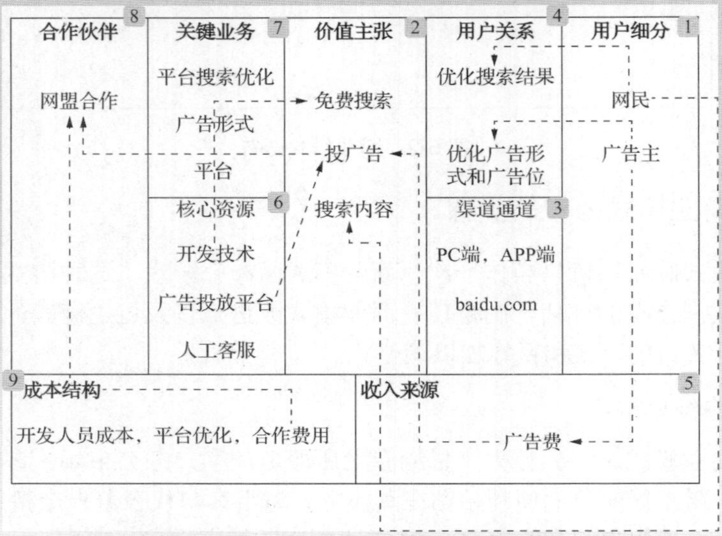

(资料来源：根据“商业模式画布的具体案例分析[EB/OL]. https://wenku.baidu.com/view/f90965b325284b73f242336c1eb91a37f11132bf.htmll”资料整理.)

三、初创企业商业模式设计的工具——精益创业画布

埃里克·莱斯(Eric Rise)提出的精益创业理论为创业者提供了一种探索商业模式的工具。精益创业的核心是三个词：开发、测量和认知。它的核心思想是，创业者首先要集中资源开发符合核心价值的产品，即 MVP(最小型可行性产品)，然后通过不断地学习和有价值的用户反馈，对产品进行快速迭代优化，以期适应市场，最后将创业公司带入循序渐进的良性发展中，这使创业者有可能投入较少的资源就能够验证自己的想法。

慕尔雅(Ash Maueya)以精益创业理论为指导，对奥斯特瓦德的“商业模式画布”进行了改造，提出了适合类似大学生社会群体创业的“精益创业画布”设计框架。

(一)精益创业画布的基本要素

1. 用户细分

创业一定要从用户细分开始，你要列出具体的细分，比如性别、年龄、收入、职业、

行业等，而且要去评估规模有多大，太大无处着力，太小无法使企业做大，投资人也不会感兴趣。同时，应尽量细分目标客户群，重点列出种子用户，锁定潜在的早期使用者，通过他们获取客户需求痛点、提出解决方案，如图 5-3 所示。

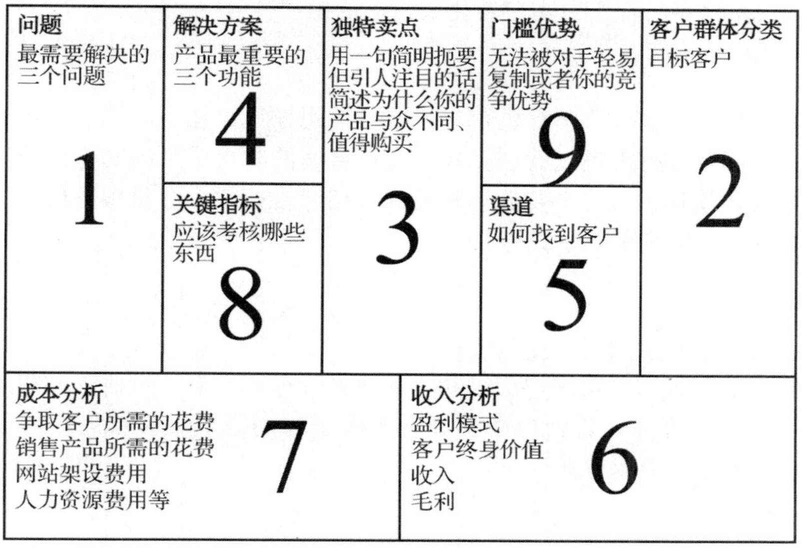

图 5-3　精益创业画布

2. 需求痛点

问题即需求痛点，问题和客户群体的匹配是商业模式设计的核心。明确准备服务的目标客户群之后，要针对每个细分群体列出 1～3 个最大的痛点。想想那些让客户感到不安、沮丧、紧急或难受的事，再想想客户什么时候认为这个需要是最迫切的，你就可以寻找“让痛苦消失”的方案作为创业的指导。创业者不能想当然地认为这是用户的痛点，一定要去和种子用户交流，做一些小规模的实验去验证这个痛点确实存在。

3. 独特卖点

就是用一句简短有力的话去描述和别人有什么不同。也就是所谓“电梯演讲”的一句话，你在电梯中遇到一个投资人，你用 30 秒时间来说明你的项目，用独特卖点来引起他的兴趣，才有机会与他进一步交流。这是商业模式设计中最重要也是最难的部分。寻找独特卖点，最好的方法是直接从要解决的头号问题出发找到独特卖点，也可以针对种子用户来设计独特卖点。

4. 解决方案

创业早期不要急着确定详细的解决方案，而是利用有限资源，直击用户痛点，为种子用户提供最简单的解决方案。针对每个需求痛点，你能提供的最简单的解决方案是什么，然后写出来，经过验证和测试并反复修改，将解决方案不断完善。

5. 渠道

无法建立有效的客户渠道是创业公司失败的主要原因之一。创业初期，一般是先获取目标种子，这是一种与目标用户群交集比较大的渠道。一般是从身边的符合目标用户群要求的朋友或熟人开始，或者是好友的好友，通过免费或付费方式，获取此类用户的成本较低。可以亲力亲为地推销自己的产品获取用户；也可以通过做口碑留住用户；还可以利用社交红利，低成本地将社交平台用户转化成自己的用户；等等。

6. 收入分析

创业初期，虽然很多项目实行免费，说自己不想挣钱，也不谈钱，但这只是对外的宣扬，并不是说创业者没有思考过营利模式，会在合适的时机用不同的方式让用户付费去实施验证自己的盈利模式。目前主要的营利模式包括广告模式、会员服务模式、游戏道具模式、收入分成模式、增值服务模式等。

7. 成本分析

任何产品从设计开发到用户使用过程中都会产生费用，进行成本分析时，应重点关注产品发布前需要多少成本，用固定成本和变动成本来分析。然后把收入和成本分析结合起来，算出一个盈亏平衡点，以此预估需要花费多长时间、资金和精力才能达到盈亏平衡点，进一步检验自己的商业模式。

8. 关键指标

不管是什么类型的公司，总能找到几个关键指标来评估公司的经营状况。这些指标不仅能衡量公司的发展，也有助于找出客户生命周期中的重要时段。戴夫·麦克卢尔提出“海岛指标组”五个关键指标：获取、激活、留客、收入和口碑。

(1) 获取。把普通访客转换成对产品感兴趣的潜在客户的过程。以鲜花店为例，能把走过你橱窗的人吸引到店铺内就是一次获取。

(2) 激活。感兴趣的潜在客户对产品的第一印象感到满意。以鲜花店为例，如果潜在客户走进店里之后发现乱糟糟的，和在店门口的感觉完全不同，那这样的第一印象肯定无法让人满意。

(3) 留客。评估的是产品的“回头率”或者是客户的投入程度。以鲜花店为例，留客就是客人再次来到商店。

(4) 收入。评估的是用户付钱的情况。买鲜花、购买或订阅产品等都属于收入，会不会在第一次访问时就掏钱则不好说。

(5) 口碑。满意的用户会再推荐或者促成其他潜在用户来使用产品。这是一种比较高级的用户获取渠道。以鲜花店为例，客人只需要跟自己的朋友推荐该鲜花店就算是树口碑了。

9. 门槛优势

门槛优势也称竞争优势。构建竞争壁垒的方法有两种：第一种方法就是先让对手看不见、看不起、看不懂，然后让对手们学不会、拦不住、赶不上。要想使用这种方法，必须保证公司“内功”深厚。第二种方法就是颠覆式创新。它有两种方法，一种是把贵的变便宜，把收费的变免费；另一种是把复杂的变简单。这两种方法实际上都是从低端切入，创造一个新的、原来大企业看不上的市场，然后让很多低端用户进来，让很多原来不是用户的用户进来，然后慢慢地往上蚕食。这就是草根的逆袭。

(二)制作精益创业画布的步骤

1. 将初步计划写出来

这时候你可以不要追求能提供最好的问题解决方案，而是试着形成一整套完整的商业模式，并保证模式中的所有元素都能够相互配合。要做的事情如下。

(1) 迅速起草一张画布，在第一张画布上消耗时间最多不超过 15 分钟。

(2) 有些部分空着也没关系，要么马上写下来，要么就留空。

(3) 尽量短小精干，将商业模式的精华部分提炼出来，用一张纸来制作画布。

(4) 站在当下的角度来思考，想想下一步应该先测试哪些假设。

(5) 以客户为本，仅仅调整一下客户群体，商业模式就会产生翻天覆地的变化。

2. 找出 A 计划中风险最高的部分

莫瑞亚认为创业一般分三个阶段，如图 5-4 所示。第一阶段的核心是有没有要解决的关键问题，并能得出一套解决这些问题但又最精简的对应方案，称之为“最简可行产品”；第二阶段的核心是你提供的产品是不是客户想要的，并且愿意为此付费；第三阶段的核心是怎样才能加速发展壮大。通过验证商业模式的各个环节，改善商业模式的各个环节，以便加速执行优化方案。

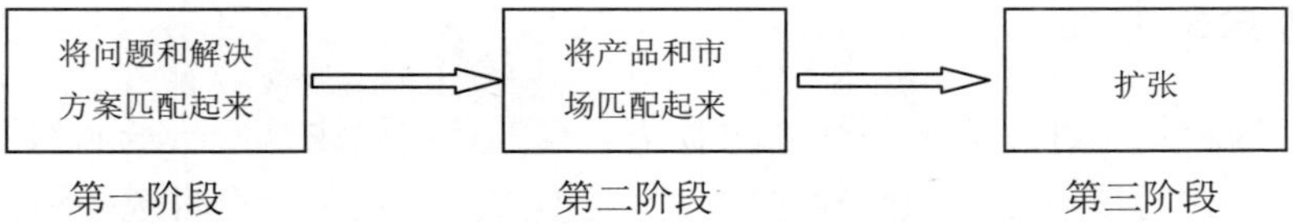

图 5-4　创业的三个阶段

3. 系统地测试计划

针对商业模式的每个环节进行参与式观察和深度访谈，可以有效地测试商业模式的可行性。

第三节　商业模式的创新

商业模式创新主要是新创企业商业模式如何产生以及企业对现有商业模式的再设计，其核心问题就是发现和寻求新的模式创新的机会是否成立。无论是新创模式还是在既有模式下的创新都是如此。商业模式创新和其他类型的创新如技术创新一样，它也会经历产生、扩散的过程，经历原始创新、被模仿、再创新的生命周期阶段。处于不同阶段的商业模式创新，其过程特点和设计是不一样的。

一、商业模式的原始创新

如果以前所未有的商业模式为客户提供产品和服务，这种商业模式创新就是原始创新。它既可以发生在现存的企业中，也可以伴随着新生企业或者新一代企业家的成长而出现。

(一)构成要素创新

商业模式是由不同要素组成的，因此商业模式的创新可以看作是商业模式不同构成要素的创新。第二节我们讲过商业模式设计的精益创业画布工具，可以帮助创业者设计一个前所未有商业模式框架，但并不意味着可以写下一个无敌的商业模式，它的作用是帮助追踪到目前为止的所有“创业假设”。比如，有人认为18～30岁的城市青年(目标顾客)应该喜欢购买宠物服饰打扮自己的宠物(价值主张)，然后开始试着执行这样的计划，在最低成本状态下想办法验证这种假设。每尝试一次，你会得到更多市场信息，进而调整自己的商业模式，直到(价值获取)满意为止。

(二)系统性创新

商业模式创新包括向谁、何时、缘由、地点、如何做以及成本，这些为顾客提供产品和服务方面的修正，从整体出发是对商业模式的创新和构建。商业模式描述的是企业各个部分怎样组合在一起的活动系统。商业模式创新往往伴随着产品、合作网络、价值主张等元素的创新，最终达到为企业利益相关者带来预期的利润的效果。

(三)逆向思维创新

逆向思维创新是一种反其道而行之的做法。有三点需要注意：一是找到行业领导者或行业主流商业模式的核心点，以此制定逆向商业模式；二是不能盲目选择逆向商业模式，选择的前提是能确保为消费者提供更高的顾客价值；三是防范行业领导者的报复行为，评估其可能的反制措施，并采取相应的举措。

二、商业模式的模仿创新

并非所有的商业模式创新都是原始的或者需要原始创新的，更多的情况是，模仿创新大行其道。模仿是商业模式创新的基础，几乎一切成功的商业模式都是在不断模仿的基础上创新的。富有创新精神的企业家开创了新的商业模式和盈利机会，并赚得盆满钵满，极大地带动了一批模仿者和改进者。

(一)全盘复制

这个方法最简单，就是对优秀企业的商业模式进行直接复制，全盘拿来为我所用。在中国那些星光熠熠的企业身上，几乎都可以找到国外与之对应的原型：流通领域里的苏宁、国美，与之对应的是国外的Bestbuy等家电连锁企业；互联网企业里的百度、搜狐、淘宝，我们依稀可以看到谷歌、雅虎、亚马逊的影子。同一行业的企业，尤其是同属一个子市场或拥有相同产品的企业，直接竞争对手更容易产生商业模式的相互复制。

腾讯音乐商业模式创新

腾讯音乐娱乐集团(以下简称“腾讯音乐”)是中国在线音乐娱乐服务开拓者，拥有目前国内市场知名的四大移动音乐产品：QQ 音乐、酷狗音乐、酷我音乐和全民 K 歌，总月活用户数超过 8 亿。作为国内数字音乐平台的同行者与领航者，腾讯音乐从 2005 年成立数字音乐平台 QQ 音乐，到 2020 年市值超过 200 亿美元，仅用了 15 年。在当前各大数字音乐企业普遍亏损的情况下，这一成绩显得十分突出和耀眼。

2005 年至 2013 年是腾讯音乐的起步期。这一阶段，QQ 音乐凭借 QQ 社交软件庞大的用户基础迅速抢占市场，并逐步站稳脚跟。2010 年以后，随着互联网娱乐功能的增多与智能手机的普及，彩铃开始没落，线上音乐平台以其庞大的音乐曲库和多元化的音乐娱乐内容迅速吸引用户。QQ 音乐推出个性化标识、空间音乐、数字音乐下载等增值服务吸引消费者，增加用户黏性，并积极推动音乐市场正版化，布局社交娱乐版块。2013 年至 2016 年是腾讯音乐的快速成长期。这一时期，QQ 音乐社交娱乐版块初步搭建完成，与多家国内外唱片公司达成战略合作，通过版权并购、合作等方式扩大平台资源库，并与中国音乐集团(CMC)通过资产置换股权的方式完成合并，成立腾讯音乐娱乐集团(TME)。2016 年至今是腾讯音乐的全面扩张期，这一时期腾讯音乐通过持续性的创新变革与全方位的业务布局，持续拓展行业边界。2018 年腾讯音乐通过海外上市获得大量资本，企业业务规模逐渐从音乐平台扩张至短视频、直播、长音频和线上演出等内容版块，企业规模效益开始凸显。

作为国内数字音乐的先行者，腾讯音乐基于国内的市场需求和用户消费特点整合企业内外部资源，凭借四大音乐娱乐平台矩阵，独创出“在线音乐+社交娱乐”双轮驱动的商业模式。随着音乐市场的成熟与企业规模的扩大，腾讯音乐在原有的商业模式的基础上不断创新，通过音乐价值链延伸、企业资源整合和内容生态关系构建的方式构筑出涵盖音乐、直播、影视、游戏、演出等文化娱乐消费边界的内容生态模式，从而实现了企业经济价值与社会价值的双赢。2020 年，无论是在营收增速、利润水平，还是在整体经营效率的提升方面，腾讯音乐都展现出不俗的表现，其总营收和净利润更是远超市场预期。同时，腾讯音乐推出腾讯音乐公益计划，围绕一个“音乐公益开放平台”和三大公益战略“音乐关爱、文化传承、音乐教育”展开公益活动，旨在用音乐传递爱与能量，让音乐发挥更大的社会价值。

(资料来源：根据 2021 年范秀平“从音乐平台到内容生态：腾讯音乐的商业模式创新”北京文化创意期刊资料整理.)

全盘复制需要注意两点：一是快速捕捉优秀商业模式信息，快速复制取得占先优势；二是不能死板硬套，针对企业或市场进行细节调整。比如，当年的一个叫 Myrice 的网站抄袭了网易的商业模式，用个人主页空间来吸引当时不到 600 万的上网用户，后来因为看不到商业前景，便卖给了 Lycos。相反，网易则因为坚信商业模式可以不断完善，可以不断模仿别人的成功经验，可以将别人的模式融会贯通成为自己的独特商业模式，而造就了一个商业奇迹。

(二)借鉴提升

可以说，世界上全盘复制并获得成功的案例少之又少，几乎所有成功的模仿都是与其他的商业模式和资源嫁接在一起，都被赋予了全新的形式或内容。腾讯就是在对其他商业模式不断模仿和嫁接中成长、成熟起来，成为中国最成功的互联网公司之一。模仿程度可以不同，有的程度很高，如大家熟悉的搜狐、新浪、网易等三大门户网站，有的则需要进行了一定程度的变革。

商业模式借鉴提升要注意两点：一是企业能够迅速洞察消费者需求，在商业模式上迅速作出反应，从而抢占市场先机；二是通过不断改进工艺、再造流程等方法，提高产品效用，使顾客对其产品需求增强，同时随着成本不断降低，从而获取超额收益。

本章小结

(1) 商业模式是以企业创造价值为核心逻辑，描述的是企业各个要素组合在一起构成的一个系统。任何新型商业模式都是由多种要素按不同逻辑排列组合的，目前比较认可的是九要素组合。

(2) 商业模式画布和精益创业画布可以很好地帮助人们设计属于自己的商业模式，由于每个人的定位、兴趣点和视角不同，向各个要素中添加的内容不同，就会形成不同的商业模式。

(3) 商业模式不是静态的，有一个从产生到发展的演变过程，并且会随着社会环境的变化尤其是技术进步和竞争加剧而不断创新。每个创业者都希望设计一个全新的商业模式去颠覆行业内现有的企业，但商业模式的原始创新是一个非常困难的事情，创业者可以通过对同行竞争者商业模式的全面模仿和借鉴提升，顺利地进入某个行业。

实训案例

“居泰隆”的商业模式

基本案情:

“居泰隆”是一家家居公司，采用的商业模式可概括为：建立一套“信息系统”，将家具供应商和销售商整合起来，以减少中间环节，降低流通成本。

具体来讲，通过内部的“产品建模中心”，对家具厂商的产品进行信息化建模，使家具产品适合通过“信息系统”在计算机上展示。这样，零售终端就不必像传统的家居大卖场那样，租用大面积的门店来展示家具，降低了家具零售环节庞大的展示成本，这使得“居泰隆”可以快速发展低成本的“连锁门店”。顾客的采购信息，汇集到“居泰隆”的门店(自营、合作、加盟)及网站，再通过“信息系统”传到厂商，实现需求多元化下的大规模采购，降低了采购成本。物流方面，由“第三方物流公司”负责统一配送，将货品配送到门店，再由门店负责配送到客户。最终，“居泰隆”通过家居用品销售的差价和合作伙伴(加盟门店、第三方物流公司)的佣金返点来获利。

对“居泰隆”而言，配送中心、产品建模中心、培训中心、网站是“内部利益相关者”。至于物流公司、家具厂和顾客，无疑是“居泰隆”的“外部利益相关者”。门店由于既有加盟，又有参股，还有直营的，所以和“居泰隆”的培训中心等相比，属于外部利益相关者；而与客户、家具厂商等相比，又属于内部利益相关者。因此“门店”属于“类内部利益相关者”。这三种利益相关者的交易结构就形成了“企业边界”。

在“居泰隆”的交易结构中，只要关注到同一个“利益相关者”在内部、类内部和外部之间的动态变化，就会存在商业模式的演化和重构过程。

(资料来源：根据“BEEUI、商业模式创新的设计方法及成功案例[EB/OL]. http://www.beeui.com/p/2486.html.”资料整理.)

案例点评：

商业模式(结构)设计比较复杂，它涉及关键业务、核心资源、供应商和合作伙伴、核心资源配置等各个要素。结构设计要围绕商业模式核心逻辑(发现价值、创造价值、传递价值、价值获取)把创意描述成一个有完整的经营理念、组织内外部结构和流程以及各部分如何进行配合的结构性蓝图。

商业模式就是“利益相关者的交易结构”。好的商业模式(结构)设计，其秘诀就是要能创造更大的“商业模式价值”！交易价值越大、交易成本越低，商业模式的价值就越大！所以，在分析交易结构的过程中，界定清楚内部、类内部和外部利益相关者，是设计商业模式并且判断一个商业模式价值创造能力的前提。

思考讨论题：

1. 什么是利益相关者？“居泰隆”的利益相关者有哪些？
2. 商业模式形成具体有哪几个步骤？
3. 如何衡量商业模式的价值？

实训课堂

一个大学生创业者的“白日梦”项目

基本案情：

周六的时候，我去上海，组织了一场缘创派(ycpai.com)的线下活动。在与上海的不同行业、不同方向的创业者交流时，我遇到了一位复旦大学研二的学生。他向我介绍了他的项目，讲了半天，我没有听懂，然后他又仔细地讲了一遍，我大概明白他的意思了。他的意思是：现在的大学生很迷茫，所以准备做一个网站，用时间线的方式让现在的大学生记录下自己的梦想，记录自己所做的事情。为了方便起见，我给他的项目起了一个名称——“白日梦”。

他问：“我怎么才能找到种子用户呢？”我没有直接回答这个问题，而是问：“你能解决用户什么痛点问题呢？”他说：“很多大学生在上学期间很迷茫啊。”我又问：“那你的解决方案是什么呢？”他说：“让大家记录下来自己的梦想，以后回头看啊。”我说：“感觉你的解决方案不够有吸引力！没有解决用户的问题。”接下来，我简单地帮他分析了一下这个用户需求，看看能不能找到一个有效解决用户问题的方案。

我经常看《罗辑思维》这个节目。在最近一期节目中，老罗提到一个人最有效的成长方式是拜师傅。比如文艺复兴时期的艺术巨匠都是在作坊里面跟着师傅成长起来的。而在大的 IT 公司比如微软，Mentor 机制是最好的带新人机制。那么能不能用“拜师傅”这个解决方案来某些大学生的迷茫问题呢？

如果这是一个方案，那我们就知道如何去构建整个产品和运营了。首先，任何从原大学毕业几年，有过工作经验的校友都可以成为指导在校生的“师傅”。只需要找到一些愿意分享个人职业成长经验的学长，那就有了“师傅”用户群。接下来，把“拜师傅”作为一个产品的卖点，针对在校生做相应的推广，让那些认为自己迷茫的学生到这个网站来拜师傅。找到这样的种子用户并不难，线上的渠道包括学校论坛、QQ 群等，线下的渠道包括学校的黑板报等。在产品方面，就需要制定某种拜师的流程，让“师傅”能够感受到荣誉，让徒弟能够获得真正的指导，是一对一还是一对多，如何保证双方有足够的交互，这些都可以通过系统的规则得到实施。

讲完这些，这位研二的创业者问我：“你是怎么思考创业中的这些问题的呢？”我说：“这不是我的逻辑，这是精益创业的思维。任何互联网创业项目，最好要按照精益创业的思路思考你的项目，基本上就相当于商业计划书了。精益创业的画布可以帮助你很好地梳理这些问题。”

(资料来源：根据“superyan. 一个大学生创业者的‘白日梦’”项目[EB/OL]. http://blog.csdn.net/superyan/article/details/15338225.”资料整理.)

实训题：

1. 假如你做这样一个项目，如果用精益创业画布来把各个选项都填写一遍的话，应该如何填写？

2. 用精益创业画布工具，编辑和完善自己的一个创业想法。

复习思考题

一、基本概念

商业模式　核心资源　价值主张　关键业务

二、判断题(正确的画“√”，错误的画“×”)

1. 商业模式就是公司通过什么途径或方式来赚钱。　(　　)
2. 企业只有创新的不可复制的商业模式，才能确保在竞争中取胜。　(　　)
3. 商业模式画布更适合已有企业或者已经开始创业的企业。　(　　)

三、单项选择题

1. 优秀商业模式的特征不包含(　　)。
   A. 顺应形势　B. 创造优势　C. 系统性
   D. 难以模仿　E. 脚踏实地　F. 提供独特价值
2. 亚历山大·奥斯特瓦德的商业模式构成要素不包括(　　)。
   A. 核心资源　B. 核心战略　C. 重要伙伴　D. 客户细分
3. 商业模式结构形成的“五步法”的第一步是(　　)。
   A. 结构设计　B. 创意产生　C. 模式实验
   D. 评估和修正　E. 模式规模化

四、简答题

1. 商业模式的逻辑性是什么？
2. 如何通过模仿设计你的商业模式？
3. 想要创业的大学生如何设计出自己独一无二的商业模式？
4. 怎样理解商业模式形成的过程？

阅读推荐与网络链接

[1] 张玉利，陈寒松，薛红志，等. 创业管理[M]. 北京：机械工业出版社，2017.
[2] 孙洪义. 创新创业基础[M]. 北京：机械工业出版社，2016.
[3] 唐誉泽. 创见未来[M]. 北京：经济管理出版社，2017.
[4] 陈又星，吴金椿，夏亮. 创业基础[M]. 北京：高等教育出版社，2016.
[5] 鲁百年. 创新设计思维[M]. 北京：清华大学出版社，2017.
[6] 王可越，税琳琳，姜浩. 设计思维创新导向[M]. 北京：清华大学出版社，2017.
[7] 张玉利，李华晶，薛扬. 创新与创业基础[M]. 北京：高等教育出版社，2017.
[8] 亚历山大·奥斯特瓦德(Alexander Osterwalder)，伊夫·皮尼厄(Yves Pigneur). 商业模式新生代[M]. 北京：机械工业出版社，2017.
[9] 张玉利，杨俊. 创业管理(行动版)[M]. 北京：机械工业出版社，2017.
[10] 刘平，李海玲，贾峤. 大学生创业基础[M]. 北京：机械工业出版社，2013.
[11] 商业模式新生代. 商业画布游戏[EB/OL]. http://blog.sina. com.cn/s/blog_74ba07630100wpr1.html.
[12] Superyan. 一个大学生创业者“白日梦”项目[EB/OL]. http://blog.csdn.net/superyan/article/details/15338225.

随身课堂

商业模式.PPTX　商业模式.MP4　商业模式概念.MP4　商业模式画布.MP4

第六章 创业风险防范

学习要点及目标

- 了解创业风险的概念。
- 了解创业风险的评估方法。
- 掌握创业风险的规避方法。

核心概念

创业风险

引导案例

返乡创业 打造“多肉”王国

张晓东是邯郸市曲周县人，大学毕业后在邯郸工作。2013 年，一档相关电视节目令刚参加工作不久的他对多肉植物产生了极大兴趣。他发现多肉植物的特点是：占地少、养护较轻松、繁殖速度很快，更重要的是“颜值高”、观赏性强。随后，他通过查阅相关资料了解到当时多肉植物在市场上供不应求。2014 年，在回乡探亲时，他了解到家乡曲周县推出了针对返乡创业的诸多优惠政策。在对多肉植物的种植前景进行多方考察后，他便开始了扎根乡村的创业计划，于 2015 年 6 月 1 日注册成立了曲周县西木农业科技有限公司。

返乡创业初期，张晓东对于如何种植、培育、销售“多肉”完全不了解。当时国内整个“多肉”行业还处于起步阶段，基本没有什么现成的经验可以借鉴。从租赁土地到搭建大棚，从选择品种到亲自试种，他只能是一点儿一点儿摸索，一点儿一点儿尝试。因此，创业初期他走了不少弯路。但在最困难的时候，张晓东没有气馁，潜心上网查阅资料、四处请教，不放弃任何学习的机会。凭着一股不服输的劲头和顽强拼搏的精神，他从一个不懂种植的“门外汉”，变成了“多肉”领域的专业人士，这也让他在“多肉”行业中淘到了人生的第一桶金。

张晓东并不仅仅满足于个人的成功。随着“多肉”产业规模越来越大、越来越成熟，他主动承担起带领乡亲们共同致富的责任。他的“多肉”种植基地优先向村民提供就业岗位，并毫无保留地向村民传授“多肉”种植技术，还支持有意向的村民发展“多肉”种植。在以麦子、玉米等传统种植业为主的曲周县，多肉种植作为一项新兴产业项目，得到了政府的重点扶持。张晓东的“多肉”种植基地被列为邯郸市重点农业扶贫项目。2018 年和 2019 年，县政府以入股的形式向张晓东的“多肉”种植基地注入了 1200 余万元扶贫资金，帮助企业扩大了规模、引进了先进设备、大大提高了种植生产效率，带动了当地更多群众增收致富。经过多年创业发展，西木公司多肉种植基地已建成占地 400 多亩的大棚，多肉种类达 120 多个，年培育 7000 万株，成为华北地区最大的多肉种植基地，带动了曲周县及周边 26 个多肉植物专业户的发展。

(资料来源：袁朝恩，张晓敏. 耀峰‘多肉’敲开幸福门[J]. 河北：共产党员，2021 年第 11 期上及相关资料整理.)

案例导学

在“大众创业，万众创新”这个大时代背景下，创业项目和团队比比皆是，有的能够抓住机遇，得到成功；有的却是昙花一现，之前的努力皆付之东流。创业过程中，风险无处不在，尤其是创业初期风险更是种类繁多。创业风险高，失败率高，但是针对风险进行有效评估，采取有效的风险防范是可以降低风险的发生、减少损失、促进创业成功的。

第一节　创业风险概述

创业是一项具有较强的不确定性和高风险的活动。良好的创业环境也并不意味着创业成功唾手可得，创业失败仍是大多数创业者面临的最终结果。据统计，发达国家中小高新技术企业创业的失败率高达 70%。也就是说，20%～30%的创业公司的巨大成功是以 70%～80%的企业失败为代价的。相关数据也表明，我国大学生的创业失败率在 95%以上，二次创业失败率在 80%以上，总体失败率在 90%以上。可见创业失败率之高、风险之大。国外有句谚语：“除了死亡和税收外，没有什么是确定的。”企业在创业过程中，这句话就成了：“除了风险外，没有什么是确定的。”

一、创业风险的内涵和特征

(一)创业风险的含义

风险是什么？不同的学者有不同的解释。大多数人认为风险就是不确定性，企业在经营活动中收益与损失之间的不确定性。这里的收益与损失不仅包括经济利益，还包括雇用员工、企业文化等通常所说的无形资产。也就是说，损失是客观存在的，只不过这种损失是不可预测的，何时何地哪项收益会有损失都是未知的。所以，我们认为创业风险就是指由于创业活动中的不确定性，而导致创业偏离预期目标的可能性及其后果。

(二)创业风险的特征

1. 客观存在性

创业风险是一种客观存在，不论是创业企业的初创期、成功期，还是中小企业、跨国企业，都无法避免风险的发生。与自然灾害和意外事故相比，企业可以在一定范围内改变经营过程中的风险，降低风险的发生概率和遭到的损失，但却无法彻底消除风险。这种客观存在性决定了我们要正确对待创业风险，积极认识、研究创业风险，从而减少风险带来的各种损失。

2. 不确定性

风险发生是必然的，但时间、空间、损失程度和风险的内容却有着很强的不确定性。企业经营活动过程中有可能遇到各种各样的风险，有些是自然灾害等无法预测，有些是经营风险，这些风险在不同时间、不同空间、发生何种灾害、灾害后果的大小上，都有可能影响风险给企业带来损失的内容、形式大小都会不同。风险的不确定性给我们研究风险带来了一定的困难，但这也成为我们研究风险的动力。

3. 可测性

风险的不确定性在一定程度上使我们认为风险是不可预知的，但随机现象的发生也是有一定概率的，所以在一定时期内某些风险发生的概率和损失是可以预测的、有一定规律的，因此通过运用科学手段对风险进行统计分析，风险是可以被我们认识并防范和管理的。

4. 损益相关性

创业风险带来的不一定都是损失，也有可能是正面影响。创业者面临的风险与其经营活动密切相关，同一风险对不同创业者会产生不同的损益，不同风险给创业者带来的损益也不同，同一创业者由于决策和策略不同，风险带来的结果也会不同。我们要在风险中尽量减少给企业带来的损失，扩大其正面影响。

二、创业风险的来源和类型

(一)创业风险的来源

创业环境的不确定性，创业机会与创业企业的复杂性，创业者、创业团队与创业投资者的能力与实力的有限性，是创业风险的根本来源。研究表明，由于创业的过程往往是将某一构想或技术转化为具体的产品或服务的过程，在这一过程中，存在着几个基本的、相互联系的缺口，它们是上述不确定性、复杂性和有限性的主要来源，也就是说，创业风险在给定的宏观条件下，往往直接来源于这些缺口。

1. 融资缺口

融资缺口存在于学术支持和商业支持之间，是研究基金和投资基金之间存在的断层。其中，研究基金通常来自个人、政府机构或公司研究机构，它既支持概念的创建，还支持概念可行性的最初证实；投资基金则将概念转化为有市场的产品原型(这种产品原型有令人满意的性能，对其生产成本有足够的了解并且能够识别其是否有足够的市场)。创业者可以证明其构想的可行性，但往往没有足够的资金实现其商品化，从而给创业带来一定的风险。通常，只有极少数基金愿意鼓励创业者跨越这个缺口，如富有的个人专门进行早期项目的风险投资，以及政府资助计划等。

2. 研究缺口

研究缺口主要存在于仅凭个人兴趣所做的研究判断和基于市场潜力的商业判断之间。

当一个创业者最初证明一个特定的科学突破或技术突破可能成为商业产品基础时，他仅仅停留在自己满意的论证程度上。然而，在将预想的产品真正转化为商业化产品(大量生产的产品)的过程中，即具备有效的性能、低廉的成本和高质量的产品，在从市场竞争中生存下来的过程中，需要大量复杂而且可能耗资巨大的研究工作(有时需要几年时间)，从而形成创业风险。

3. 信息和信任缺口

信息和信任缺口存在于技术专家和管理者(投资者)之间。也就是说，在创业中，存在两种不同类型的人：一是技术专家；二是管理者(投资者)。这两种人接受不同的教育，对创业有不同的预期、信息来源和表达方式。技术专家知道哪些内容在科学上是有趣的，哪些内容在技术层上是可行的，哪些内容根本就是无法实现的。在失败类案例中，技术专家要承担的风险一般表现在学术上、声誉上受到影响，以及没有金钱上的回报。管理者(投资者)通常比较了解将新产品引进市场的程序，但当涉及具体项目的技术部分时，他们不得不相信技术专家，可以说管理者(投资者)是在拿别人的钱冒险。技术专家和管理者(投资者)之间存在信息不对称问题。如果技术专家和管理者(投资者)不能充分信任对方，或者不能够进行有效的交流，那么这一缺口将会变得更深，从而带来更大风险。

4. 资源缺口

资源与创业者之间的关系犹如颜料和画笔与艺术家之间的关系。没有了颜料和画笔，艺术家即使有了构思也无从实现。创业也是如此，没有所需的资源，创业者将一筹莫展，创业也就无从谈起。在大多数情况下，创业者不一定也不可能拥有所需的全部资源，这就形成了资源缺口。如果创业者没有能力弥补相应的资源缺口，要么创业无法起步，要么在创业过程中受制于人。

5. 管理缺口

管理缺口是指创业者并不一定是出色的企业家，也不一定具备出色的管理才能。进行创业活动主要有两种：一是创业者利用某一新技术进行创业，他可能是技术方面的专业人才，但却不一定具备专业的管理才能，从而形成管理缺口；二是创业者往往有某种“奇思妙想”，可能是新的商业点子，但在战略规划上不具备出色的才能，或不擅长管理具体的事务，从而形成管理缺口。

(二)创业风险的类型

创业在整个企业成长过程中充满了各种各样的不确定性，所有的不确定性都是风险的来源，所以企业是一个风险集中的组织。创业活动中所面临的风险多种多样，不同的风险有着不同的性质和特点，要对创业风险进行有效管理，就要对风险进行分类，以便针对不同的风险使用不同的管理方法。

1. 项目选择风险

初创企业一般面临项目选择风险。创业项目选择是创业的第一步，也是最困难的一步。创业项目的选择没有通用方法，只有经过大量的实例研究后，发现的一般性原则，也就是创业项目的选择遵循：要满足市场需求，要有一定的回报率，要发展国家鼓励和支持的项目，要选择自己熟悉并拥有优势资源的项目。

创业企业在创业起步时期一般缺乏资金，要想吸引投资者投资，项目的选择就尤其重要。具有市场前景、新颖的项目不仅能够更好地获得投资，还能使竞争对手看不懂企业项目，等竞争者看明白了，企业也已经有一定的知名度和市场占有量，就能够有充足的时间应对对手。

2. 信誉风险

诚实守信不仅是做人的标准，企业也一样要遵守。市场经济是最讲信誉的，良好的信誉是一个企业在市场立足的根本。一个信誉不好的企业，其产品质量和服务再好，也很难获取消费者的信任，使其在生存发展中存在更多的不确定性。所以企业信誉风险问题是每个企业都应该高度重视的问题，企业应当从自身做起，注重自身信誉，建立良好的社会关系和信誉市场，促进社会良性发展。

企业信誉风险是指企业在经营管理过程中，由于管理不善或操作不当，使企业的信用和名声在市场上、社会上的威信下降，对企业的经营造成不良影响的风险。在经营过程中，企业受客观环境的不确定性因素和企业自身行为的影响，会遭受到各种各样的信誉风险。根据有关调查显示，我国企业信誉风险主要有：拖欠贷款、货款、税款、违约、价格欺诈、制造假冒伪劣产品、商标侵权、专利技术侵权，披露虚假信息等。这些信誉风险的产生对企业的生存和发展有着或大或小的影响。

企业信誉风险一般分为企业内部信誉风险和企业外部信誉风险。

企业内部信誉风险主要是指企业内部各部门之间以及上下级之间产生的信誉风险。企业内部信誉风险直接关系到企业的生机和活力，进而影响到企业外部信誉。

企业外部信誉风险主要是指社会上与企业有联系的各个方面在经济往来过程中所产生的信誉风险。这是企业生存的根本，也是企业需要主要解决的信誉风险问题。企业外部信誉风险主要有企业产品信誉风险、企业服务信誉风险、企业财务信誉风险、企业法律信誉风险、企业社会责任信誉风险等。

3. 创业融资风险

创业企业一般都会有资金问题，资金的注入可以帮助企业在各个发展时期渡过难关。创业企业有很多种融资渠道，创业者应当勇敢尝试，使企业更好地发展。但是没有哪种融资渠道是十全十美的，任何方式的融资都存在风险，所以创业企业融资风险一般分为创业企业融资战略不当引发的融资风险；创业企业融资活动不计成本引发的融资风险；创业企业融资对象选择不当引发的融资风险；创业企业过分依赖专家造成的融资风险。

1)　融资战略不当引发的融资风险

制定融资战略时，应紧密结合创业企业的情况确定融资规模，既不能太少，也不能太多，否则会给创业企业带来很多不确定因素。初创企业需要有充足的资金，以保证企业顺利地度过成长的关键期，否则“如果我们一开始就有资金”就会成为企业破产的理由。超过企业需要的融资会使企业在宽松的财务环境中放松对财务预算的约束，会在不知不觉中陷入融资困境，进而走向破产。

融资也要把握好时机，既不能过早，也不能过晚，切合实际的融资能够帮助企业解决资金问题，没有把握好时机，会通过增加成本或放弃控股权等给企业的发展带来不确定性。企业创业初期需要的资金量巨大，资金供给量不仅要充足，而且必须及时，所以创业企业必须未雨绸缪，尽早考虑融资问题。

2)　融资活动不计成本引发的融资风险

大多数企业获得资金是最兴奋的事，但兴奋之后会发现他们为此可能付出了太多，出现了“得不偿失”的结果。

融资过程充满了压力，而且投资者对公司的“审慎调查”通常会耽误几个月的时间，最终获得投资的时间有可能是半年或一年以后，在这期间，公司管理者的精力无法顾及开展业务，就会出现现金流和公司业绩受影响的问题。即使融资成功，其后续成本也是很多的，公司上市成本——给律师、承销商、会计师、印刷厂和市场监管者的各种费用，将达到融资金额的15%～20%。在融资过程中，时间和金钱的要求都是不可避免的。

另外，融资过程中信息泄露风险也是存在的。在筹资过程中，必须向不同的人介绍公司情况，包括公司的专业技术人员，管理层的能力和弱点，股份和收益，公司的竞争及市场战略以及公司的财务状况，这些都必须透露给创业者根本不熟悉甚至不信任的人。所以，在作出融资决定时，一定会有信息泄露的风险。

3)　融资对象选择不当引发的融资风险

在实践中，投资者的规模大小并不是企业选择投资者的首要标准，对自己的专业领域是否熟悉才是创业者筛选投资者的重要标准。

行业中地位高、资金规模雄厚的公司往往引来更多的关注，但实际上，随着风险投资行业种类的增加以及其他一些原因，大公司并不一定适合每一个创业者。因此，要抛开对投资者规模和地位的偏见，找那些懂技术、了解市场、有专业人员并在竞争市场上显示出超群智慧的资金支持者，融资的成功率才会高。

4)　过分依赖专家造成的融资风险

在融资过程中，创业者有时会非常注重投资顾问或律师的意见，但实例告诉我们，综合考虑专家的建议有助于融资的顺利完成，但过分依赖专家也会给融资带来风险。

融资多少、融资渠道、融资方式、融资条件等方面的决策都会影响公司的经营管理，融资顾问并非都善于企业的经营发展，而融资结果是要由创业者自己来承担，而不是融资专家。

融资有多种运作方式，法律文件都能够清楚地说明交易各方的条件、责任和权力。法律和合同的一些细节问题会在筹资的最后过程出现，这些方面往往会使创业者最后可能一无所获，更甚者可能对公司带来巨大的灾难。律师不论多么尽职多么有能力，都不能确定什么样的条款是企业所不能接受的，创业者不能仅仅依靠律师和顾问解决这些关系企业生死存亡的问题。

4. 资金链断裂风险

创业企业自身资本结构不合理或企业发展战略不当而造成的流动资金不足，形成资金链断裂风险。

资金链是指维系企业正常生产经营运转所需要的基本循环资金链条，是企业现金流在某一时点上的静态反映。资金链断裂，是指企业发生债务危机，进而不能偿还到期债务，所以资金链断裂表现为一种瞬间现象。企业在生产经营活动中的资金循环要经历采购、生产、销售、分配等诸多环节，不论哪个环节出现问题都会带来资金链断裂的风险。

企业营运资金不足、信用风险、结算方式不合理以及投资失误都有可能造成资金链断裂。

5. 人力资源风险

企业人力资源风险是指在企业的各种经营活动中，由于人力资源的原因而导致经营后果与经营目标相偏离的潜在可能性，即经营后果的不确定性。人力资源风险存在于企业生存发展的任何时期。

创业企业人力资源风险主要有创业者风险、创业团队风险、核心员工流动风险。

创业者风险主要是创业者个人因素造成的风险。创业的成功在很大程度上取决于创业者的个人能力和素质。

创业初期，创业团队的成员往往都是朋友，但是经过一段时间的磨合后，团队就需要经历一个痛苦的“洗牌”过程。创业团队如果没有共同的愿景和目标，不能塑造和谐的创业团队关系，没有或不能很好地遵行团队规范和应该严守的纪律，团队角色配置不合理等因素，都会造成创业团队风险。

核心员工流动也是人力资源风险的一个主要问题。核心员工是指拥有专门技术、掌握核心业务、控制关键资源、具有特殊经营才能、对企业的经营发展会产生深远影响的员工。核心员工的流失将会使企业的有形资产和无形资产遭受损失，削弱企业核心竞争力；也会使企业追加招聘、培训新员工和寻求新客户的成本。

6. 技术风险

当今社会，科学技术飞速发展，形成了众多高新技术企业。独特的技术成为这些企业赖以生存的核心。因此，加强对专有知识与技能的保护，努力跟紧世界高新技术发展的潮流，防范技术风险，成为创业企业的重要内容之一。技术风险主要有：自有知识产权的保护、避免对他人知识产权的侵犯、科技成果转化中的风险、制造与工艺风险等几个方面。

自有知识产权是创业企业主要的利润来源，拥有自有知识产权才能打造企业独特的核心能力。创业企业要保护好自己的知识产权，避免技术上的风险可以选择法律保护和自我保护的方法：通过对商标、专利等工业产权进行注册，寻求法律保护；通过对专有技术进行保密的方式进行自我保护。

在保护自身自有知识产权的同时，也应该避免侵犯他人知识产权，以防陷入技术方面的纠纷。在购买他人专有技术时，要明确界定其授权范围，要了解在本地区、本专业领域内是否还有其他被授权者等，在防止侵害他人利益的同时，也要保护自己的合法权益。

科研成果是很多高新技术创业企业起家的基础。科技成果能否转化为市场所认可的商品，是创业企业面临的重大风险。科技成果的转化是以科研成果为起点，经过技术开发、商品开发、产业开发和市场开发，使之进入市场，并取得收益的过程。科技成果能否商品化、产业化是当今世界各国共同关注的问题之一。

技术风险存在于技术开发的全过程，制造与工艺有关因素及其变化的不确定性也可能导致技术创新失败。其中，工艺准备风险主要包括工艺调研的风险、生产工艺制定的风险、生产过程质量控制计划的风险和工序能力验证的风险；生产制造风险主要包括生产设计的风险、组织人员管理的风险、物料设备管理的风险。如难以实现大批量生产、工艺流程不合理、工艺技术缺乏稳定性、技术操作不规范、设备和仪器损坏、检测手段落后、生产管理水平差等这些预期外的问题都会引发风险。对于创业企业来说，由于创业刚刚起步，在这些方面很容易出现问题，故存在较大的风险。因此，针对制造与工艺风险的特点与规律采取相应的管理方式与控制手段，能有效地防范或减少风险，对于创业企业来说是非常有必要的。

第二节　创业风险评估

一、创业风险评估的方法

风险评估是指在对创业企业面临的现实以及潜在的风险加以判断、归类并鉴定风险性质的基础上，通过对所收集的损失材料加以分析、衡量，以便合理地制定和选择恰当的风险控制方案。把风险发生的概率、损失的程度与其他因素结合起来考虑，确定发生风险的可能性以及危害程度，通过比较管理风险所支付的费用，决定是否需要采取风险防控措施，以及采取到什么程度，从而提高企业风险管理的科学性。

本书主要介绍几种比较重要的风险评估方法：SWOT 分析法、ATA 事故树分析法、模糊综合评价法、层次分析法(AHP)等。

(一)SWOT 分析法

SWOT 分析法是指列出企业有可能面临的各种风险，并将这些风险与创业活动联系起来考察，以发现各种潜在的危险。通过将风险的优势、劣势、机会和威胁等内容逐条列举出来，按照矩阵的形式排列，运用系统分析的思想，将风险的各种因素结合起来进行分析，从而作出相应的决策。创业风险涉及创业企业的所有资源，包括实物、金融资产、无形资产等，尽可能列出创业企业需要的其他设施、条件，以及企业的宏观环境(自然、社会、政治、法律和经济等)和微观环境(投资者、消费者、供应商、政府部门和竞争者等)。通过对上述因素的分析，明确企业面临的机会及威胁，发现企业的优势与劣势，从而采取相应的对策。

(二)ATA 事故树分析法

事故树分析(Accident Tree Analysis，ATA)法又称故障树分析法，是从要分析的特定事故或故障(顶上事件)开始，层层分析其发生的原因，直到找出事故的基本原因(底事件)为止。这些底事件又称为基本事件，它们的数据已知或者已经有统计或实验的结果。该分析法能够对各种危险进行辨识和评价，不仅能分析出危险的直接原因，还能够分析出事故的潜在原因。它描述事故的因果关系直观明了、思路清晰、逻辑性强，既可用于定性分析，又可用于定量分析。利用逻辑关系、因果关系以及事物发展的规律性等，运用逻辑推理，对创业中涉及的主要风险事件，按时间顺序和事件的成功或失败因素组合在一起，确定系统最后的状态，发现风险产生的原因及条件。本方法有利于对各种系统性危险进行识别和评价，了解创业过程中风险的动态变化。

(三)模糊综合评价法

由于在创业过程中，随机事件是否发生存在不确定性，也就是风险的不确定性，在这种不确定的状态下，基于模糊数学的隶属度理论把定性评价转化为定量评价的模糊综合评价法就被广泛地应用于风险评估。模糊综合评价法即用模糊数学对受到多种因素制约的事物或对象作出一个总体的评价，再分别确定各因素的权重和隶属度向量，获得模糊评判矩阵，最后进行归一化的模糊运算并得到模糊评价的综合结果。它具有结果清晰、系统性强的特点，能较好地解决模糊的、难以量化及非确定性情境下企业风险识别及评价问题。

(四)层次分析法(AHP)

层次分析法(analytic hierarchy process，AHP)，是将决策过程的元素分解为目标、准则、措施等层次结构，利用定性与定量相结合的决策分析方法。首先为决策确定总体目标，通过调查、询问、现场考察等途径弄清规划决策所涉及的范围、所要采取的措施方案和政策、实现目标的准则、策略和各种约束条件。建立一个多层次的结构，按目标的不同和实现功能的差异，将决策系统分为几个等级层次。确定结构中相邻的元素之间的相关程度。通过构建判断矩阵及矩阵运算的数学方法，确定各层所有因素相对于上层次因素的权重，然后通过计算排序，排出各种因素的重要程度，最终作出决策，提出方案选择及确定处理风险的方法和行动方案避免损失时间、精力和资源(见图 6-1)。

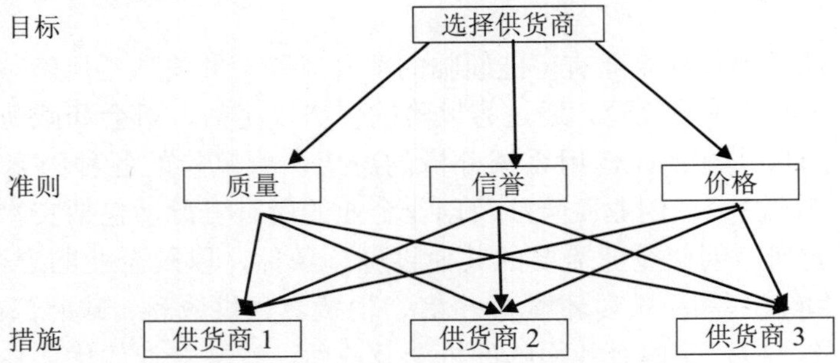

图 6-1　选择供货商的一般结构

二、创业风险预警

创业风险预警是研究企业预防风险、有效地进行风险控制，通过风险预警分析，最终增强企业应变力和竞争力。企业的生存发展过程中，处处是风险，如果不注重风险预警和控制，可能到发现的时候已经晚了。建立风险预警机制首要的是树立风险意识，创业者的风险观念最重要。就像温水煮青蛙实验，青蛙在慢慢上升的水中游泳时，反应也慢慢地变得迟钝，当它终于发现水温过高要被烫死时，青蛙已经没有了逃生的体能了。很多企业也是在不知不觉间失败的，并不是突发事件所导致，这就反映出他们并没有注意到周围环境的变化，没有风险意识。

这里我们主要介绍两种风险预警。

(一)人力资源风险预警

前文介绍了，创业企业人力资源风险主要有创业者风险、创业团队风险、核心员工流动风险。

1. 创业者风险预警

创业企业的初创期，创业者往往和企业是一体的，创业者的性格决定了创业企业的命运。当创业者追求的目标发生变化时，创业团队就应引起警觉；当创业者感情用事，作出错误决定时，创业团队应采取相应的预防措施；当企业发展进入到成长期，企业规模扩大，创业者的管理方式失灵，而企业决策机制并没有随之改变时，创业团队就应警觉，并改变相应的决策机制。创业者的决策风险实际上是和企业的决策机制紧密相关的。

2. 创业团队风险预警

一个人的经历和能力是有限的，因此创业企业大多为一个团队。创业团队的存在是必要的，同时也会具有一定的风险，所以创业团队也需要风险预警。创业团队成员会随着企业的发展而产生变化，主要创业者要根据企业发展情况和团队成员情况保持足够的警觉。创业初期，企业团队成员之间需要相互磨合，在价值观、目标、拥有股份多少等方面分歧将直接影响初创企业的生存和发展；团队成员的某些潜在因素(素质高低、品德高低)将对企业产生巨大的破坏力；创业团队是否具有动态的发展意识，也是创业者选择团队时需要警觉的。认识到原有团队成员会随着时间的发展而离开，新的团队成员会在需要的时候加入进来，这是主要创业者必须有的心理准备。

3. 核心员工流动风险预警

新创企业的发展过程中，一定会面临核心员工离开的风险。从一些案例中可以看出，核心员工的离开有可能给企业带来很大损失。有些核心员工的离开是可以预警的。员工离开企业一般有这么几种情况：员工不满足现有的工资待遇、在企业里没有发展空间、不适应企业文化氛围或与其他员工关系不好等，企业管理者可以根据相应的情况予以解决，以降低核心员工流失风险造成的损失。

(二)企业财务风险预警

企业在发展的各个时期，资金都是一个重要问题。初创企业在融资方面的渠道来源较少，在财务方面更容易犯错误，企业需要面临的财务风险比较重要。

1. 现金风险预警

现金能够保障企业的正常运转，在日常经营活动中，没有足够的现金，可能会使企业瘫痪甚至倒闭。企业的流动资金是企业日常运转所需要支出的资金，所以企业要经常性地评估企业现金状况，按月或季度编制现金流量表。根据现金流量表的情况对现金支出和流入进行风险预警。

2. 财务风险预警

在企业发展过程中，大部分资金已经不是当初创业时的贷款或其他来源，更多的是依靠市场融资获得。这时要把握好企业财务预警，在融资过程中要注意融资来源与融资实际获得的时间预计，否则将因为融资失败导致企业经营失败；在企业发展过程中，也要注重内部财务管理制度的建立和完善，杜绝不良资金的流通和使用，定期对财务状况进行审核检查。企业可以通过综合评价指标体系来判断财务风险(见图 6-2)。

- 企业综合评价指标体系
  - 偿债能力
    - 资产负债率
    - 流动比率
    - 速动比率
  - 运营能力
    - 应收账款周转率
    - 存货周转率
  - 盈利能力
    - 资本金利润率
    - 销售利润率
    - 成本费用利润率

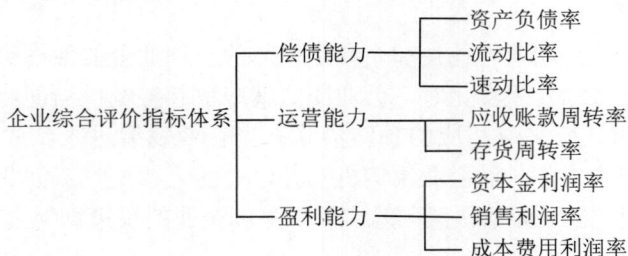

图 6-2　企业综合评价指标体系

第三节　创业风险防范

一、创业准备阶段的风险与防范

创业准备阶段是指在打算创业到创业启动的这个阶段。这个阶段是从产生创业动机开始，到创业企业正式开始运行为止。

(一)创业准备阶段风险来源

创业准备阶段损失的风险达到 60%以上。其主要风险来源如下。

1. 创业项目选择和泄露

创业准备阶段项目选择是很重要的，选择好了项目以后，由于创意或者创业计划内容的泄露，被人模仿甚至捷足先登，都会导致创业企业在准备阶段就失败。市场竞争的环境下，创业项目或创业计划的泄露，有可能是市场经济发展所致，也有可能是创业团队内部人员导致，这些事件往往会给创业企业带来致命打击。

2. 仓促上阵

低估创业准备阶段所需要的时间和缺乏创业经验等原因的仓促上阵，都有可能导致创业企业在准备阶段遇到风险。创业企业在盈利之前，必须完成大量工作：寻找厂房、装修门面、安装设备、购置存货、联系客户、办理各种证件和手续、了解政府相关政策等，这些都是需要很多时间准备的。初次创业者往往在很多领域都缺乏经验，比如销售、采购、融资、财务、设计、营销、生产等，由于缺少经验有时会犯一些低级错误，而这些低级错误很有可能会给企业造成致命打击。

3. 计划不明

创业企业要想在市场上立足，准备必须充分。机会是留给有准备的人的。创业准备阶段必须是有计划、有目的地完成工作。资金的准备和分配是很重要的，创业企业必须要充分估计好前期开支(包括成本)、中期是否能够获得融资、经营过程中要保证足够的流动资金等，资金的回流有时能够帮助企业渡过难关。企业选址时，房屋租金、社区环境、目标客户的地理关系、供货商的位置、物流成本等都是需要考虑的，尤其对于服务业和餐饮业选址必须慎重。

4. 对市场环境和竞争对手缺乏了解

市场经济环境中，任何一个行业都有竞争，任何一家企业都有竞争对手。在决定进入某个市场时，必须全面详细地了解市场情况。创业者应当对市场环境和竞争对手进行充分的调查，了解自身的优势和劣势，确定自身的竞争力所在。有些看似很好的产品，市场反应冷淡；有些不怎么样的产品却在市场热卖。市场具有很大的偶然性，一定要充分了解后再应用于自身企业。

(二)创业准备阶段风险防范

1. 严格筛选项目

创业者首先应当选择自己熟悉的、地域相对邻近的行业，便于沟通和联络。其次，对项目的内外环境进行信息分析、数据评估，做深入的可行性研究。评估的主要内容是针对具有商业价值的创意和创新目标，侧重于市场的竞争趋势和增长潜力。创业准备期的技术风险和市场风险远远高于其他阶段，因此要慎重地选择创业项目。

2. 有效保护商业机密

创业者在向潜在投资者介绍项目时，一定要注意对创意的保护。虽然创意受到保护，但要通过一些有效的方法进行保护，以确保创业中的利益。可以通过商标注册、专利申请、版权保护、保密协议等方式进行保护。要想真正地保护创意、技术不被窃取，最好的办法就是尽快实施创业计划。越快、越多、越好地解决准备阶段的障碍，越早实施创意，就越有可能阻止创意和技术被抄袭。

3. 选择好创业伙伴

创业伙伴要选择熟悉了解的人，但是要把朋友关系、家族关系处理好。大家相互了解，不会为相互适应浪费时间，但一定要注意选择朋友关系的伙伴就不要加入家族成员，选择家族关系的伙伴就不要选择朋友加入，以免在发展过程中产生意见分歧。伙伴中要有一个领军人物，当大家意见不一致时，能够拍板定调，防止大家议而不决，没有明确的目标。领军人物最好就是第一大股东，当领军人物不是第一大股东时，有时会导致领军人物与第一大股东之间的战争，使得要么是领军人物取代第一大股东，要么是领军者带领核心成员离开，这都将引起创业团队的分裂，从而导致创业失败。

4. 密切关注资金风险和技术风险

创业准备阶段最大的风险就是资金风险和技术风险。资金就像是企业的营养，缺少了营养，任何企业都无法生存。所以，创业者要尽早考虑好融资方法，建立融资渠道，减少风险。创业准备阶段的技术是处于概念设计阶段，技术的可行性几乎无法辨别和确定，因此，准备期的企业即使获得了资金支持，也往往会因为技术问题而导致失败。

5. 设法分散和转嫁风险

风险是不可避免的，但是可以分散和转嫁。创业起始阶段的工作是非常艰辛而且耗费时间的，创业者不要高估自己的能力期望独自解决问题，要积极主动地寻求合作和支持，才能够有利于风险的分散。转移风险最好的办法就是投保，将企业的财产和责任、员工的健康、职工失业救济等都去保险公司投保，转嫁相关风险。买保险是用小投入换大保障，个体创业者一定不能够忽略。

二、创业起步阶段的风险与防范

创业起步阶段也可以称为创业中级阶段。这一阶段企业的技术风险已经下降，产品和服务进入开发阶段，拥有了一个粗线条、不完整、不成熟的管理队伍，开始有了一定的顾客，费用在增加，但是收入较少。到该阶段末期，企业的产品定型，开始实施市场开拓计划，管理队伍的建设也已基本完成，资金的需求量增加，需要创业投资。

(一)创业起步阶段风险来源

1. 孤军奋战

创业者需要同客户打交道，和政府部门打交道，和合作伙伴打交道，所以有一个良好的社会网络、社会资源的支持是创业者成功的关键。如果创业者不能获得股东、家人、银行、供货商等关键人物的支持，就是在孤军奋战。在现代社会，孤军奋战会使得创业者在创业过程中疲于奔命，而且很难获得成功。

2. 目标游离

明确的创业目标是成功的第一步。有了目标，努力就有了方向，切不能由于创业起步后繁忙的工作和挫折而丧失信心与目标，导致创业中途夭折。试想马云在最初推广互联网想法时，如果不是目标明确、过程坚定，即使面临再大的困难也从未动摇过，又怎么能够获得今天的成功？

3. 长期缺乏启动资金

创业之初资金是十分有限的，如果初期资金筹备不足，或者是在准备阶段开支过高，融资又迟迟未到，就使得起步阶段的企业流动资金长期不足，必然会影响企业的发展成长，甚至导致创业失败。

4. 管理混乱

起步阶段繁忙的事务使得创业者头晕脑涨，无法保持头脑清晰和理智，或者创业者本身缺乏管理能力，导致企业管理混乱，无章可循，则必然会带来企业内部混乱，员工工作态度懒散，致使企业失败。

5. 缺乏市场

起步阶段的企业资金风险增大，技术风险降低，但市场风险逐步加大。产品的市场投入要不断地接受检验和反馈，如果企业对市场规模估计过高，销量和营业额肯定上不去，无法达到预期目标，亏损导致入不敷出，企业是无法生存的。

(二)创业起步阶段风险防范

1. 抓好人、财两个关键

要抓好人和财两个关键点，就需要建立有效的规章制度。一套完善的规章制度是创业企业能够生存和发展的根本。最基础的管理制度是人事管理制度。要制定并实施招聘制度、考勤制度、考核制度、奖惩条例、薪资方案等制度。遵守法律法规，保护商业机密，有效防范核心员工流失。要建立健全财务管理制度，制定报销、现金流量、预算、核算和控制成本制度，编制财务计划，加强财务监控。

2. 降低市场风险

起步阶段的市场风险逐步显现和加大。创业者要开展市场调研，广泛收集客户对产品各项功能的意见和建议，邀请行业协会、政府部门或专家进行咨询，通过市场调研对产品的技术进行改进，建立市场风险应对策略和运行机制，从而降低市场风险。

3. 探索简洁实用的商业模式

很多初创企业起步期根本没有精力制订完善的企业战略计划，最关键的就是怎样在竞争激烈的市场中生存下来，所以就需要有一套简单实用的商业模式：公司如何整合各种要素，建立完整有效的运行系统，创造市场价值并实现持续盈利。这些都是说起来简单做起来难，关键在于要先做起来然后再慢慢调整。创业企业要想存活，就要在市场中摸爬滚打，想尽一切办法让企业生存下去。

4. 对经营业务不断调整巩固

现代企业的经营活动要在复杂多变的内外部环境条件下，解决企业经营目标与企业内外部环境条件的动态平衡问题。内部环境条件决定企业经营活动所能取得的预期效果的可能性；外部环境条件反映市场竞争、技术、需求的变动趋势，决定了企业的经营方向和利润来源。创业企业在起步阶段要根据内外部环境条件的变化对经营业务不断地调整，才能在市场中生存下来并得到进一步发展。

三、创业成长阶段的风险与防范

创业成长阶段是指经过创业准备和起步阶段的不断努力，企业开始真正产生商业价值，业绩、利润开始维持在一个较为稳定和较为满意的水平，创业者的初始目标基本达到。这个阶段，企业产品日益成熟，企业盈利增加，有能力进行市场开拓及产品升级开发，技术已不再是主要风险。此时，市场风险、管理风险日益凸显。

(一)创业成长阶段风险来源

1. 管理风险

成长阶段的创业企业最大的风险就是管理风险。进入成长期后，企业迅速发展，很多风险投资基金也开始主动投资，这个阶段管理幅度和人员增加、生产规模扩大、市场区域拓展，这些都使得管理难度增加。控制成本、保障质量、管理渠道、树立品牌等问题涌现，管理的风险变得最大。这些问题如果不能及时解决，将影响到企业的发展。如果说创业过程是企业根据危机进行管理，那么创业成功后就是管理造成了危机。

2. 盲目冒进

创业企业取得一定成效后，很多企业经营者容易被各种因素冲昏头脑，觉得自己无所不能，不切实际地盲目扩大经营和多元化发展，开拓超出自身实力的市场。但盲目扩大和对新领域的不熟悉，将会出现投资失误，侵蚀企业的利润，不断拓展新业务也将使资金链断裂导致破产。

3. 小富即安

小富即安，甚至是贪图享乐。企业进入成长期，各项业务基本走上正轨，这时创业者便开始出现吃喝享乐、一掷千金的现象，不仅消磨了创业者的意志和精力，还可能导致事业中途失败。有些创业者讲究排场、挥霍浪费；有些则是盲目投资，缺乏科学论证，盲目地投入巨额资金，这些都将使得企业在成长期由于资金链断裂或是其他原因导致创业失败。

4. 家庭压力

家人在创业者的创业过程中起到了重要作用。在创业初步成功后，家人往往无法做到像创业初期那般全力支持，而希望其更多地关心家庭、尽到责任，而创业者却在这个时期更加忙碌，根本无法顾及家庭，尤其是有家庭的女性创业者，家庭的压力开始增多。

(二)创业成长阶段风险防范

1. 尝试授权，学会解脱

企业成功后，管理问题多而复杂和员工渴望分享权力都会导致创业者考虑开始授权。创业者需要授权但不能分权。授权是在企业内分派任务，所分派的任务是实施一项已经指定的决策，但所授予的权力对全局没有影响；当分派的任务是制定决策也就是决定要实施的内容时，就是分权。授权使员工对所要完成的任务产生义务感，分权容易产生离心力，员工自作主张，使创业者失去对企业的控制。一般而言，创业者需要审批销售计划、财务计划、生产计划，而销售人员的管理、生产排班、客户拜访计划等就可以授权给中层管理人员。

2. 完善组织机构，规范决策

创业初期，企业往往只是针对市场机会作出反应，而不是自己创造机会。创业者是被环境左右、被机会驱使的，而不是左右环境、驾驭机会。企业的行为是被动的，而不是主动的、有预见性的。创业成功后，企业为了更好地发展，必须建立完善的组织构架来有效地执行决策，有计划地完成目标。创业者或企业应当通过其他组织来搭建、完善组织架构，最大限度地稳定企业的经营，同时还需要完善、健全企业的管理制度和规章。

3. 建立风险责任机制，趋利避害

建立创业企业风险责任机制，就是根据企业的控制规划和实施方案，确定相应的责任主体，做到风险管理工作各司其职、各自负责。通过分析，主动预测风险可能带来的负面影响，积极预防相关风险，学会减少风险和转移风险。同时建立健全完善的风险控制和报告制度，企业内部的风险管理要严格按照既定目标要求和具体标准做到相应的监控与管理。

4. 完善激励机制，凝聚人才

人才是企业发展的关键。企业获得初步成功后，应当有一套完整有效的激励机制，既能保障老员工和合伙人的利益，又能吸引新员工，凝聚优秀的人才，使企业稳步发展。激励机制要严格执行，让员工感到激励机制确实有效并且是其奋斗的动力。除了激励机制之外，良好的企业前景对于优秀人才也具有很强的吸引力和凝聚力，所以企业应当维护和提升经营业绩，营造美好的未来前景。

5. 发展核心竞争力，战略制胜

保持核心竞争力是企业持续发展的关键。只有不断地发展核心竞争力，才能在市场竞争中保持优势，保持企业活力。调查显示，我国“专精特新”中小企业大多数是在过去几十年中借助巨大的内需市场崛起的，其核心优势也主要是对本土市场的深度把握。失去市场或市场狭小都会导致创业失败。竞争优势会随着时间而逐渐丧失，如果不采取有效措施企业就会逐渐衰退甚至破产，这个措施就是企业发展战略。只有建立了正确的发展战略，并实施成功，企业才能保持竞争优势，不断地扩大利润。

本章小结

(1)　创业风险是无处不在的，它会出现在整个创业过程中。

(2)　在创业过程中，通过风险预警要对有可能发生的风险进行评估，通过风险评估，对相应的风险进行管理，才能使企业度过风险。

(3)　创业阶段分为准备阶段、起步阶段和成长阶段，不同阶段所出现的风险种类略有不同，风险防范也不同。

实训案例

美味七七

基本案情：

美味七七成立于 2013 年，是一家以生鲜类产品为主的电商公司，大本营在上海，市场覆盖江浙地区。美味七七刚开始的环境很艰苦，有时候办公室连供电都不稳，需要把电脑搬到仓库才能办公。但其运营策略很明确，坚持零库存管理，根据订单直接采购，标准的 C2B 模式，实现了生鲜在上海市内“次日达”的高效率。其销售额、毛利率、周转率也有明显提高。也正是因为这些漂亮的数据和清晰的运营思路，美味七七赢得了亚马逊的关注，2014 年 5 月获得了亚马逊 2000 万美元投资。在获得亚马逊投资之后，美味七七发生了翻天覆地的变化：一是品类求全，SKU(Stock Keeping Unit)一路狂飙，2014 年冲破 5000SKU 大关，是世界行业平均水平(2000SKU)的两倍多；二是自建仓储物流，狂布线下配送点，2014 年年底已经设立了 30 个中间站，覆盖上海各区域；三是奋起直扑 O2O 风口，笼络大批线下社区店加盟，1 小时速达业务上线；四是疯狂补贴，以低价吸引流量，短期内单量剧增。2015 年，美味七七荣登国内媒体评出的生鲜电商排行榜，位列第八。但这些业务在过快、过猛的推进中，也使美味七七不断丢失了原本积累的供应链和毛利掌控上的优势。例如，配送站为了保证服务半径的订单需求 1 小时速达，必须要备货，而这却违背了美味七七最初引以为傲的零库存优势，也导致货损率直线上升。同时，其低价战略更是造成其平均每单毛利偏低，很难确保对生鲜冷链建设的持续投入，以至于订单投诉率一度高于同行对手，使得产品、供货、优惠幅度方面都超过了企业负荷。同时，在这种自建物流、仓储、冷链的模式下，业务却受阻，而又没有风投的持续投入，最终资金链断裂。2016 年 4 月 7 日，公司暂停营业。

(资料来源：根据“倒闭的美味七七是“自食其果”还是“罪有应得”
http://www.360doc.com/content/16/1011/09/15595265_597525785.shtml 及相关资料整理.)

案例点评：

美味七七的创业经历告诉我们，作为起步企业，切忌好高骛远，不考虑自身实力、商业运营、资源配置等的匹配程度，盲目扩展。所有的决策都要深思熟虑，否则可能一着不慎满盘皆输，甚至出现战略上的致命性错误。经营生鲜商品，讲究时效、讲究质量都没有错，但一定是在自己能够承受的范围内提供最合适的服务。

思考讨论题：

1. 创业起步阶段的风险有哪些？
2. 创业起步阶段如何进行风险防范？

实训课堂

老干妈配方遭泄密

基本案情：

2016 年 5 月，贵阳南明老干妈风味食品有限责任公司因其生产车间工作人员发现本地另一家食品加工企业生产的一款产品与老干妈同款产品相似度极高，老干妈公司怀疑公司重大商业机密可能遭到窃取。11 月 8 日，老干妈公司向贵阳市公安局南明分局经侦大队报案。

接到报案后，南明经侦大队侦查人员将这款疑似产品送到司法鉴定中心，鉴定结果为该产品含有“老干妈牌”同类产品制造技术中不为公众所知悉的技术。

经多方排查，侦查人员将注意力锁定到老干妈公司离职人员贾某身上。贾某于 2003 年至 2015 年 4 月期间历任老干妈公司质量部技术员、工程师等职务，掌握老干妈公司专有技术、生产工艺等核心机密。贾某在其任职期间，与老干妈公司签订了《竞业限制与保密协议》，约定在工作期间及离职后需保守公司的商业秘密，且不能从事业务类似及存在直接竞争关系的经营活动。但大量证据证明，贾某在离开老干妈公司后，将公司的相关核心机密透露给了新的任职公司。目前，嫌疑人贾某因涉嫌侵犯商业秘密，已被刑事拘留。

(资料来源：根据“80 后励志网. 老干妈配方遭泄密，食品行业的商业机密该如何保护？[EB/OL]. 2017-05-12. http://www.201980.com/zhupao80/anli/23051.html.”资料整理.)

实训题：

1. 如何防止企业核心员工的流失？
2. 企业成长期如何防范风险？

复习思考题

一、基本概念

创业风险　创业风险评估　创业风险预警　创业成长阶段

二、判断题(正确的画“√”，错误的画“×”)

1. 创业风险是客观存在的。　(　　)
2. 创业企业只要采取多种融资渠道，就能够避免融资风险。　(　　)
3. 企业成长阶段已经是稳定的发展阶段，不需要风险防范。　(　　)

三、单项选择题

1. 创业风险的特征不包括(　　)。

A. 客观存在性　　B. 损益相关性　　C. 系统性

D. 不确定性　　　　E. 可测性

2. 创业融资风险不包括(　　)。

A. 创业企业融资战略不当引发的融资风险

B. 创业企业融资活动不计成本引发的融资风险

C. 资金链断裂引发的融资风险

D. 创业企业融资对象选择不当引发的融资风险

E. 创业企业过分依赖专家造成的融资风险核心资源

四、简答题

1. 创业风险的类型包括哪些?
2. 可以通过哪些方式进行风险评估?
3. 人力资源风险预警主要有哪几类?
4. 创业起步阶段需要做好哪些风险防范?

阅读推荐与网络链接

[1] 陈震红，董俊武. 创业风险的来源和分类[J]. 财会月刊，2003(24).

[2] 刘亚娟. 创业风险管理[M]. 北京：中国劳动社会保障出版社，2011.

[3] 张竹筠，付首清. 创业风险[M]. 北京：科学出版社，2004.

[4] 刘湘云. 初创企业风险管理[M]. 上海：上海财经大学出版社，2016.

[5] 吴剑，王雷. 大学生就业创业指导咨询案例教程[M]. 北京：科学出版社，2015.

[6] 王锋. 大学生创业风险与防范策略探析[J]. 吉首大学学报：社会科学版，2011，32(6).

[7] 范瑶. 民企风险预警[J]. 中国中小企业，2005(1).

[8] 裴康. 企业风险评估的整合测评法研究[D]. 南京：河海大学，2007.

[9] 李时椿，常建坤. 创业学：理论、过程与实务[M]. 北京：中国人民大学出版社，2011.

[10] 蔡旖旎. 中小企业创业初期的风险规避[D]. 北京：对外经济贸易大学，2006.

[11] 80 后励志网. 老干妈配方遭泄密，食品行业的商业机密该如何保护？[EB/OL]. https://www.201980.com/zhupao80/anli/ 23051.html.

[12] 刘坤. “专精特新”企业，以专注铸专长[N]. 光明日报，2022-04-07(015).DOI:10.28273/n.cnki.ngmrb.2022.001759.

随身课堂

创业风险防范.PPTX　　创业风险.MP4　　创业风险防范.MP4　　创业风险预警.MP4

第七章　创业资源与创业融资

学习要点及目标

- 了解创业资源的内涵与种类及其获取途径。
- 掌握创业资源的整合模式。
- 了解创业融资的主要渠道及差异。
- 掌握创业融资选择策略。

核心概念

创业资源　创业融资

引导案例

新时代的“新农人”李云皓

李云皓出生于河北省定州市农村。2010 年，他怀着对大学和未来的向往考入河北农业大学植物保护学院植物保护专业学习。在校期间，他不仅努力学习专业知识、掌握专业技能，还担任班长、学生会副主席，锻炼自己的为人处世和业务能力。同时，他还积极参与北京农科院等校外实习，考取了高级农艺工资格证。2014 年，李云皓以优异的成绩被母校推荐免试研究生，进入植物病害流行与综合防治实验室学习，对苹果展开研究。他跟随研究生导师曹克强教授走遍了全国 8 个苹果主产省，以苹果病虫害防治为主攻项目。他发现，不少地方大规模新建苹果园后，最大的痛点在管理技术和标准化种植上。他深刻地感受到在苹果种植转型期间，投身“三农”事业，做一名“新农人”将大有作为。2016 年，当时正值毕业之际，国家出台了多项激发活力、鼓励创业的好政策，创业领域呈现一派热火朝天的景象。李云皓坚定地选择了“三农”事业，走上了创业的道路，以苹果种植技术服务为核心创办了保定百果优农业科技有限公司。

2017 年，李云皓赴贫困县进行考察时发现，山区苹果种植缺技术、少服务、无品牌、难销售，农民脱贫难。李云皓带领团队穿梭在山区果园中，运用所学的专业知识、现代企业管理技术、现代农业生产模式和电商平台改善苹果传统种植销售局面。他依托国家苹果产业技术体系专家顾问，在全国率先引入了欧美的矮砧密植苹果栽培模式，协助企业和果农大户在全国十个省市建立矮砧密植示范园 20 多个。在这样的现代化苹果园区，由于果树间隙固定，便于机械化操作，像弥雾机、四轮割草机、自走式液压升降采摘平台等新型机械均可在田间操作。而且在苹果园里，水肥一体化滴灌装置、小型气象站、水分自动监测器、太阳能杀虫灯、虫情测报仪、远程遥控视频监控等设备一应俱全。通过物联网大数据技术、智慧果园管理系统，可以实现对果园的全方位、实时管理，从而保障果品质量等。该项目成功地服务了17个红色革命老区、11个国家级贫困县，服务果园面积达9680余亩，吸引了超过两亿元的投资，直接间接带动就业人数780余人，使11.8万人从中受益。

李云皓带着对苹果的执着、对农业的热情，在正值风华正茂的年纪，选择了一条不寻常的道路。在这充满着荆棘的奋斗之路上，他奉献着青春，靠自己的双手和眼光创业致富，同时用自身的执着和精益求精的精神为脱贫攻坚和乡村振兴贡献着自己的力量。

(资料来源：根据"学农爱农，强农兴农，争做新时代的新农人——大学生创业人物李云皓 https://chesicc.chsi.com.cn/zxgw/sldrz/cy/202008/20200805/1954140223.html"查阅整理)

案例导学

李云皓的创业之路，具有明确的创业导向指引，而且也充分发挥了自身知识资源的价值，聚焦苹果产业痛点，助力乡村振兴。创业者及其团队的专业知识、发现问题的洞察力、解决问题的能力、经验及社会关系影响到整个创业过程的开始与成功。在企业初创期，专门的知识技能往往掌握在创业者等少数人手中，因而此时的技术资源在事实上和人力资源紧密结合，并且两种资源成为企业竞争优势的重要来源。根据创业思维方法论，创业者应从拥有的资源出发开启创业之旅，然后针对所开展的业务与他人互动，从而获得所需要的其他资源。

第一节 创业资源

在当前竞争日趋激烈、国际环境瞬息万变的市场经济中，资源的争夺也愈发激烈，初创企业由于其自身的独特性，很难找到足够的资源来支持自身的发展。现实的观察统计也表明，许多创业者能够识别创业机会，但在创业过程中却很难将创业机会转化为成功的创业企业，这其中很大的原因就是创业者在创业活动中缺乏充足的创业资源的支持。因此，创业成功的关键不仅要有优秀的创业团队和合适的创业机会，充足的创业资源的支持也是创业成功的关键因素之一。

一、创业资源的概念及分类

(一)创业资源的概念

资源作为创业活动顺利开展的关键因素之一，学者们从不同的角度对其概念进行了界定。从经济学的角度看，资源是生产过程中所使用的投入成本；从管理学的角度看，资源是基于信息和知识的各种生产要素的集合，通常将其分为有形资源和无形资源；从组织战略的角度看，资源是为了实现组织目标而使用的所有的有形资源和无形资源的集合。创业资源是创业理论中最基础的概念，学者们根据不同的研究目标，在创业理论发展的过程中，就创业研究领域对创业资源的定义也各有不同，其主要定义如表7-1所示。

从表 7-1 可以看出，目前在创业资源的定义上并没有达成共识，但对于创业者而言，只要是对其项目和企业的发展有所帮助的要素，都是创业资源。因此，从广义上讲，创业资源是能够支持创业者进行创业活动的一切东西，是涵盖新创企业在创造价值的过程中需要的一切支持性资产，既包括有形资产，也包括无形资产。从狭义上讲，创业资源是促使创业者启动创业活动的关键优势资源。

表 7-1　创业资源定义

国内外学者	创业资源定义
沃纳赫尔特(Wemerfelt)	创业过程中投入的全部有形资源和无形资源
霍尔(Hall)	无形资源可以细化为两种形态，即技能和资产
多林格(Dollinger)	所有创业企业在创业活动中投入的要素和要素的组合
林嵩、张巧、林强	能够促进企业生存和稳定发展，企业控制或可支配的所有要素和要素组合，包括技术、专利、知识、能力、组织属性等
刘霞	企业投入到创业过程中的各类资产、能力、信息与知识的统称
余绍忠	可以促进企业生存和发展、实现组织战略目标与愿景，为企业所拥有或能够控制的各类要素和要素组合
冯碧云	创业者全部的有形资源和无形资源是在有限的条件下通过自身差异化能力获得的，这种能力会对整个创业过程产生影响，不断地推动企业的发展和战略目标的实现

(二)创业资源分类

创业资源的分类视角有很多。按照不同的分类标准，国内外学者对创业资源的组成要素做了大量的研究工作。从表 7-2 创业资源分类表中可以看出，国内外学者对创业资源划分并没有达成一致的分类框架。

表 7-2　创业资源分类

国内外学者	分类视角	划分类型
林强、林嵩等	企业战略规划过程中资源要素的参与程度	直接资源和间接资源。直接资源包括财务资源、经营管理资源、市场资源、人才资源；间接资源包括政策资源、信息资源、科技资源
希特，杜安·爱尔兰，罗伯特·霍斯基森(Hitt, Duane lreland, Robert Hoskisson)	创业资源的存在方式	有形资源、无形资源
巴尼(Barney)等	创业资源的重要性	人力和技术资源、财务资源和生产经营性资源
特门斯(Tirnmons)	资源基础	核心资源、基础资源、其他资源
威尔逊(Wilson)	资源的来源情况	内部资源和外部资源
纽伯特(Newbert)	资源性质	财务资源、物质资源、人力资源、知识资源、组织资源
林强	对企业成长的作用	要素资源和环境资源
余绍忠	对创业绩效的影响	资金资源、人才资源、管理资源、信息资源、科技资源、政策资源

二、创业资源的获取途径

创业资源与创业者的关系就如同颜料、画笔和艺术家的关系那样。如果创业者获取不到创业所需的资源，创业机会将变得毫无意义。创业资源作为创业活动开展的必要条件，在创业过程中应当积极拓展其获取渠道。柯兹纳(Kirzner)和卡森(Casson)也认为，创业机会的存在本质上是部分创业者能够发现特定资源的价值，因此从这一角度看待创业机会就应把落脚点放在创业资源的获取上。当然，创业资源的获取需要特定的技术和思维分析方式，这也正反映了创业教育有其存在的合理性和必要性。

一般来讲，创业之初，创业所需的各项资源往往只能依靠创业者通过自身努力获取。但随着企业的成长和不断扩张，创业者很快就发现，通过自身努力获取的资源远远不能支持企业的发展，为了使企业能够继续发展，创业者应通过多种途径获取所需的各种创业资源。当然，创业资源的种类不同，获取的途径也不同。因此，创业资源的获取不能一概而论。这里主要选取创业过程中影响较大的人力资源、技术资源及外部资金资源为代表进行讲述。

(一)获取人力资源的途径

这里的人力资源不仅是指企业成立以后招募的员工，更主要的是指创业者及其团队拥有的知识、技能、经验、人际关系、社会网络等。创业者，尤其是对于大学生创业者而言，不仅是资金的缺乏，更重要的还有意识、知识、信息与技能的不足与缺乏。因此，创业前应尽可能参加一些相关的社会实践活动，这个过程中既能增长关于市场的知识，还可以锻炼组织能力。引导案例中新农人李云皓正是在积极参与校外实践及项目研究的过程中，锻炼了自己的组织能力和业务能力，同时还发现了苹果种植转型期间的最大痛点，从而为后期创业奠定了基础。当然，大学生创业者也可以考虑先进入一个企业为别人工作，通过打工的经历学习相关行业知识，了解企业运作的经验，学习开拓市场的方法，认识营利模式，建立客户资源渠道等。

(二)获取技术资源的途径

创业项目起步时获取所依赖技术的途径有：吸引技术持有者加入创业团队；购买他人的成熟技术，并进行技术市场寿命分析等；购买他人的前景型技术，再通过后续完善开发，使之达到商业化要求；同时购买技术和技术持有者；自己研发，但这种方式需要的时间长，耗资大。同时还应该随时关注各高校实验室、老师或者学生的相关研发成果，定期去国家专利局查阅各种申请专利，养成及时关注科技信息，浏览各种科技报道，留意科技成果，从中发现具有巨大商机的技术的良好习惯。政府机构、同行创业者或同行企业、专业信息机构、图书馆、大学研究机构、新闻媒体、会议及互联网等，都是获取相关技术信息的渠道，可以根据自身的实际情况与以上各种方式的特点，选择一种或多种方式。大疆创新科技有限公司创始人汪滔正是依托自己的专业知识和技术，一直专注于直升机飞行控制系统的研发，成为大家口中“中国最会赚钱的 80 后 CEO”。这也给我们大学生创业者以启迪，首先要利用好自身及创业团队的知识及技术优势。

(三)获取外部资金资源的途径

获取财力资源，是创业顺利进行的有效保障。对于外部资金的获取，一般可通过以下途径：依靠亲朋好友筹集资金；抵押或银行贷款；政府扶持资金；互联网平台融资；所有权融资，包括吸引新的拥有资金的创业同盟者加入创业团队，吸引现有企业以股东身份向新企业投资、参与创业活动，以及吸引企业孵化器或创业投资者的股权资金投入等。创业融资作为创业基础的重要环节，本章第二节内容将会对融资途径、方式等进行具体论述。

三、创业资源的整合

相关统计表明，大部分创业者的失败都与资源的整合和融资环节的不协调相关。因此，从这个角度来看，创业也被认为是创业者感知机会后的资源整合行为，遵循从感知机会到组建创业团队、并获取创业必需资源的逻辑。创业管理大师熊彼特说过，创业者的功能就是实现新组合。因此，创业资源的整合是创业者实现成功创业必须斟酌的问题。在美国，“enterpreneur”一词专指在没有多少资源的情况下，积极进取、锐意创新，发现机会、把握机会并实现机会价值的创业者。也就是说，创业者一开始创业不可能也没有必要拥有他所需的全部资源，为克服资源和经验不足等“新创缺陷”，新创企业往往需要从创业网络中汲取和整合各种创业资源。同时，资源管理理论也认为，资源整合能够对新创企业的资源和能力进行补充与丰富，并促使新创企业更好地适应环境变化，从而能推动新创企业向前发展，提高新创企业的绩效。因此，创业者需要做的是发现有价值的外部资源，利用现有资源撬动外部资源，使得新创企业得以生存和发展。

(一)资源整合的一般过程

资源整合是指企业获取所需的资源后，将其进行绑定聚合以形成和改变产生新的资源的过程。创业过程实际上也就是创业者建立、整合和拓展资源的过程。在这个过程中，创业者需要平衡、取舍，需要对创建企业所需的资源进行识别、控制、利用和开拓。

1. 创业资源识别

创业者首先要明白自己的资源整合能力以及企业所拥有的最初资源。创业资源中也存在假象，即不适合企业发展的方面，这就要求创业者具有辨别真伪的能力，不能对所有的资源都来者不拒。与此同时，要厘清哪些是战略性资源？哪些是一般性资源？之后，还要对资源的数量、质量、可利用程度进行分析。要做到这些，通常要求创业者具备一定的行业知识和社会关系网络。

资源识别方式分为两种：自下而上和自上而下。自下而上是指创业者拥有详细、具体的商业计划，依据商业计划对资源进行识别，从而把资源整合在一起创造价值；自上而下是指创业者首先勾勒出组织愿景以及这一愿景如何实现，然后识别自身所拥有的资源和环境能提供的所需资源，合理地配置资源，将组织愿景变为现实。

2. 创业资源控制

实际上，所有成功的创业者在新创企业成长的各个阶段，都会做到用尽可能少的资源推动企业向前发展。同时，对他们而言，资源的所有权不是关键，关键的是对其他人的资源的控制、影响程度。资源控制的范围通常包括自有资源和外部资源。自有资源大多存在于创业者和创业团队当中，如教育背景、声誉、行业知识、资金和社会网络等。其中，团队成员中的人脉和技术对企业的成功举足轻重。外部资源通常可以通过购买和并购获得。资源购买主要通过市场购入所需资源；资源并购则是通过股权收购或者资产收购，将企业的外部资源内部化。

为了提高创业绩效，创业者需要尽可能利用手头资源和自身能力去获取并控制那些尚无法得到的资源。如可以通过资源联盟的形式，联合其他组织对一些难以或无法自行开发的资源共同开发。

3. 创业资源利用

在完成了对资源的获取和控制后，创业者需要不断挖掘、利用创业资源。首先就是资源配置。由于资源在未整合之前大多是零碎的、散乱的，要想发挥其价值、产生最佳效益，就必须运用科学的方法对各种类型资源进行细化、配置和激活，将有价值的资源有机地融合起来，使之具有较强的系统性和价值性。其次是利用资源优势来赢得市场。创业者需要协调各种资源之间的关系，匹配有用的资源、剥离无用的资源，使资源相互匹配、相互增强、相互补充，使之转化为企业内部的独特优势，从而为企业赢得市场、提高创业绩效。

4. 创业资源开拓

创业资源的开拓是在协调资源的基础上，进一步开发潜在资源为己所用；是将以前没有建立起联系的资源建立联系，不仅整合已有资源，而且还将新获取的资源与已有的资源进行充分整合。因此，对资源的开拓不仅是实现财富的创造，而且是在已有资源的基础上拓展企业资源库，进一步识别企业自有和外部资源，拓展资源的范围和功能，从而为下一步的资源识别、获取、配置和利用奠定基础。这也是企业持续竞争优势的源泉。

总之，创业资源识别、控制、利用和开拓这四个子过程相互依存、相互联系。资源识别是创业资源整合的起始阶段；资源控制是创业者根据原有计划和资源识别结果，尽可能利用手头资源和自身能力去获取并控制那些尚无法得到的资源，从而为资源的配置和利用奠定基础；资源利用要按需分配，将资源放到企业最需要的位置上，使之转化为企业内部的独特优势，同时应避免资源闲置；资源开拓则为下一轮的循环奠定基础。

(二)创业资源整合模式

创业资源整合是通过对不同来源、不同层次、不同结构、不同内容的资源，进行选择、汲取、配置、激活和有机融合，从而形成新的核心资源体系的过程，是一个复杂的动态过程。基于对初创企业资源整合实践的分析和总结，学者们提出了创造性整合、杠杆、拼凑、步步为营四种被普遍接受的资源整合模式。

1. 创造性整合

创造性整合，是指在资源束缚条件下，创业者为了解决新问题、实现新机会，发现已有资源的新用途，利用新途径创造出新的独特服务和价值。事实上，创业者可以通过在已有元素中加入一些新元素从而形成在资源利用方面的创新行为，进而取得令人惊奇的成果。

2. 杠杆

杠杆，是指当企业内生资源不足或短期内难以获取，而外部资源存在闲置或浪费时，企业通过核心能力构建资源杠杆，以快速撬动外部资源为己所用的方式。这里的杠杆可以是资金、资产、时间、能力、关系和品牌。对创业者而言，教育背景、相关经验、个性品质、专业技能、信誉、资格等个人的能力和素质最容易产生杠杆效应。杠杆效应能以最小的付出或投入来获取最多的效益，杠杆资源效应体现在以下几个方面：比别人更长时间地使用资源；更充分地利用别人没有意识到的资源；利用他人或者其他企业的资源来完成自己创业的目的；将一种资源补足另一种资源，从而产生更高的价值；利用一种资源获得其他资源。

3. 拼凑

拼凑，是指通过对手头有限资源的创造性整合和利用，因陋就简、自力更生进行创业。事实上，潜在创业者并不是真正的“一无所有”，而是因为不敏感或能力不足而对自己手头拥有的东西视而不见。其实，不少成功创业者都是创业资源方面的拼凑高手，他们善于用发现的眼光，洞悉身边各种资源的属性，然后将它们创造性地整合起来。这种整合有时是在突如其来的情况下摸索前行的结果。

4. 步步为营

“步步为营”是美国学者杰弗里·康沃尔在其专著《步步为营：白手起家的艺术》中提出的资源利用的重要方式。他指出，步步为营经济实用，它不仅适用于小企业，还适用于高成长企业和高潜力企业。具体到创业资源整合实践中，“步步为营”是指创业者分多个阶段投入资源，并在每个阶段投入最有限的资源。这样，创业者一方面要有能力设法将资源的使用降到最低以至成本降到最低，另一方面创业者还要能够自主、自立、自强，以便减少对外部环境的依赖。这实质上体现的是一种能力，一旦具备这种能力，创业者就在向成功步步靠拢。

第二节　创业融资

资金是企业经济活动的推动力。它如同润滑剂，不足或欠缺终会导致企业失败。创业融资难一直是困扰新创企业的一大瓶颈，作为广泛存在的一个问题，创业者如何获得创业资本、社会资本出路问题也受到学术界的高度关注。同时，创业融资作为资源整合动态过程中的重要环节，有必要从资源整合的视角进行系统考虑。

一、融资概念

创业融资是指创业者为了生存和发展的需要，筹集资本和运用资本的活动，包括新创企业从创意种子期到创业生产期发生的一系列融资行为。

创业融资的研究对象是创业企业的融资行为。企业初创期由于缺乏盈余能力而需要不断地投入资金以维持其正常的运转。事实也证明，初创企业很难靠自有资金来解决各种突发的困境，这就需要从外部筹措。当企业步入正常发展轨道，为了在竞争中立足，又会面临扩大规模、提高效益、创新等任务，此时的融资又会被提上议事日程。因此，企业从最初建立，到发展、壮大整个过程都要经历一个融资、投资、再融资的循环过程，创业融资伴随新创企业发展的整个过程。

二、融资渠道

据有关数据显示，85%的初次创业者存在资金不足的问题。但资金不足并不表示就不可以创业，因为创业者有很多途径可以获得资金。创业融资渠道即创业者筹集创业资金的途径，或者称为企业经营所需资金的来源。尽管可供使用的外部经济资源很多，但由于每一次融资行为都有其自身的特征，而且创业融资渠道也存在各自的限制条件，这些都将决定企业在创业融资过程中能够或应该采取什么样的融资渠道。

(一)私人资本融资

1. 自我融资

个人积蓄也称自我融资。这是企业创建初期的一个重要的资金来源。研究者发现，70%的创业者依靠自己的资金为新企业提供融资。即使是具有高成长潜力的企业，在很大程度上也依赖创建者的存款提供最初的资金。例如，蒙牛的创业资金就是几个创始人卖掉股票凑的。

对创业者来说，资金永远是稀缺资源，依靠自有资金起步永远是最稳妥的方法。在创业前期，绝大部分企业是自筹资金。贷款人和投资者在投资前会确认自身已投入资金多少。但这种方式提供的资金毕竟有限，一般情况下积蓄仅能维持创业初期的基本开销。所以，个人积蓄只是创业融资短效的途径，对创新企业的作用十分有限。

2. 向亲朋好友筹措资金

对于创业者来说，亲朋好友是他们选择的第二个融资渠道，也是常见的启动资金来源。当陷于资金困境时，人们首先想到同时也是最先能向自己伸出援助之手的，是家人、亲戚和朋友。世界银行所属的国际金融公司(IFC) 对北京、成都、顺德、温州四个地区的私营企业做过调查，结果显示：我国的私营中小企业在初始创业阶段几乎完全依靠自筹资金，90%以上的初始资金由主要的业主、创业团队成员及家庭提供，银行、其他金融机构贷款所占的比重很小。创业者和亲属朋友之间的亲情和友爱关系使他们相互之间易于接触，这样就有助于克服不熟悉的投资者所面临的不确定性；但弊端也是显而易见的，即容易出现纠纷，如往往存在手续不完善的情况，较少有物质抵押而且信誉难保。对此，聪明的创业者在利用这种途径融资时一定会认真考虑一系列潜在问题，达成书面协议，将所有的融资细节如金额、偿还方式、利率、还款日期、抵押品以及万一企业破产后的偿还方式等都一一注明。同时，要向亲朋好友明确传递公司的目标，确保他们明白自己的资金将用于公司的日常经营。而且，要经常与亲朋好友交换对潜在问题的看法，尽早消除彼此之间的顾虑，这样将有助于减少以后可能产生的问题。总之，向亲朋好友借钱时，一定要考虑周全，小心谨慎，因为亲友是无可替代的。

3. 天使投资

天使投资是创业资金的另一来源。天使投资(angel investment)是个人或非正式机构出资协助原创项目或小型初创企业对其进行一次性前期投资的一种投资形式。被投资的原创项目或小型初创企业一般拥有某种专门技术或独特概念，这是其受天使投资青睐的前提。

天使投资具有以下特征：投资金额一般比较小，而且是一次性投入，对风险企业的审查也并不严格，更多的是基于投资人的主观判断或者是由个人的好恶所决定；很多天使投资人本身是企业家，了解创业者面对的难处，是起步公司的最佳融资对象；天使投资人不但可以带来资金，同时也可以带来关系网络，如天使投资人往往积极参与被投资企业的战略决策和战略设计，为企业提供咨询服务等。

(二)机构资本融资

1. 风险投资

风险投资(venture capital，VC)，VC 是典型的股权融资形式，与其他股权融资方式不同，VC 更看重企业未来的发展，因而对投资项目的考察是所有投资方式中最客观和严格的。对中小企业而言，VC 为企业长远发展提供了市场化的资金支持，减少了创业者所承担的风险程度。要获得风险资本的支持，创业者需要直接向风险投资机构申请或通过从事此类业务的中介机构来获取，同时创业项目应当有好的盈利预期和市场前景、准备充分的商业计划书、优秀的创业团队。

一般而言，无论选择天使投资还是风险投资的融资方式，比较恰当的股权结构是由创业者和他的团队拥有相对多数的股权比例，然后才是由天使投资人与风险投资人拥有多股权比例来决定的，最后剩余的少部分再邀请策略性企业投资人参与认股。这样的股权结构有利于创业者与创业精神的发挥，尤其能使创业投入与创业利益更紧密地结合，创业成功的机会也就比较大。

2. 银行贷款

除了以自己或亲友的资本来启动创业项目外，银行贷款也是中小企业普遍尝试的融资渠道，但其成功率非常低，只有少数人得益于传统的银行贷款。相关统计数据显示，中小企业从银行获得的贷款不足银行系统贷款总量的 10%。这是因为中小企业经营状况的高风险性与银行业的审慎原则显著冲突，银行在贷款过程中过于注重抵押物，因此中小企业从金融机构贷款数量均受到很大限制。所以对于新创企业而言，可以选择由政府担保的小额贷款。但当企业发展到一定阶段，具有一定的信誉、资产或其他担保时，银行贷款也成为创业资金的主要来源之一。

3. 信用担保体系融资

新创企业融资难的一个重要问题就是信用不足。从 20 世纪 20 年代起，许多国家为了支持本国中小企业的发展，先后成立了为中小企业提供融资担保的信用机构。目前，全世界已有 48%的国家或地区建立了中小企业信用担保体系。我国从 1993 年开始设立专业的担保公司，担保公司从此作为一个独立行业出现。信用担保是指由专门的信用担保机构为中小企业向银行提供贷款保证服务，接受担保服务的中小企业向信用担保机构缴付一定担保费用的担保方式。信用担保是一种信誉证明和资产责任保证结合在一起的中介服务活动。它介于商业银行和企业之间，担保人对商业银行作出承诺，为企业提供担保，从而提高企业的资信等级。信用担保机构的建立对缓解我国中小企业融资难问题起到了积极的作用。

小贴士

股权融资与债权融资的区别

(1) 权利不同。债券持有人与发行人之间是债权债务关系，债券持有者只能按期获取利息及到期收回本金，无权参与公司的经营决策；股东则可以通过参加股东大会选举董事，对公司重大事项进行审议与表决，行使经营决策权和监督权。

(2) 发行目的及主体不同。发行债券是公司追加资金的需要，它属于公司的负债，不是资本金，而且发行债券的经济主体很多，如中央政府、地方政府、金融机构、公司企业等；发行股票则是股份公司创立和增加资本的需要，筹措到的资金列入公司资本，发行主体只有股份有限公司。

(3) 期限不同。债券一般有规定的偿还期，期满时债务人必须按时归还本金，是一种有期证券。股票通常是无须偿还的，一旦入股，便不能从股份公司抽回本金，是一种无期证券。但是，股票持有者可以通过市场转让收回投资资金。

(4) 收益不同。债券通常有规定的票面利率，可获得固定的利息。股票的股息红利不固定，一般视公司经营情况而定。

(5) 风险不同。股票风险较大，债券风险相对较小。这是因为：第一，债券利息是公司的固定支出，属于费用范围；股票的股息红利是公司利润的一部分，公司只有盈利才能支付，且支付顺序列在债券利息支付和纳税之后。第二，倘若公司破产，清理资产有余额偿还时，债券偿付在前，股票偿付在后。第三，在二级市场上，债券因其利率固定、期限固定，市场价格也较稳定；股票无固定期限和利率，市场价格波动频繁，涨跌幅度较大。

(三)政府创业扶持基金融资

近年来，国家大力倡导创新创业，各级政府出台了一系列创业扶持政策，特别是针对大学生创业的扶持政策，如大学生创业税费减免、创业担保贷款和贴息、创业补贴等。各省、直辖市、自治区均有专门成立的大学生创业扶持基金，以及大学生创业大赛项目平台，除了提供奖金、大学生创业服务外，还为大学生提供创业信息、就业创业培训等。企业的注册、财务、税务、管理、运营等问题，均可以从中得到不同程度的解决。

(四)互联网平台融资

2013 年以来，互联网平台融资在全球范围内快速发展，互联网融资渠道多元化，其中，P2P 借贷和众筹融资是两种主要模式。

1. P2P 借贷

P2P 借贷指的是通过网络平台在对等主体之间进行的资金借贷，一般是指个体之间借贷，或者个体与企业之间借贷。它弥补了我国传统借贷模式的借贷难、速度慢、流程复杂等不足，缓解了中小企业和个人的借贷难题。但同时，它也给企业带来了不利影响，使其网络安全风险及管理风险大大增加。初创企业一定要注意规避这方面的风险。

2. 众筹

众筹是指用“团购+预购”的形式，向网友募集项目资金的模式。众筹利用互联网传播的特性，让个人可以对公众展示他们的创意，争取大家的关注和支持，进而获得资金援助。

第三节 创业融资决策

创业融资难是创业者面临的主要问题之一，因为创业期的融资是企业长远生存发展的基础，不仅解决当前的发展困境，还为长远发展打下坚实基础，如何制定科学合理的融资策略就成了创业者最关心的问题。

创业融资实质上是新资源向新创企业的融通过程，融资的效率受企业内外各方面的影响、要提高创业融资效率，创业者需要用资源整合理论制定科学合理的融资策略，从而使得企业健康可持续发展。

一、融资决策制定(融资估算)

企业经营过程中，在不同阶段都会涉及融资问题。因此，创业者应根据初创企业在不同发展阶段的资本需求特征，结合创业计划和企业发展战略，做好融资方案策划，合理确定融资规模、确定资金用途、估算启动资金数量等。

(一)确定融资规模

确定融资规模即预测资金的需求量，只有确定了资金的需求量，才能更好地选择融资渠道，降低融资成本，同时，还可以防止融资量过高或过低。融资过多会影响资金的使用效率，融资过少会使融资作用难以发挥。在实际操作中，通常企业可以通过经验法和财务分析法两种方法确定融资规模。

经验法即根据企业自身规模的大小、所处的发展阶段以及企业实力状况，先考虑企业自有资金，再考虑外部融资，最后结合不同融资方式的特点和优势确定融资规模。财务分析法则是根据企业的财务报表来判断企业的财务状况与经营管理状况，进而合理地确定企业的融资规模。其前提是企业必须将财务报表公开。

(二)确定资金用途

不同的用途影响着资金能够回收的期限，不同用途的资金决定着企业应该筹集什么期限的资金，是长期还是短期。企业融资可能是为了日常的经营投入，也可能是为了增加固定资产，投资固定资产融资额大且融资期限长，而日常运营资金则周转比较快，企业能尽快还款。

(三)估算启动资金

创业计划再详细，创业项目再有价值，没有启动资金都是纸上谈兵。为了保证企业在启动阶段业务运转顺利，在业务经营达到收支平衡之前，创业者需要准备足够的资金以备支付各种费用，这些费用叫作启动资金。由于初创企业前期投入大，往往在几个月后才见盈利。因此，专家建议新企业在启动阶段，至少要备足 6 个月的各种预期费用。创业者最好对所有可能发生的意外情况都有所准备，并测算其总费用，做好启动资金估算。启动资金的类型、所包含的内容及明细如表 7-3 所示。

将表 7-3 中的各项费用加在一起，即创业前后所需要准备的启动资金。而为了在遇到意外和不测时能从容应对，必须准备比上述资金预算更宽裕的资金。

表 7-3 创业企业启动资金表

启动资金	包含内容	明　细
固定资产投资	场地和建筑	建房、买房、租房、在家开业
	设备	机器、工具、车辆、办公家具等
流动资金	购买并储存原材料和成品	原材料和商品库存费用
	促销	广告、有奖销售、上门推销、活动表演等
	员工工资	创业者自身的工资、其他员工的工资
	租金	办公场所、仓库等租金费用
	保险费用	社会保险和商业保险等
	其他费用	电费、水费、交通费、办公用品费等
合法程序	开办费	办公费、验资费、装潢费、注册费、培训费、技术转让费(买专利)、营业执照费、加盟费等

(四)估算融资成本

融资成本是企业为筹集和使用资金而付出的代价，包括融资费用和资金使用费用。融资费用是企业在融资过程中发生的各种费用，如发行股票，债券支付印刷费、发行手续费、律师费、资信评估费、公证费、担保费、广告费等；资金使用费是指企业因使用资金而向其提供者支付的报酬，如股票融资向股东支付股息、银行贷款支付的利息、租赁融资涉及的租金等。上述融资成本都是能在财务上反映出来的显性成本。其实，企业在融资过程中，泄露机密信息可能会造成损失，由此产生的是风险成本。由于其难以衡量，因此被称为融资过程中的隐性成本。表 7-4 所示为不同融资渠道的融资成本的比较。

表 7-4 不同融资渠道融资成本的比较

融资渠道	资金使用费	融资费用(资金的可获得性)	风险成本
自有资金	—	受制于现有财务状况	无
民间借贷	高	较易获得	低
银行借贷	一般	要求提供有效的担保与足够的抵押，并需要报送一系列有关借款人与担保人的材料，中小企业获得此类资金有一定的难度	较高
资本市场	—	严格的上市条件，较高的发行费用将大多数中小企业拒之门外	高

从表 7-4 不同融资渠道融资成本的比较中可以看出，企业依靠自有资金来满足资金需求时，融资成本是最低的。如果自有资金无法满足经营需要时，就需要进行外部融资。不同企业承受融资成本的能力是不同的，过高的融资成本对任何一家创业企业来说都是一个巨大的负担，而且会抵消企业的成长效应。因此创业融资决策应结合企业自身的营利水平、发展战略及外部金融供给情况进行综合考虑，从而寻求一个较低的资金成本的融资策略。

当然除了上述成本外，还有机会成本。机会成本也是隐性成本。机会成本是指把某种资源用于某种特定用途而放弃其他各种用途中的最高收益。如自有资金，企业在使用时不存在对外支付本息的问题，尽管在使用后企业也获得了相应的报酬。客观来讲，企业在进行融资决策时，也应将其纳入考虑范围。有时候还需要考虑沉没成本。沉没成本是指已经失去的收益或者付出的代价，不论采取什么方式和方法，均不能挽回的损失。沉没成本与机会成本的不同在于它属于非相关成本，有时是间接的，有时是直接的。由于沉没成本很多时候是在事后发生的，因此有时无法在决策时将其考虑在内，如果在决策时就把沉没成本考虑在内的话，恐怕会造成商机错失或者决策失误。

(五)测算营业收入和利润

作为企业的主要经营成果，营业收入关系企业的正常运转情况和企业竞争力的大小。营业收入测算的方法有很多种，可以通过经验丰富的管理人员和销售人员分析市场变化，可以汇集推销员的综合判断，可以由专家组成预测小组根据个人反馈进行汇总之后作出综合预测，也可以对产品的供求和客户的消费取向进行调查，还可以针对影响产品销量的各种相关因素、利用它们与销售量的函数关系进行预测。

营业利润是企业的经营成果。它主要指主营业务利润和其他业务利润扣除期间费用之后的余额。其相关计算公式为

营业利润=营业收入-营业成本-营业税费-销售费用-管理费用-财务费用-资产减值损失+公允价值变动净收益+投资净收益

营业利润率=(营业利润/营业收入)×100%

其中，营业利润率是企业通过生产经营获得利润的能力，营业利润率越高，企业的营利能力越强。

二、创业融资决策

创业企业融资时，要考虑创业企业实际情况，合理制定融资决策。制定具体决策时主要考虑以下因素。

(一)融资渠道选择

1. 创业企业类型与融资渠道的匹配

从创业融资角度看，创业企业可分为制造业型、商业服务型、高科技型以及社区型等几种类型。各类型的企业由于其自身具有的不同特点，其融资渠道的选择也不同。

1) 制造业型创业企业

制造业型创业企业由于其经营的复杂性，其资金的需求也是比较多样和复杂的，既包括用于购买原材料、半成品和支付工资的流动资金，也包括购买设备和零配件的中长期贷款，甚至包括产品营销的各种费用以及卖方信贷。这些都需要外界和金融机构的金融服务。制造业型企业由于其资金需求量大，资金周转相对较慢，经营活动和资金使用涉及面也相对较宽，因此风险也相应较大，融资难度也要大一些。一般而言，可供选择的融资渠道主要有银行贷款、租赁融资等。

小贴士

创业融资原则

合法性原则。创业融资作为一种经济活动，必将涉及到相关经济主体的经济权益。因此，创业者必须遵守国家的有关法律法规，依法依约履行责任，维护相关融资主体的权益。

合理性原则。创业企业在创业的不同时期，资金的需求量不同，能够采用的融资方式可能也不同，创业者应根据其创业计划，结合创业企业所处的不同发展阶段的经营策略，采用相应的财务管理方式，合理进行资金需求量预测，具体分析资金的筹集渠道，从而确定合理的资本结构。

及时性原则。在市场经济条件下，机会稍纵即逝，因此创业者必须能够及时筹集所需资金，将可行的项目付诸实施。创业企业应根据其所处不同阶段的资金需求，使融资和投资在时间上协调一致，保证生产经营的正常进行。同时也要防止资金过多造成闲置和浪费，将资金成本控制在合理的范围之内。

效益性原则。创办和经营企业的根本目的是获得一定的经济利益，所以创业者应该在进行成本效益分析的基础上决定资金筹集的方式和来源。只有投资报酬率高于融资成本时，才能够使创业者实现创业目标；而且投资所需的资金数量决定了融资的数量，对创业项目投资的估计也会影响融资方式和融资成本。因此，创业者应在充分考虑投资效益的基础上，确定最优的融资组合。

(资料来源：李成钢. 创新创业基础[M]. 北京：中国纺织出版社，2019.)

2) 商业服务型创业企业

通常来讲，商业服务型创业企业的资金需求主要是库存商品所需的流动资金和用于促销活动的经营性开支。其资金需求特点是量小、频率高、借款周期短、借款随机性大。但其风险相对其他类型中小企业较小。因此，中小型银行贷款或者网络融资应是其最佳选择。

3) 高科技型创业企业

高科技型创业企业的主要特点是“高风险、高收益”，这类企业除了可以通过一般创业企业采用的融资渠道融资外，还可采用吸收风险投资公司投资、天使投资、科技型中小企业投资基金等进行创业。其中，风险投资公司的创业基金是有效支持高新技术产业最理想的融资渠道。风险投资公司与其所扶持的企业之间是控股或参股的关系，因此可以从创业成功企业的股份的升值中较快地收回其创业投资。

4) 社区型创业企业

餐馆、美容美发、水果店、便利超市、家政服务等社区型创业企业具有特殊性，它们具有一定的社会公益性，容易获得各项优惠政策，如税收政策、资金扶持政策等。对于该类型创业企业，首先应考虑争取获得政府的扶持资金。

2. 创业发展阶段与融资渠道的匹配

目前，学者普遍认为创业企业有四个发展阶段：种子期、启动期、成长期和成熟期。创业融资需求也具有阶段性特征，处于不同发展阶段的创业企业具有不同的风险特征和资金需求，同时不同的融资渠道所能提供的资金数量和所产生的风险程度也不同，因而适用的融资渠道也会不同。因此，在进行创业融资时，除了要考虑不同融资渠道的优缺点、融资成本外，还要考虑创业企业所处的发展阶段，将不同阶段的融资需求和融资渠道进行匹配，从而提高融资效率，使企业能够获得所需的创业资金。

1) 种子期融资渠道选择

在种子期，企业规模较小，同时具有高度的不确定性，创业者所需资金主要用于对创意的实践或技术的商业化应用，而企业没有任何销售收入和营利记录，风险程度非常高，风险承担能力有限。此时，创业者很难从外部筹集资金，创业者的自有资金、亲朋好友的借款、国家创业资金的资助可能是种子期采用较多的融资渠道。除此之外，天使投资者也常为处于起步阶段的企业提供资金，一些富有创意或特殊技术的项目很可能会受到天使投资者的青睐，因此测算创业不同阶段的资金需求量，撰写好商业计划书，争取获得天使投资，也是创业企业这一阶段所采用的融资渠道之一。

2) 启动期融资渠道选择

在启动期，企业处于开拓阶段，其主要任务是进行科技成果的转化，使技术或创意变成商业化商品或服务，因此资金需求量大而急迫。此时，由于企业成立时间短，业务记录有限，投资机构评估比较困难，因此依靠传统投资机构和金融机构对其提供资金，难度很大。担保机构、风险投资机构是创业企业这一阶段的重要选择，创业企业可以进一步修改商业计划书使其不断完善，从而吸引包括天使投资在内的风险投资。

3) 成长期融资渠道选择

在成长期，企业已具备一定的规模，销售量迅速增长，然而企业仍希望不断地增强自身的创新能力，从而获得更多的市场份额，因此这一阶段仍需要大量的资金投入。由于此阶段已有一定的商誉和一定的资本积累，风险降低，因此可以获得外界认可。这一时期的融资渠道相对比较通畅，根据企业的具体情况可以考虑吸引风险投资，也可以选择银行贷款。

4) 成熟期融资渠道选择

进入成熟期，企业步入稳步发展的轨道，经营稳定，面临风险显著降低，获得外界的普遍认可，这一阶段的资金需求量相对稳定。因此，可以综合运用各种外界融资渠道，债券、股票等资本市场为企业提供丰富的资金来源。整个创业企业发展过程中的融资渠道可直观地从图7-1中看出来。

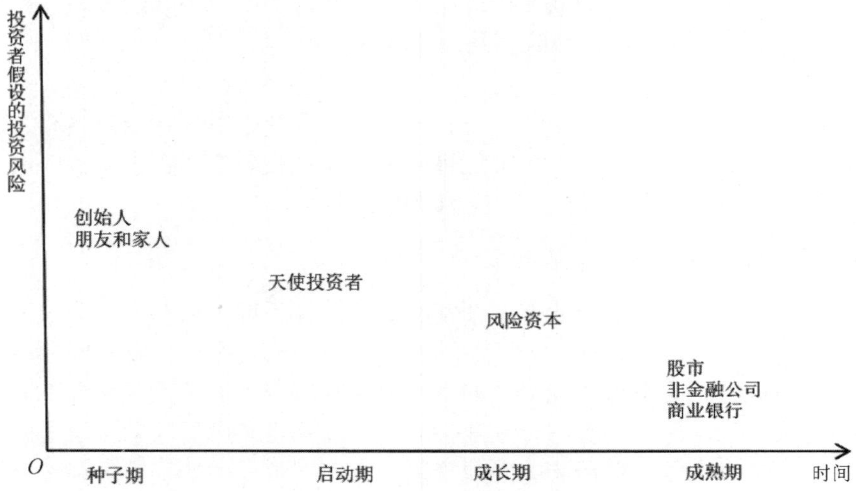

图7-1 创业企业发展过程中的资金来源

(二)融资方式选择

资金按其使用期限可分为短期融资和长期融资。股权融资筹措的资金具有长期性和永久性。长期用途的融资适宜股权融资方式，而短期用途的融资最好采用债务融资方式，以免企业创始人的股权被过度稀释。

创业者一般极少采用只进行股权融资或只进行债务融资的方式。在绝大多数情况下，都是将债务融资和股权融资两者结合起来进行。例如，为了解决流动资金不足问题，创业企业可以选择银行借款等短期融资方式；为了进行研发活动和扩大固定资产规模等，则可以选择期限较长的融资工具，如银行长期贷款或者股权融资。针对新创企业经常采用的债务融资而言，短期借贷通常是营运资金所要求的，并由销售收入或其他收入来偿还；长期借贷主要用于购买产权或设备，并以购买的资产作为抵押品。

因此，新创企业在融资过程中可以实施融资组合，合理、有效的融资组合不但能够分散、转移风险，而且能够降低企业的融资成本和债务负担。另外，创业者要经常分析宏观经济形势、货币及财政政策等情况，及时了解国内外利率、汇率等金融市场情况，预测影响融资的各种因素，以便寻求合适的融资机会，作出正确的融资决策。

因此，在融资过程中一定要了解基本的融资知识与技巧，选择适合自己的融资策略，无论哪一种创业类型的企业，快速、高效地筹集到资金，是创业成功至关重要的因素。

本章小结

(1) 尽管目前对创业资源的概念界定及具体分类并没有公认的标准，但创业者获取创业资源的最终目的是为了组织这些资源并实现创业机会，因此获取创业资源之后还要学会进一步整合，从而提高创业绩效并获得创业成功。

(2) 新创企业融资难已经是业界共识。了解融资渠道和融资方式是进行创业融资的前提条件。

(3) 创业企业融资时，要考虑创业企业实际情况，合理制定融资决策。

实训案例

京东的融资历程

1998 年 6 月 18 日，京东公司在中关村创建成立。2001 年 6 月，京东成为中国最大的光磁品代理商。2003 年由于“非典”的侵袭，京东被迫关闭其线下的所有门店。2004 年 1 月，转型至线上业务，涉足电子商务领域，更名为京东商城。随着业务规模扩大，物流设备配套的需求加大，京东急需资金以周转运营。2007 年 8 月，京东凭借自身发展潜力赢得国际著名风险投资基金——今日资本的青睐，首批融资 1000 万美元。这是京东融资历程里的第一笔资金，融资主要用于拓展产品品类和自建仓储物流体系。2009 年 1 月，京东获得了今日资本、雄牛资本、梁伯韬私人投资共 2100 万美元，这是金融危机后中国电子商务企业融到的第一笔资金，京东将 70%的资金用于物流系统的建设，其中包括建设自有快递公司，把北京、上海、广州三地的仓储中心扩容至 9 万 m^2，开通 26 个城市配送站等，全面提升了京东商城的物流体系。2010 年，京东获得了老虎环球基金投资 1.5 亿美元，是金融危机后中国电子商务企业获得的数额最大的一笔投资。这也充分说明了投资者对京东商业模式和出色业绩的认可。2011 年 4 月，为建设技术研发项目，筹建 7 个一级物流中心，京东获得 DST 等基金投资 15 亿美元。这曾是中国互联网史上单笔数额最大的融资。2012 年京东自营快递京东快递获得自营牌照。为了支撑其不断扩张的物流系统的建设，在上市融资并不可取的情形下，2012 年 10 月京东获得了安大略教师退休基金等 3 亿美元的投资。2013 年前三个季度京东首次扭亏为盈，实现盈利 6000 万元后，迅速申请 IPO。2014 年 5 月 22 日，京东在纽约纳斯达克挂牌上市，开盘报价 21.75 美元，融资 17.8 亿美元。资金主要用于开拓自营生鲜市场、开拓三线以下城市，以及扩大国际业务布局。

此后，京东集团又进行了多轮融资。首先，京东集团利用京东数科的股权进行过 3 轮融资，共计 326.5 亿人民币入账；在 2017 年 6 月 30 日通过“业务重组”，彻底将其持有的京东数科股权全部转让，获得 142 亿元人民币的现金和京东数科 40%的正利润的分成权。此外，京东集团通过出售旗下京东物流和京东健康业务的部分股权，分别获得融资25亿美元和9.31亿美元。2018年，京东获得谷歌5.5亿美元的投资。其资金重点投向主要是零售、技术、物流和投资基金，截至2019年年底，公司的投资金额为356亿元人民币。

(资料来源：根据“京东经历了哪些融资？https://view.inews.qq.com/a/TEC201405220314410J.”及相关资料查阅整理.)

案例点评：

案例中的京东根据自身所处不同创业发展阶段的资金用途、融资需求，确定了适度的融资规模，选择了合理的融资渠道。不同用途的资金决定着企业应该筹集资金的期限。同时只有确定了资金的需求量，才能更好地选择融资渠道，从而降低融资成本。这些都是创业企业在融资过程中需要考虑的问题。

思考讨论题：

1. 分析京东不同时期的融资规模、资金用途、融资渠道。
2. 创业发展阶段与融资渠道应如何匹配？

实训课堂

5万元创业资金做起“鹅老板”

基本案情：

谢云浩，北京农学院动物医学专业大三学生，大兴区北章客村的“土著”。2014年上半年恰逢北京农学院推出“创业六条”等一系列政策，鼓励在校学生运用所学知识创业，并将其与实践教学挂钩，与学分挂钩。谢云浩的“林下养鹅”项目获得5万元的创业基金，他拉着同宿舍的6个朋友凑了10万元，注册了公司，成为全校17个创业团队中的一员，而且免费使用两年办公用房。短短一个月，他们便顺利地拿到了企业营业执照，并入驻学校科技园内的北农学生创业中心。90后在校生为啥会回家养鹅？这得从2014年北京新增的20多万亩林地说起。据北京园林局数据，2014年新增的20多万亩林地，主要在本市现存的拆迁腾退地、沙荒地、废弃坑塘、城镇边角地、南水北调等重点水源保护区周边种植。谢云浩家所在的村子地处南六环，恰在第二道绿化隔离带附近，一年时间里，他家屋后也多了400多亩林地。2014年春夏之交，还上大二的谢云浩周末路过林区，看到忙碌的养林工人在除草，效率不高而且浪费林草。联想到自己刚写完的“林下养殖”可行性报告，他把“可行”变成“行动”，申请了“林下养鹅”项目。林地可以养鸡、养鸭，为什么单单盯上了鹅呢？这时，谢云浩所学的动物医学知识就派上用场了：鹅的生长期短，体形肥大；林下食草，成本较低；青草滋养，鹅不易生病，鹅粪还能促进树苗生长。同时，利用林间空地养鹅，提高了土地利用率，再加上远离村庄，还有利于防疫。这样一来，养鹅更具得天独厚的优势。另外，该项目还具有随季节而动的优势。养殖期从6月到10月，买回雏鹅时刚好暑假，正好有时间在林子里放鹅。而返校上学时，可以雇用村里身兼护林工作的农民帮忙照看，支付100元的日薪。家人也给予了很大帮助。常年在村里有机蔬菜生产基地干活的谢父对鹅的品种颇有心得，选鹅苗时父亲帮忙把关；而一直照料 40 亩蔬菜大棚的谢妈妈，也承担了部分散养照看的任务。到 10 月出栏时，这群纯天然散养的鹅也不愁销路，以每千克 16 元的价格顺利出手，项目首年核算毛利过万元。

作为村里林下养鹅的第一人，谢云浩更大的野心是想“改良农业”，积累四五年的养殖经验，为村民们提供设备、咨询等专业服务。如果有可能，还将发展生态旅游，继续摸索新农业的路子。

(资料来源：“90 后谢云浩：农村创业养鹅，甘当(鹅老板)创业故事. 2020.02.08 https://www.pig66.com/show-1861-491559-1.html” 查阅整理.)

思考讨论题：

1. 案例中谢云浩是如何进行相关创业资源整合的？
2. 案例中谢云浩主要采用了哪些创业融资渠道？

分析要点：

1. 了解资源整合的过程及资源整合模式。
2. 明确初创企业的企业类型及阶段性特征。

复习思考题

一、基本概念

创业资源　创造性资源整合　创业融资　融资成本　融资渠道

二、判断题(正确的画“√”，错误的画“×”)

1. 创业过程实际上也就是创业者建立、整合和拓展资源的过程。　(　　)
2. 创业融资就是筹集创业启动资金。　(　　)
3. 创业资源分为有形和无形两种，知识和技术属于有形资源。　(　　)

三、单项选择题

1. 下列关于创业资源的分类中，不正确的是(　　)。
   A. 按重要性分：核心资源、非核心资源
   B. 按性质分：人力资源、财务资源、物质资源、技术资源、组织资源
   C. 按参与程度分：有形资源、无形资源
   D. 按来源分：内部资源、外部资源
2. 下列(　　)不属于债权融资。
   A. 银行信贷　B. 债券融资　C. 商业信用
   D. 融资租赁　E. 吸收直接投资
3. 以下(　　)融资成本没有融资费用。
   A. 银行借款成本　B. 债券成本
   C. 留存收益成本　D. 商业信用

四、简答题

1. 资源整合的一般过程是什么？
2. 创业融资的渠道主要有哪些？
3. 创业融资过程中需要注意什么问题？

五、论述题

人们常说创业是白手起家，对此你怎么看？

阅读推荐与网络链接

[1] 罗国锋，张超卓，吴兴海. 创新创业融资：天使. 风投与众筹[M]. 北京：经济管理出版社，2016.

[2] 赵淑敏，陈哲，胡金星. 创业融资[M]. 北京：清华大学出版社，2009.

[3] 国务税. 国务院关于促进创业投资持续健康发展的若干意见(国发〔2016〕53 号)[DB/OL]. http://www. gov. cn/zhengce/content/2016-09/20/content_5109936.htm.

[4] 国务税. 国务院关于创新重点领域投融资机制鼓励社会投资的指导意见(国发〔2014〕60 号)[DB/OL]. http://www. gov. cn/zhengce/content/2014-11/26/content_9260.htm.

[5] 国务税. 国务院关于积极推进“互联网+”行动的指导意见(国发〔2015〕40 号)[DB/OL]. http://www. gov. cn/zhengce/content/2015-07/04/content_10002.htm.

[6] 国务税. 国务院关于大力推进大众创业万众创新若干政策措施的意见(国发〔2016〕32 号)[DB/OL]. http://www. gov. cn/zhengce/content/2015-06/16/content_9855.htm.

[7] 国务税. 国务院关于进一步做好新形势下就业创业工作的意见(国发〔2015〕23 号)[DB/OL]. http://www.gov.cn/ xinwen/2015-05/01/content_2856034.htm.

[8] 倪克垒， 胡庄方. 大学生创业资源及获取途径分析[J]. 吉林省教育学院学报旬刊，2015 (9)：140-141.

[9] 全国人民代表大会常务委员会. 中华人民共和国公司法[DB/OL]. http://www.npc.gov.cn/wxzl/ gongbao/2014-03/21/content_1867695.htm.

[10] 最高人民法院. 关于适用《中华人民共和国公司法》若干问题的规定(四)，法释〔2017〕16 号. http://www.court.gov.cn/zixun-xiangqing-57402.html.

[11] 陈震红，董俊武. 成功创业的关键：如何获取创业资源[J]. 科技创业，2003(9).

[12] 田欣. 资源束缚下的成功之道：创造性拼凑[J]. 企业管理，2009(5).

随身课堂

创业资源与创业融资.PPT

创业融资.MP4

创业资源.MP4

第八章　编制商业计划

学习要点及目标

- 了解商业计划书的目的和作用。
- 重点掌握商业计划书的内容。
- 了解编制商业计划书的原则、技巧和步骤。
- 能够运用商业计划书的推介方法和技巧。

核心概念

商业计划书　计划摘要　推介方法

引导案例

没有商业计划书的初创公司只是一个“昂贵的爱好”

如果你有创业成功的经验，即使是最保守的投资人可能也不会担心你下一个商业计划的质量。但是，对大多数人来说，千万别相信所谓的“硅谷神话”——把你价值百万美元的点子写在餐巾纸的背面，投资人就会蜂拥而至。

作为投资者和指导者，面对志向远大的企业家们，我的经验是，毁掉你的新创企业和信誉的最快办法之一就是递交一份糟糕的商业计划书，甚至根本没有商业计划书。如今，真的很难为没有商业计划书这件事找到借口，因为网络上就能找到例文，每家书店也都有商业计划方面的书籍，还有很多手机应用可以自动完成商业计划书的草拟过程。

一份好的商业计划书不必像一本书那样长，也不一定要附上大量的财务报表。我见过的好的商业计划书只有 25 页，它足以详细地介绍你的商业计划的内容、时间、地点以及具体实施步骤。计划节必须简要地回答每一个相关问题，所有你能想象到的来自你的团队、你的合伙人和投资人的问题。

事实上，组织和撰写商业计划书的过程是你确定自己能够回答这些问题的最好途径。你想从开发商手里买一栋房子，或者自建住房，但是没有关于时间、价格和房屋特征的计划书，你觉得靠谱吗？我想不会。大多数投资人倾向于把没有商业计划书的初创企业当成一种“昂贵的爱好”。

虽然没有一种神奇的公式能让你按照一定的格式和顺序写出正式的商业计划书，但是我推荐以下 10 个要点，你可以按照这个顺序陈述相关内容：经营概要、问题和解决办法、公司简介、市场机会、商业模式、竞争分析、市场推广及销售策略、管理团队、财务预测、退出策略。省略其中一项或更多主题的商业计划书是不完整的，仅提供部分计划书就是浪费大好机会，无法给投资人留下深刻印象。你只需要多做点额外工作就能让它变成一份专业的文件，包括封面、目录、标题和页码。不要试图使用技术术语、行话和缩略语来打动投资人。

如果你没时间写计划书，或者你的写作技巧不尽如人意，别担心，你可以找人帮忙。据我所知，没有一个总经理会自己起草全部合同，但是每个聪明人都有一个能为自己写东西的人。不能设法制订商业计划书的企业家恐怕也管不好一家新公司。

当然，如果你还不了解计划书的所有要素，现在就来学习一下吧。我的建议是进行自我检视，找到一位具有商业经验和专业知识的指导者或者合伙人，帮你制订一份具有可行性的商业计划书。也许你的想法在技术上是正确的，但是如果没有商业计划书，它可能就会胎死腹中，这是谁都不愿看到的。

虽然不能打包票，但是各项研究发现，一般来说，制订了优秀商业计划的企业家有更多机会获得投资，企业也更容易成功。在任何情况下，特别是在初创企业这个成功率低于50%的高风险领域，你必须占据先机。

(资料来源：via entrepreneur. 没有商业计划的初创公司只是一个“昂贵的爱好”[EB/OL].http://www.cyzone.cn/a/20150127/269020.html.)

案例导学

正如文章题目所写，没有商业计划书的初创公司只是一个“昂贵的爱好”。商业计划书是大多数创业企业融资必备的“敲门砖”，好的商业计划会为企业融资顺利铺路，而编写商业计划书的过程也是企业审视、分析自身及产品的好机会。这样，我们不仅不必为这个“昂贵的爱好”买单，还可以使事情事半功倍，何乐而不为呢？

第一节　商业计划书的目的和用途

著名教授盖伊·卡维萨基曾说过：“一旦他们将商业计划写到纸上，那些希望改变世界的天真想法就会变得实实在在且冲突不断。因此，文件本身的重要性远不如形成这个文件的过程。即使你并不试图去集资，也应当准备一份计划书。”由此看来，商业计划书是呈现人们创业构想的载体，也是展现创业者如何实现创业过程的一份资料。

我们在撰写商业计划书之前先了解一下什么是商业计划书。

商业计划书是创业者在成立企业之前，就某一项具有市场前景的新产品或服务，向潜在投资者、风险投资公司、合作伙伴等游说以取得合作支持或风险投资的可行性商业报告，是用来描述创办一个新企业时所有的内部要素和外部要素的一份计划书。

一、编制商业计划书的目的

由商业计划书的定义我们看到，在创业过程中所涉及的对象可以分为三类：即创业团队内部、潜在的投资者等创业团队外部和其他相关者三个群体。也就是说我们的计划书总的来讲是为这三类对象服务的。围绕这三类对象，我们总结出撰写商业计划书的目的，如表 8-1 所示。

表 8-1　商业计划书的服务对象

分　类	目　的
创业团队内部	帮助创业团队梳理思路达成一致；使普通员工具有行动纲领，与企业目标保持方向一致
创业团队外部	吸引潜在投资者的注意力；有助于一般合作伙伴了解企业，从而能够顺利合作
其他相关者	可以使学习借鉴者获得灵感，或者得到创业大赛评委的好评等

(一)梳理创业者的思路

在编写商业计划书的过程中，整个创业团队会针对公司的未来发展进行思考，最后达成共识。综合考虑各种因素，在创业开始之前梳理自己的思路，将自己脑海中的构思变成书面的形式可以让我们变得现实。这并不是一项简单的工作，它需要创业者花上数日乃至数月时间才能完成，还可以让创业者在各种冲突中不断地修改计划。计划书本身远远不如创业者在制订计划书的过程中产生的思维碰撞。哪怕最后创业计划夭折，也一定是在制订计划书的过程中由于各种原因而使创业者明白自己的构想还不够完善。

一份有明确愿景规划的商业计划书对创业团队内部和普通员工都是十分重要的。它能将创业团队中各个成员有序地串联起来，同时也是创业团队沟通的“语言”和凝聚团队力量的重要工具。商业计划书可以在企业内部出现矛盾和问题时成为大家的行动纲领，使大家朝着一致的目标前进。

(二)吸引投资者的目光

在创业团队成立的初期，一份含金量高的商业计划书能够吸引到更多投资，从而引进更多资金，而资金是一个企业运行不可或缺的原始动力。一份简洁直观的商业计划书可以让投资者清晰地了解企业今后的发展前景，从而让投资者作出正确的判断。因此一份成功的商业计划书的作用是毋庸置疑的。

作为推销性文本，商业计划书还有助于塑造创业团队的可靠性。举个例子，假设有一位投资者，在一次某大学主办的创业比赛中，投资者与多位创业者进行了非正式的接触和商谈，其中有两个项目他想做进一步的了解。投资者联系第一位创业者，要求其提供商业计划书，第一位创业者犹豫了一会儿说，他没有准备正式的商业计划书，如果有时间的话他可以详细谈谈他的创业想法。投资者联系第二位创业者，要求其提供商业计划书，这一次，创业者说道，他非常愿意提交商业计划书，并且可以同时提供计划书的摘要和相应的 PPT 展示，对他的商业计划进行一个简要的概览和介绍。几分钟以后，第二位创业者的商业计划书和 PPT 已经发送到了投资者的邮箱，还谦虚地恳请投资者提出宝贵意见并说明如果有时间的话他非常愿意详细谈谈他的创业想法。投资者快速浏览了计划书，内容中肯并切中要害，令人印象深刻。那么，这里要问一下，哪一位创业者更能吸引投资者的关注呢？在其他条件相同的情况下，显而易见是后者。其实，第二位创业者拥有商业计划书，并不只是意味着他提供了关于创业的具体信息，这还表明，他已经对创业的每个要素进行过认真思考，并且他也有足够的责任心愿意花时间和精力投入到新创企业中，以努力实现创业计划。

(三)获得其他相关者的帮助

其他相关者在这里可以是学习借鉴者或者创业大赛的评委，也可以是一些提供帮助的咨询者。商业计划书务必要做到可以提供整个团队的核心构想和已有的资源，方便在这个前提下找到真正的相关者。在这一过程中要注意对核心商业机密的保护。

小贴士

商业计划书的保密

商业计划书必须严格保密，严防落入竞争者手中。为了保密，有些企业会限制商业计划书的副本数量，对特定对象准备特定副本，并要求在不使用时将计划书放在文件柜或办公室锁好以确保安全。除此之外，大多数企业都会在其商业计划书封面上印刷“机密文件，未经许可，严禁复印”等字样。虽然这些措施难以阻止企业内别有用心的员工的蓄意偷窃，但能避免因疏忽大意导致的计划书副本丢失。如果新创企业提供的是高度敏感或专属的产品及服务，就更应该重视商业计划书的保密措施。企业界将这种初始商业计划的保密措施称为潜行模式(stealth mode)。

(资料来源：胡海波. 创业计划[M]. 厦门：厦门大学出版社，2011.)

二、编制商业计划书的用途

(一)增加合作机会

商业计划书的主要用途是递交给投资商，以便他们能对企业或项目作出评判，从而使企业获得融资。商业计划书有相对固定的格式，它几乎包括投资商所有感兴趣的内容。

融资项目要获得投资商的青睐，良好的融资策划和财务包装，是融资过程中必不可少的环节，其中最重要的是应做好符合惯例的高质量的商业计划书。目前中国企业在国际上融资成功率不高，不是项目本身不好，也不是项目投资回报率不高，而是项目方商业计划书编写的草率与策划能力让投资商感到失望。

(二)降低错误概率

商业计划书是整个企业的灵魂，商业计划书的好坏，在一定程度上决定了投资交易的成败。从企业成长经历、产品服务、组织人事、财务运营到融资方案，只有内容翔实、数据丰富、体系完整、装订精致的商业计划书才能吸引投资商，让他们看懂创业者的商业计划，才能使融资需求成为现实，商业计划的质量对创业者的项目融资至关重要。

虽然商业计划书不能鉴别和消除这些不稳定因素，但可使创业者在事件发生时有所准备，为避免致命的错误提供方向。一份合理的商业计划书，可以使创业者少走弯路，节约时间和精力，更有效地实现预期的目标。制订计划本身是一种技能，需要制订计划者具有管理、销售、人事、财务、法律等多方面的相关知识。

(三)精准合理定位

商业计划书的起草与商业本身一样是一个复杂的系统工程，不但要对行业、市场进行充分的研究，而且还要有很好的文字功底。对于一个初创企业或发展中的企业来说，专业的商业计划书既是寻找投资的必备材料，也是企业对自身的现状及未来发展战略全面思索和重新定位的过程。

有了商业计划书，创业者就能对项目有更加清晰的认识，做到心中有数。具有战略思考和可操作性的商业计划书是创业全过程的纲领性文件，是创业者决策保障的工具，是创业实践的战略设计和现实指导。

(四)有效管理控制

一份完美的商业计划书可以增强创业者的自信，使创业者感到对企业更好管理、对经营更有把握。商业计划书提供了企业全部的现状和未来发展的信息，商业计划书使得创业者在创业实践中有章可循，而且一份好的商业计划书公之于众的时候，就很容易吸引社会上的高端人才，可以获得很多优秀的人力资源。

(五)融资的重要渠道

资金是企业经营的血液，是创业的核心要素，是获得生存和发展的前提。商业计划书的主要用途之一就是筹集资金。创业融资的一个重要途径，就是从审查商业计划书开始。当确定了商业目标与商业动机之后，就必须考虑资金、人脉、市场等各种必备的商业条件，所以提出一份富有创意、规范的商业计划书，对解决商业融资问题至关重要。

(六)经营的行动指南

创业者要想实现理想、施展抱负，离不开各方面的支持，商业计划书就是对企业的各个方面进行筹划和安排，从而取得所需要的帮助。一份合理的商业计划书，是对企业未来经营的构想，可以使创业者少走弯路，节约时间和精力，从而更有效地实现预期目标。

第二节　商业计划书的编制

一、编制商业计划书的基本原则

一份好的商业计划书必须呈现竞争优势与投资者的利益，同时也要具体可行，并提出尽可能多的客观数据加以佐证。其具体的编写过程应把握以下原则。

(一)客观实际原则

要编制一份较为完善的商业计划书，需要创业者收集和利用大量的信息，并对所有的信息进行综合分析，尤其是财务规划要尽量客观、实际，切勿凭自己的主观意愿进行估计。撰写商业计划书之前要做充分的市场调研工作，为撰写提供真实可靠的依据，语言要客观公正，尽量用真实准确的数据说话，以提高商业计划书的可信度和说服力。

(二)文字精练原则

一份有效的商业计划书，应尽可能地简短明了。商业计划书应该避免出现那些与主题无关的内容，要开门见山、直入主题并清晰明了地把自己的观点亮出来。风险投资家没有时间，也不愿意花过多的时间来阅读一些对他来说毫无意义的东西。商业计划书文字精练，观点明确，较容易引起投资者的注意和兴趣，从而提高融资成功的概率。

(三)展示优势原则

编写商业计划书的重要目的之一是为投资人或贷款方提供决策依据，从而获得融资。因此，商业计划书中应呈现出具体的竞争优势，显示出经营者创造利润的强烈愿望，并明确指出投资者预期的报酬。但同时也应该详细地说明在投资过程中可能会遇到的风险或威胁，不能只强调优势和机遇而忽略潜在的不足与风险。

(四)内容完整原则

一份好的商业计划书应尽可能地充实完善，为投资者展示一个完整的企业发展蓝图。通常一份完整的商业计划书应该包括计划摘要、公司简介、市场分析、竞争分析、产品服务、市场营销、财务计划、风险分析、内部管理、附件资料等内容。

(五)前后一致原则

商业计划书要简洁明了、系统完整，包括商业经营的各项策略要领，要尽量提供各项资讯及佐证资料，并使预估与论证相互呼应、前后一致，具有较强的逻辑性。如果商业计划书是由几个人分工完成的，初稿完成后，必须由一个人负责最后的编辑和定稿，对初稿内容进行整合，避免商业计划书整体风格不一致，给投资者留下不好的印象。

二、商业计划书的基本内容

不同的人对商业计划书的编制有着不同的见解。尽管如此，大多数人都认为商业计划书应该包括一些最基本的内容。

(一)计划摘要

计划摘要是对整个商业计划高度的概括，用凝练的语言，浓缩计划书的精华。计划摘要是引路人，一般要在后面所有内容编制完毕后，再把结论性内容摘录于此，以求使用者一目了然，在短时间内给使用者留下深刻印象。许多时候，投资人都是先浏览企业的计划摘要，认为计划可行时才会索要企业的整个商业计划书副本。因此，计划摘要如同推销产品的广告，编制人要反复推敲，力求精益求精，形式完美，语句清晰流畅而富有感染力，以引起投资人阅读商业计划书全文的兴趣，特别要详细说明自身企业的不同之处以及企业获取成功的市场因素。

需要注意以下两点：第一，计划摘要虽然是商业计划书第一页的内容，但其并非商业计划书的引言或前言，而是整个计划书的精华和灵魂，在撰写顺序上，是写完整个商业计划，再在其基础上提炼概括。第二，在撰写计划摘要时，要按照整个商业计划书的顺序把每个部分都概括，缺一不可，尽量顺序一致。计划摘要一般1～2页即可。

有专家建议，如果撰写商业计划书是为了筹集资金，则不妨在计划摘要中明确拟出计划筹集的资金数额、比例及性质，这样会更吸引投资者的关注，显得很有诚意，从而也更容易获得帮助。

(二)企业概况

企业概况是新创企业或者创业团队拟定企业总体情况的介绍。它明确地阐述了创业背景和发展的立足点，是任何领域的商业计划书都不可缺少的关键要素。企业概况的主要内容应该包括以下几个方面。

1. 简介

企业描述从简介开始，包括企业的名称，企业拥有的商标、品牌，创业原因和企业的基本信息，如创建者的姓名、企业的地址、联系方式等。

2. 企业愿景、使命和价值观

企业愿景(corporate vision)，是企业战略家对企业前景和发展方向一个高度概括的描述，是对企业未来发展方向的一种期望、一种预测、一种定位。企业愿景不只专属于企业负责人所有，企业内部每位成员都应参与构思，由团队讨论，获得组织成员的共识，从而形成大家愿意全力以赴的未来方向，唯有这样，才能使得企业愿景更有价值，使企业更有竞争力。

企业使命(corporate mission)，是企业在社会经济发展中所应担当的角色和责任，是指企业的根本性质和存在的理由，说明企业的经营领域、经营思想，为企业目标的确立与战略的制定提供依据。企业在制定战略之前，必须先确定企业使命。

企业价值观(corporate values)，是企业在追求经营成功过程中所推崇的基本信念和奉行的目标。简而言之，企业的价值观就是企业决策者对企业性质、目标、经营方式的取向所作出的选择，是为员工所接受的共同观念。

为了便于理解，给大家列示了几大著名公司的愿景、使命、价值观，如表8-2所示。

表8-2　几大著名公司的愿景、使命、价值观一览表

公　司	愿　景	使　命	价值观
苹果公司	让每人拥有一台计算机	借推广公平的资料使用惯例，建立用户对互联网之信任和信心	提供大众强大的计算能力

续表

公　司	愿　景	使　命	价值观
迪士尼公司	使人们过得快活	成为全球超级娱乐公司	极注重一致性和细节刻画；通过创造性、梦幻和大胆的想象不断取得进步；严格控制、努力保持迪士尼“魔力”的形象
福特公司	成为全球领先的提供汽车产品和服务的消费品公司	汽车要进入家庭，献身于为全世界人民提供个人活动能力的事业	客户满意至上，生产大多数人买得起的汽车
华为公司	聚焦客户关注的挑战和压力，提供有竞争力的通信解决方案和服务，持续为客户创造最大价值	丰富人们的沟通和生活	核心价值观蕴涵在华为公司的愿景、使命和战略中
中国移动	创无限通信世界，做信息社会栋梁	成为卓越品质的创造者	正德厚生、臻于至善

以上是一些成功大企业的愿景、使命和核心价值观，对于初创企业来说，可能还没有长时间的积累和沉淀来形成企业文化。但是对于一个初创企业的商业计划书，在这一部分应该要说明企业目标和企业定位，比如：企业的性质、经营理念、财务目标、市场目标、企业文化、企业形象等。初创企业在这一部分还要说明企业的行业选择、业务范围和经营思路等。

3. 企业的法律形式

商业计划书中要明确说明企业是有限责任公司、个人独资企业还是合伙企业等其他的法律形式，还要说明企业的所有权分配情况、注册资金等潜在投资人认为重要的情况。

4. 产品和服务

产品和服务应该简要写明产品的技术、特点和服务的种类，公司产品的专利性质，今后公司打算研发的产品情况和打算开拓的服务领域等。

5. 财务状况

要简单介绍一下企业目前的资金状况、来源，需要筹集的资金数额、比例、性质等，还需要介绍一下企业的财务人员和责任。

(三)产品和服务介绍

投资人最关心的问题之一就是企业的产品、技术或服务能否以及在多大程度上解决现实生活中的问题。或者，企业的产品(服务)能否帮助顾客节约开支、增加收入，这是市场销售业绩的基础。在这一部分，要对产品(服务)作出详细说明，说明要准确，还要通俗易懂，使非专业人员的投资者也能明白。这一部分的主要内容就是要回答以下问题：所研发的新产品或者新服务的基本价值是什么？即这个项目的价值体现在哪里？新产品或服务的受益群体的痛点在哪里？新产品或服务解决了人们哪些问题？

(四)行业和市场分析

必须要明确的是，在做商业计划书时，行业分析在市场分析的前面进行。这是因为行业分析在逻辑上位于目标市场分析和市场营销战略分析之前。对于初创企业来说，在没有进行更广泛的行业分析之前，就谈论企业打算进入某个目标市场是不切实际的，就好像还没有打好地基，就直接在地面上盖摩天大厦一般。企业的目标市场是行业的一小部分，是企业在特定的时间里追逐和吸引消费者注意力的那部分市场。创业者容易犯的错误是，没有把时间和精力关注在整个行业，而是只致力于更好地服务于某个专门的细分市场。但实际上，区分行业分析和目标市场分析都相当重要，缺一不可。

1. 行业分析

行业分析可以从以下几个方面进行。

(1) 简要说明企业所涉及的行业。如果企业涉及两个或多个行业，则在商业计划书中都要分别进行说明。

(2) 说明该行业的现状如何。这一部分尽可能用数字、图表等数学方法来展示所要传达的信息，如行业销售额、本行业的企业数目和从业人数、行业增长率、销售百分比等。要尽可能多地提供本地区和当地的信息，还要避免只提供相关产业的积极信息，这样不仅可以提高商业计划的可信度，还可以增加潜在投资者对企业的好感。

(3) 该行业的特征有哪些。这包括产业结构和竞争格局。只有认清了本行业的基本特征、竞争状况才能了解本行业的现实情况，找到企业的发展方向，锁定企业的目标市场。

(4) 该行业的发展趋势和前景。在预测行业的发展趋势时，不仅要考虑到微观的行业环境变化和本行业的技术发展，还要考虑整个行业乃至整个社会经济的发展状况，并在此基础上对行业的前景做简短的说明和预测。

2. 市场分析

在商业计划书中，行业分析之后通常是市场分析。行业分析关注的是企业所涉及的商业领域(如食品市场、女装市场、高科技产业等)，而市场分析是将产业细分，并瞄准企业所涉及的具体细分市场。市场分析要从以下几方面进行。

(1) 市场细分和目标市场选择。市场细分和目标市场选择是在商业计划行业分析的基础上，找到企业具体的目标市场，它可以是一个细分市场，有时也可以是两个或者多个，在做商业计划书时，要对每一个细分市场都进行分析和说明。这一部分创业者最好用一目了然的方法，比如图表或者数字，让读者明白在整个产业中目标市场是哪里，为什么要这样选择。

(2) 购买者行为。购买者行为就是专门对目标市场的消费者进行分析。只有对目标市场的消费者越了解，提供的产品和服务才越能满足他们的需求。在商业计划书中，这一部分可以用调查问卷的形式对购买者行为进行分析。

(3) 竞争者分析。竞争者分析就是对企业所面临竞争的详细分析，这有助于了解竞争对手所处的位置，掌握企业在一个或多个领域获得竞争优势的机会。在商业计划书中，这一部分可以用管理学中的一些方法对竞争者进行识别和分析。

(4) 销售额和市场份额预测。商业计划中市场分析的最后是销售额和市场份额的预测。有的商业计划中将这一部分放在了财务计划中进行分析。不管在商业计划的哪一部分进行展示，其核心都是怎样对企业的销售额和市场份额进行预测。可以提供几个办法给大家。第一种是联系行业中的相关行业协会，看他们有没有相关的销售数据。第二种是寻找一个可比企业，参考可比企业的销售数据，当然前提是可比企业愿意分享相关信息。第三种是通过网络、报纸、杂志等找到有关所在行业内企业的文章，并从中找到相关数据。第四种是运用乘数法计算得出一个合理的结果。就是我们通常要估计产品用户总数、顾客支付的平均价格，以及可获得的市场份额来进行估算。当然，在商业计划的实际操作中，以上方法并不是单独使用的，而是几种方法结合在一起使用。

(五)市场营销策略

商业计划书的市场分析部分与市场营销部分的区别是：市场分析的重点在于描述企业的目标市场，顾客、竞争者，潜在销售额和市场份额；而市场营销策略的重点在于介绍有助于企业销售产品的典型营销职能。它主要包括以下几项。

(1) 总体营销策略。简单介绍企业为销售其产品和服务所采用的总体方法。

(2) 定价策略。这里要交代企业如何给产品和服务定价，主要有成本定价法和价值定价法。

(3) 渠道与销售策略。渠道与销售策略是要说明企业的产品和服务如何从生产者到达消费者手中，也就是由谁来完成销售，是通过中间商还是培育自己的销售力量。

(4) 促销策略。促销策略是企业打算具体用什么方法来销售自己的产品和服务。一般来说，促销方式有四种：广告、公共关系、人员推销和营业推广。在实际操作中，以上几种促销方式都是结合使用的，所以又称促销组合策略。

(六)生产和运营计划

生产和运营计划旨在使投资者了解产品的生产经营状况。这一部分应尽可能把新产品的生产制造及经营过程展示给投资者。同时，为了增大企业的评估价值，企业家应尽量使生产制造计划更加详细、真实，让投资者明白创业者已经掌握了开办和经营企业的所有细节。

(七)管理团队介绍

这一部分主要介绍企业的管理团队和企业结构。对一些重要材料，如关键人员的简历，应当置于整个商业计划书的附录中。

(1) 管理团队。投资者非常看重管理团队。这部分主要是向投资者展示管理团队的分工、人事安排和管理团队的所有权及其分配，以增强投资信心。

(2) 公司结构。这一部分要介绍公司目前的组织结构，以及公司不断成长发展壮大后，公司的组织结构将会怎样。组织结构图是最有效的展示方法。

(八)财务分析与预测

这部分包括企业目前的财务状况分析和今后的发展预测，以及详细的投资计划，旨在使投资者据此判断企业未来经营的财务状况，进而判断其投资能否获得理想的回报，因而它是决定投资决策的关键因素之一。报表是财务分析最有利的工具，因此预计的财务报表是商业计划书中财务分析的核心内容。其具体内容有：资金明细表、预计利润表、预计资产负债表、预计现金流量表。

(九)风险分析

向投资者分析企业可能面临的各种风险隐患、风险的大小以及融资者将采取何种措施来降低或防范风险增加收益等。

融资者最好采取客观的态度，不能因为风险发生的可能性小而忽略不计，也不能为了增大获得投资的机会而故意缩小、隐瞒风险因素，应该对企业所面临的各种风险都认真地加以分析，并针对每一种可能发生的风险提出相应的防范措施，这样才能取得投资者的信任。

(十)退出策略

任何企业发展到一定阶段，都存在创业者与投资人退出和投资回报的问题。这一部分需要描述创业者如何被取代，以及投资者退出策略，即他们如何收获由于资助创业企业所带来的利益。例如，出售业务、与其他企业合并、IPO，或者其他的重新募集资金的事件，使得其所有者和投资人都有机会套现先前的投资。

三、商业计划书的编制步骤

完成商业计划书的编制，创业者需要进行精心地准备和构思、耐心细致地撰写、不断地修改完善。具体来说，商业计划书的编制应该遵循以下步骤。

(一)经验积累

大学生创业者通常缺乏相关经验，因此在进行商业计划书编制之前，首先应该通过专业学习、社会实践、市场调查、专家访谈等多种方式广泛学习创业所需知识，掌握相关创业技能，为创业实践积累一定的经验。

(二)创业构想

在积累了一定的经验之后，大学生创业者还需进一步针对自己的创业项目进行深度思考，从创业准备、项目的整个运作过程、创业后的市场预期和偿债能力预期等多个方面进行综合考虑，从而做到对整个项目的运作了然于胸。

(三)市场调研与信息收集

在进行商业计划书撰写之前，创业者还需要利用市场调研进一步确定市场需求和市场前景预测，从而保证创业项目的可行性和可持续性。同时，要着手搜集商业计划书编制过程中可能用到的相关资料。

(四)撰写商业计划书

商业计划书的编写一般要经过三个阶段：首先，要厘清思路，编制商业计划书摘要；其次，对商业计划书基本内容中的每一个要点进行详细分析，形成商业计划书的初稿；最后，进一步地修改、完善。可以聘请专业导师或其他未参与商业计划书撰写工作的相关人员阅读商业计划书内容，充分考虑他们的建议，修改计划书。同时，还需要注意编写商业计划书的一个主要目的是从外界筹资。而风险投资家是否会参与创业者的创业活动，则取决于他们对创业者的商业计划书的评估。因此，在进一步完善商业计划书时，应该充分考虑到风险投资家吹毛求疵的心理，挑出不符合投资者利益的地方，尽可能地进行修正。在修改过程中，要使整个计划书的主旨始终保持一致，能够清楚地表达创业者的创业思路。

(五)编制内容审核

在完成了整个商业计划书的撰写之后，还应该进一步对其内容进行仔细审核。商业计划书的编制包含公司的多项信息，有些信息之间实际上是存在钩稽关系的。比如销售和产能之间，市场总量、市场占有率和销售量之间都存在着逻辑上的对应关系。对于商业计划书中涉及的这类信息，编制人需要对信息逐一审核，避免发生信息内容前后自相矛盾、信息内容存在明显错误等情况。

四、商业计划书的编制技巧

编制商业计划书除了要掌握编制的原则、内容及步骤之外，还需要了解一些编制技巧，从而提高商业计划书的可读性和吸引力。掌握一些商业计划书的编制技巧，不仅可以使商业计划书更具可读性，还可以提高企业融资成功的概率。

(一)简洁易懂，直切主题

一份完整商业计划书的页数最好控制在 25～35 页，语言应简明易懂，尽量让外行人士也能看懂，同时要避免与主题无关的内容，最好开门见山直接切入主题。

(二)条理清晰，详略得当，重点突出

条理清晰的结构是成功的商业计划书最吸引投资者的部分，清楚的结构布局可以使投资者快速找到他们感兴趣的要点，提高其阅读兴趣。另外，不同的阅读对象对商业项目的关注要点不一样，所以撰写商业计划书时不能套用固定模板，而应该根据不同的阅读对象进行动态调整，突出重点，尽可能将投资者想看的内容清晰地呈现在他们眼前。

(三)尽可能将计划摘要做得出色

商业计划书的摘要相当于一本书的封面，出色的计划摘要可以提高整份商业计划书的

吸引力，激起投资者的兴趣。

(四)注意格式和细节

在阅读之前，商业计划书的装订与外观是给人的第一印象，所以一方面看上去要比较讲究，另一方面又不能给人奢华浪费的印象。不要过度使用文字处理工具，比如粗体字、斜体字、字体大小颜色等，否则会给人留下不够专业的印象。在商业计划的细节上，更要体现创业团队的素质，如在商业计划书的封面和每一页的页眉或页脚上都印刷上设计精美的企业 LOGO，会体现出设计者的用心，同时给人留下美好的印象。

(五)充分展示团队队伍

对于投资者来说，商业计划书最重要的部分之一就是创业团队介绍，所以应该对其进行详细介绍，首先可以介绍整个团队成员的构成及其各自的职责，然后再详细介绍每一位成员特有的才能和他们对公司作出的贡献。

(六)尽量使用第三人称编写

相对于频繁使用“我”“我们”来说，使用第三人称“他”“他们”“他们的”具有更好的效果，这样会给投资人更专业和更客观的印象。

(七)借助外力完善商业计划书

商业计划书草稿完成并获团队全体成员一致通过以后，可以交给专业顾问或咨询师进行修改或润色。因为他们有与投资者、银行或证券所打交道的丰富经验，对商业计划的内容该如何陈述十分清楚，他们的修改建议将使商业计划书更加完善。

(八)阅读他人的商业计划书

阅读他人商业计划书可以在一定程度上帮助创业者提高自己的写作能力，在编制商业计划书之前，阅读十几份他人的商业计划书能起到很大的帮助作用。

(九)不断检查修正

好的商业计划书的秘诀在于不断地修改，很少有人能够一气呵成。在修改过程中，应该认真征求创业团队以外人士及专业顾问的意见，以增强商业计划书的可读性和规范性。

小贴士

商业计划书的十二个误区

过分的保密条款以及对不泄密协议的痴迷。一些硬邦邦的法律文书令人相当不愉快。如果创业者如此不信任，那应该到其他地方寻求资金支持。

过于技术性的文件。商业计划书应该以普通人的口吻来撰写，并避免使用专业术语和无休止的缩写。

焦点不够清晰。覆盖范围太大的商业计划书和试图同时做太多事情的公司是无法吸引投资者的。成功的创业者一般将注意力集中在一个有限的市场和产品线上。

荒谬的估值。估值应该基于投资者真正支付金额的合理估算。

个人经历。这些内容应该是诚实和完整的。它们可能是整个方案中最重要的一部分。模糊或过于简短的简历会使投资者产生怀疑。

数字。这是关键之处。数字应该在一开始就以一种简单的形式出现。融资要求、预期回报率和现金流预测这些数字必须具有吸引力。

竞争。一个可靠的商业计划书含有很多关于竞争对手的详细情况，以及为什么这项方案具有真正的竞争优势。

不要期望完美的陈述。如果一个投资者找的是没有缺点的商业计划书，那他将永远没有投资对象。投资者比较喜欢已有问题的交易，因为这样的话，问题就可以得到解决。

巨大的附录和过多的数据表。如果投资者真的对方案感兴趣，那所有的参考证据和背景材料都可以随后奉上，别让这些材料喧宾夺主。

让其他人执笔计划书。顾问撰写的计划书和创业者的文笔有着明显区别，它缺乏真实性。一定要请专家帮忙，但是要在自己完成了商业计划书草稿之后。

确保计划书有电子版。拿到他们的电邮地址，然后在网上寄出方案的基本要点即可。

难以置信的利润和回报。声称公司将很快达到 35%的营运利润率和 100%的资本回报率，这样的计划书是不诚信的。带着现实和保守的态度，才能使投资者认真对待。

(资料来源：根据“李碧波. 商业计划书的 12 大误区 [EB/OL].http://www.cyzone.cn/a/20110124/183703.html.”整理.)

第三节 商业计划的推介

商业计划书很重要，是投资人对创业项目的初步判断，也是进行商业计划推介的最重要支撑材料。早期阶段的创业公司想要拿到融资，就必须要通过成功的商业计划推介吸引到投资人。要想达到推介的目标和效果，除了项目本身之外，创业者还必须掌握一些商业推介的方法和技巧。

一、商业计划的推介方法

(一)从创业者出发，拓宽推介途径

通过多种多样行之有效的推介途径，投资者和创业者之间可以达到共赢的目标，收到良好效果。作为大学生创业者，拓宽推介途径可采取的手段有以下几种。

(1) 参加招商会议，与投资者积极接触，使更多投资者了解创业项目的优势，从而将商业计划更好地推介出去。

(2) 通过中介机构和中介人牵线搭桥，将自己的创业项目推介出去。

(3) 在网络上加大推广力度，微信推送和微博推广等都有助于推广与介绍企业优势，而且通过网络大大提升了与投资人联系交流的效率。

(4) 参加各种形式的创新创业大赛，目前各种各样的创业大赛层出不穷，参加各种形式的比赛，不失为一种推介商业计划的好方法。

(二)于投资人处落脚，形成推介特色

再周详的商业计划书，只有推介到投资人手上，才有可能获得理想的融资。而找到契合投资人的推介方法才能吸引到合适的投资人。一般情况下，投资人分为以下几类。

(1) 首先是专业的投资公司。这类投资在西方比较普遍，随着企业的国际化和跨国公司的发展，资金需求量也随之越变越大，专业的投资公司在国际上应运而生。而中国加入WTO之后，也涌现出越来越多这样的投资公司。

(2) 其次是规模较小的投资基金。即只有公司雏形，规模较小，资金较少。尽管也是专业投资，但其资金财力逊于专业投资公司，所以其投入的资金额一般来说没有专业投资公司大，当然他的投资风险也相对较小。

(3) 除此之外需要关注非正式投资人，即某些具有雄厚财力的个人或群体。他们并不是在等待投资机会，而是被动地参与投资行动。

这里再给大家一个小小的提醒：一般来说，非正式投资人的资金规模相对较小，但是对于创业企业来说，是较理想的争取对象。

二、商业计划的推介技巧

(一)基本技巧

1. 推介内容准备

创业者要认真准备推介内容。针对不同的推介对象，推介内容的重点可以有所有不同。创业者在做创业计划推介准备时，要注意训练自己言简意赅的表达能力，训练自己用一分钟来表达、阐述创业企业的性质与职能。

2. 演示商业计划

企业的目标市场、竞争等各方面的情况创业者可能已经在平时做过了很多功课，但是如何利用好手中的幻灯片，把投资者感兴趣的内容讲出来，是创业者在推介项目时最关心的。幻灯片并不是要代替创业者向人们展示商业计划，创业者和创业团队才是关键。幻灯片的作用只是提供一个总体的框架和强调创业者发言内容的重点。因此幻灯片应该简明扼要，只包含主要标题和一些解释性语句即可。表 8-3 所示是一份商业计划的幻灯片范例。

当然，以上只是一个推介商业计划幻灯片的简单模板，可以根据不同的需要自行调整。

3. 路演答辩技巧

演讲的第一条注意事项就是严格控制时间。如果是半个小时的发言时间，最后 5 分钟用来提问，那么就必须在 25 分钟之内结束演讲，不能超时。演讲时着装要得体，如果不确定自己到底该选择怎样的衣服，可以打电话咨询一下着装事宜。尽可能多地了解演讲场

地的情况，尽量避免因不熟悉场地或紧张而引起项目介绍找不到重点、材料和演示工具准备不足、时间把握不好等问题。在演讲前，最好多带几份商业计划书备用，因为也许有听众是初次听计划，他很感兴趣，那么势必要看整份商业计划书。

表 8-3 商业计划幻灯片范例

幻灯片	关键内容	内容解释
封面	企业名称、创始人姓名	创始人的联系方式，演讲的日期，对听众表示感谢
第一张	概述	对产品和服务的简要介绍，演讲要点简介，该项目预计收益(社会收益、经济收益)
第二张	问题	说明亟待解决的问题是什么(顾客的痛点在哪里)？有多严重？最好能用实证的方法(数字)说明
第三张	解决办法	说明公司的解决方案是什么？最好能用实证的方法(数字)说明
第四张	行业和目标市场	说明本行业的现状，明确指出企业的目标市场在哪里
第五张	产品或服务(技术)	介绍企业的产品或服务，指出其与别人的独特之处
第六张	竞争	说明本企业直接、间接和未来竞争者，展示本企业的竞争优势
第七张	营销策略	简要说明企业的总体营销策略，具体解释产品的价格、渠道和促销组合
第八张	管理团队	介绍团队中每个人的背景、专长和在企业中发挥的关键作用
第九张	财务分析	说明未来企业的收入规划和现金流规划
第十张	资本需求、风险分析	说明企业的资金情况和融资需求，介绍企业可能遇到的风险和应对措施
第十一张	总结	总结企业和团队最大的优势，介绍企业的退出战略

4. 个人状态及演说技巧

在向投资者推介自己的创业项目时，要表现出自信积极的个人心态，展现出对自己项目的信心和愿意为项目付出的巨大努力的准备。在个人演讲时要精准地把控语速和时间，争取在最短的时间内讲出最有价值的内容。最后，演讲的内容要准确，特别是其中一些分析性内容。回答投资者的问题要记着“四不要”：不要啰里啰唆；不要软弱回避；不要针锋相对；不要语无伦次，前言不搭后语。

5. 反复练习

反复演练，控制时间。激情、气场、语速、语调、手势动作等演讲基础技巧要勤加练习，把演讲内容烂熟于心。在创业团队面前进行试讲，让他们帮忙计时，反馈演讲效果并及时改进。

6. 注意语言模式

大部分人都不是天生的演讲家，可是控制语速能让创业者讲解得更清晰。控制语速可以减少犯错误，如果感觉语速很慢，但是对听众来说可能是语速恰到好处。少用形容词，用故事叙述。不要把问题说得太抽象，用翔实的数据、具体的事例和故事进行讲述，展示清晰的故事叙述能力。

(二)进阶技巧

1. 运用数据支持

运用数据，明确告诉投资者企业的目标用户是谁、项目将会怎么做、为什么在同行业中比其他创业者更优秀，同时再给投资者提供一份详细准确的财务预测。虽然说数据略显枯燥，但是大家要记住，数据才是最准确、最吸引人的描述。

2. 表露个人素质

投资人首先需要创业者有聆听别人的能力，如果创业者听不进别人的意见，在推介自己的计划书和项目时只顾自己而不顾投资人的感受，这样创业者和创业者的项目都很难受到投资者的青睐。同时，创业者需要诚实地回答投资人的问题，不要偷奸耍滑，要让投资人觉得创业者是可以信任的。

3. 捕捉投资者的兴趣

在推介商业计划之前，创业团队应该了解投资者的喜好，尽量多搜集内部信息。比如，他们有自己的公众号吗？有博客吗？他们是关注长远目标还是关注当前的财务状况？他们关注创业者的什么特质等。再如，有资料显示，关注 IT 的投资者一般喜欢新产品和新服务。因此，我们要尽量了解投资者的兴趣，如果能在推介时利用好这些，可以给投资人留下深刻印象。如果创业团队在推介前无法得到这些信息，那么在推介过程中要注意观察，并及时作出调整。

4. 准备回答最刁钻的问题

在推介商业计划时，精明的投资者往往会提出各种比较刁钻的问题。在推介之前，创业团队最好就可能被问的问题提前做准备，尽量避免措手不及。但是如果投资者提出的问题真的是创业团队没有想到或没有妥善解决的问题，不要担心，只要记住一点：诚实回答即可。诚实是企业家最重要的品质之一，如果搪塞糊弄则可能会让之前留下的良好印象大打折扣。

本章小结

(1) 商业计划书的目的和用途有很多，但是商业计划书所涉及的对象有三类，即创业团队内部、潜在的投资者等创业团队外部和其他相关者三个群体。

(2) 虽然针对不同的读者，商业计划书的形式有所不同，但是商业计划还是要包括计划摘要、企业概况、产品服务介绍、行业市场分析、市场营销策略、生产情况分析(运营计划)、管理团队介绍、财务分析预测、风险分析和退出策略等几个部分。

(3) 商业计划书最主要的目的之一是要引起投资人的注意，从而获得投资，所以我们一定要记住商业推介的方式、方法和技巧都是为这个目的服务的。

实训案例

一页纸计划书

基本案情:

河北创业者李鹏的发酵罐气流能量回收项目在一次风投会上，引起了风投者的兴趣。风投人员和李鹏交流了半个多小时。究其原因，是李鹏的一份一页纸计划书吸引了风投者的目光。

公司简介：公司成立于2005年8月，主管节能节电业务，拥有自己的技术与知识产权，包括电机节电器技术、发酵罐排放气流压差发电等多项专利。

项目简介："发酵罐排放气流压差发电与能量回收"装置。发酵罐是药厂与化工企业普遍使用的生产工具，用量非常大。因生产需要，发酵罐前端需要压气机给罐内压气，压气机功率一般在2000～10 000kW，必须24小时运转，每年电费在900万～4000万元，若要满足发酵罐生产，就需要多台压气机同时工作。所以，压气机耗电通常在这些企业的费用支出中占有很大一部分比重。此外，经发酵罐排放的气流仍含有大量的压力能，大部分浪费在减压阀上。若安装我公司研制的"发酵罐排放气流压差发电与能量回收"装置，可以回收压气机耗费电能的1/3左右。

同行简介：目前该技术国际统称TRT，应用于钢厂的高炉煤气压力能量回收。主要的供货商有日本的川崎重工、三井造船，德国的GHH、国内的陕西鼓风机厂。年销售额达到20亿元以上。

进展简介：此项目关键技术成熟并已经掌握，我公司已与某制药集团达成购买试装与推广协议。项目完成时，预计可以在该集团完成5000万元以上的销售。

优势简介:

(1) 公司已申请该项目的多项专利。

(2) 市场中先行一步，属市场空白阶段。

(3) 符合国家产业政策，该项目属于节能减排项目，原国家总理温家宝同志亲自担任节能减排小组组长，要求各地政府落实节能减排指标。

(4) 各地方政府有节能奖励，如三电办有1/3的投资补贴，制药集团可获得约1600万元的政府补贴。

用户利益:

(1) 若全部安装该装置，一年可以节约电费3000万～36 000万元，收回投资少于两年。

(2) 设备寿命在30年以上，可以为用户创造投资15倍以上价值。

(3) 降低原有噪声20dB以上，符合环保要求。

(资料来源：李伟，张世辉. 创新创业教程[M]. 北京：清华大学出版社，2015.)

案例点评:

李鹏的项目能吸引风投者的目光，他的"一页纸计划书"起到了巨大的作用。由此可以看出商业计划书，尤其是计划摘要的重要性。

思考讨论题：

1. 商业计划书，尤其是计划摘要的重要性是什么？
2. 计划摘要应如何撰写？

实训课堂

张华的商业计划

基本案情：

张华原毕业于某名牌大学，经过多年的业余研究，他在室内环境污染治理方面取得了一项重要突破，这项技术如果在实际中得到应用，前景非常广阔。于是，张华辞去原来的工作，准备自己创业。但若干年的积蓄都用在了室内环境污染治理的研究上，在七拼八凑注册了一家公司后，他已经无力再招聘员工、购买实验材料了。无奈之下，张华想到了风险投资基金，希望通过引入合作伙伴的方式解决困境。为此，他写了一份简单的商业计划书，与一些风险投资机构或个人投资者接洽商谈，虽然张华反复强调他的技术多么先进、应用前景多好，但计划书中总数据没有提供，如市场需求量具体有多少？一年可以有多大的销售量？投资后年回报率有多高？就连招聘一些技术骨干都比较困难，这些人总是对公司的前景缺乏信心。这时，曾经在张华注册公司时帮助过他的一位做管理咨询的朋友一句话点醒了他："你的那些技术有几个投资者搞得懂？你的商业计划书里什么都没有，怎么让别人相信你？投资者凭什么相信你？"

于是，在向相关专家请教咨询后，张华又查阅了大量的资料，然后静下心来，从公司的经营宗旨、战略目标出发，对公司的技术、产品、市场销售、资金需求、财务指标、投资收益、投资者的退出等方面进行了分析和论证，很快拿出了一份详细的商业计划书，经过几位相关专家的指点，再次进行了修改和完善。凭着这份出色的商业计划书，张华不久就与一家风险投资公司达成了投资协议，有了风险投资的支持，员工招聘问题也迎刃而解。现在，张华的公司经营得红红火火，年销售利润已达到 500 万元，回想往事，张华感慨地说："商业计划书的编制与我搞的环境污染治理材料要求差不多，绝不是随便写一篇文章的事。编制计划书的过程就是我不断厘清自己思路的过程。只有自己思路清楚了，才有可能让投资人、员工相信你。"

(资料来源：根据"百度文库. 创业计划书的制定.https://wenku.baidu.com//view/整理.)

思考讨论题：

1. 商业计划书编制的原则有哪些？
2. 商业计划书应包括哪些内容？

分析要点：

1. 明确商业计划目的之一是引起投资人的注意。编制商业计划有几个原则，其中之一是叙述的简洁性和通俗性，即应尽量避免过多地使用专业术语以致读者看不懂。

2. 明确商业计划的内容有哪些。

复习思考题

一、基本概念

商业计划书　计划摘要　行业、市场分析　市场营销策略

二、判断题(正确的画“√”，错误的画“×”)

1. 商业计划书合适的篇幅一般为 25～35 页，包括附录在内，但是为了详细展示计划书的内容，计划书越长越好。（　）

2. 商业计划书中应当明确指出投资中可能遇到的风险或威胁，不能只突出强调优势和机遇而忽视潜在的不足与风险。（　）

三、单项选择题

1. 下列(　　)不应该出现在商业计划的第一页。

A. 介绍公司名字　　B. 创建者名字

C. 公司图标　　D. 机会与目标市场

2. 商业计划应该呈现的内容是(　　)。

A. 市场存在的问题和解决问题的方案

B. 产品的用户群、竞争力、市场前景、亮点

C. 财务分析和团队介绍

D. 以上都是

四、简答题

1. 什么是商业计划书？
2. 商业计划书的目的和用途是什么？
3. 商业计划书的内容是什么？
4. 商业计划推介的方法有什么？
5. 商业计划推介的技巧有哪些？

阅读推荐与网络链接

[1] 中国大学生创业网，http://chinadxscy.csu.edu.cn/.
[2] 胡海波. 创业计划[M]. 厦门：厦门大学出版社，2011.
[3] 石冬喜. 创新创业指导[M]. 西安：西安交通大学出版社，2016.
[4] 蔡剑，吴戈，王陈慧子. 创业基础与创新实践[M]. 北京：北京大学出版社，2015.
[5] 布鲁斯・R. 巴林杰(Barringer, B. R). 创业计划书：从创意到方案[M]. 陈忠卫，等，译. 北京：机械工业出版社，2016.
[6] 张玉华，王周伟. 创业基础[M]. 北京：清华大学出版社，2014.

[7] 张玉利，薛红志，陈寒松，等. 创业管理[M]. 北京：机械工业出版社，2016.
[8] 李家华. 创业基础[M]. 北京：清华大学出版社，2013.
[9] 阿玛尔·毕海德，等. 创业精神[M]. 北京新华信商业风险管理有限责任公司，译校. 北京：中国人民大学出版社，2000.
[10] 李成钢. 创新创业基础[M]. 北京：中国纺织出版社，2019.
[11] 创业邦，http://www.cyzone.cn/.
[12] 全国大学生创业服务网，http://cy.ncss.org.cn/.

随身课堂

商业计划书的编写.PPTX　　编制商业计划.MP4　　商业计划书.MP4　　商业计划推介.MP4

第九章　社会企业创业

学习要点及目标

- 了解社会企业的概念和特征。
- 重点掌握产生社会企业的设计思维方法。
- 了解中国社会企业的形态及法律环境。

核心概念

社会企业　设计思维

引导案例

乡村银行

在美国范德堡(Vanderbilt)大学取得经济学博士学位之后，穆罕默德·尤努斯(Muhammad Yunus)回到母校成为经济学教授。1974 年，孟加拉国发生严重饥荒，他开始寻找解决饥饿与贫困的对策，到村庄里试验高产种植的办法。1976 年，在一次乡村调查中他带领着学生去附近的乔布拉村调研，当时孟加拉国刚刚独立不久，大多数国民还在贫困中挣扎，调研中尤努斯认识了 21 岁的苏菲娅，她是一个有着 3 个孩子的母亲。苏菲娅靠制作竹椅养活全家，尽管她制作出的竹器非常精美，但一天仅能赚 2 美分。因为没钱买原料，她只能每天从中间商那里借 25 美分购买原料，再按照规定的价格把成品卖给中间商。尤努斯注意到，她的劳动几乎是一无所获，钱都被中间商赚走了。尤努斯列了一张和苏菲娅处于相似处境的人的名单，一共有 42 个名字，能使他们从高利贷漩涡中挣扎出来的金额仅仅需要 27 美元。尤努斯深感震惊，“我们在课堂上讨论经济发展，所接触的都是动辄投资上百万美元的项目。但我实际上看到的是，人们急需的不是这百万美元，他们只需要很小很小一笔钱。”于是，尤努斯自己掏出了 27 美元，村民们如同遭遇奇迹一般欢天喜地地接受了。“如果可以用这么少的钱让大家这么欢喜，为什么不为他们做得更多，为什么不为更多的人做得更多？”尤努斯首先想到自己可以成为连接穷人们和银行的纽带，所以他跑到银行恳求银行家们借钱给这些穷人们。银行家们向尤努斯解释，银行不能贷款给穷人，因为穷人没有信用。在尤努斯长达 6 个月的努力下，银行勉强同意在尤努斯做担保人的情况下将钱贷出。结果，这些穷人用这为数不多的贷款，精打细算，苦心经营，普遍增加了收入，而且还按要求偿还了贷款和利息。与别的慈善家不同的是，这位年轻的经济学博士嗅到了事件背后的商业味道。他改变了自己的想法，认为如果用商业手法来处理这些事，它的规模可以很大，所挣的钱足够支付所有的成本，不用依靠任何人，这样就可以用盈利帮助更多的人。于是，在 1976 年，当他的贷款范围扩大到 100 个村庄时，他成立了“乡村银行”(grameen bank)。

乡村银行自创立之日起，尤努斯就给自己制定了目标——确保一半的客户是妇女。在一个保守的伊斯兰教国家，妇女地位低下，平时几乎足不出户，必须出门时也会把脸遮得严严实实。因此，尤努斯作出了很多努力。很快他就发现，妇女们对贷款的有效使用比男人们强多了。同样的金额，贷给她们比贷给男人们会给家庭带来了更大的好处。妇女们通过从银行得到的贷款，添置生产工具、为子女交纳学费、改善家庭伙食等，不仅提高了整个家庭的生活质量，也提高了自己在家庭中的地位。更重要的是，妇女靠自己的聪明才智自己管理、统筹贷款，发掘出自己从未发现的才能，慢慢地赢得身边人的信赖和尊重，对于推动孟加拉国严重的男尊女卑思想的转变，起着非常积极的作用。

为了确保还款，银行使用“团结组”系统。这些非正式的小组一起申请贷款，由小组成员担任联合的还款保证人，互相支持对方并努力改善自己的经济状况。随着银行的发展，乡村银行也开发了其他为贫穷人士服务的信贷系统。除了微型贷款外，银行还提供住房贷款，为渔场、灌溉项目、高风险投资、纺织业以及其他活动提供经费，同时也提供其他银行业务，如储蓄。2004 年，超过 6600 万人在这一计划下受益。

(资料来源：“Muhammad Yunus. 根据 Building Social Business: the new kind of capitalism that serves humanity’s most pressing needs[M]. the United states: Pubbli Affairs TM, a number of the Perseus Books Group, 2010.” 所述整理.)

案例导学

穆罕默德·尤努斯的“乡村银行”给出了一个现实的社会企业的形态，社会企业的产生是要解决贫困人群的生活，而不是以营利为目的。甚至，社会企业的运营者并不是以投资人为主的管理团队，而是客户群体参与管理的一种方式。同时，企业化运营使得解决社会问题不但实现了财务的可持续性，也激发了贫困人群改变自己生活的积极性。

第一节　社会企业的概念和特征

一、社会企业的概念

经济学家穆罕默德·尤努斯在 *Building Social Business*《建立社会企业》一书中给出的概念是：社会企业是投资者不以获得利益为目标，是以解决某个社会问题为目标的经济组织。社会企业必须实现自运营，产生的收入足够支付成本，创造的盈余用于扩大业务和防备不确定性。他认为社会企业有两种类型：Ⅰ型社会企业，企业致力于解决社会问题并由投资者拥有，将所有的利润再投资于企业扩张和改进业务，投资者无损失，无红利；Ⅱ型社会企业，企业致力于解决社会问题并由穷人直接拥有，或通过信托机构拥有。这里的信托机构是为社会企业预设的。

实际上，由于社会企业概念自身的复杂性，国内外理论界和实务界对社会企业并没有形成一致的定义。社会企业一词在 1978 年由国际发展顾问范特西(Freer Spreckey)首次提出，此后 40 多年时间里，社会企业实践与理论的探索和研究走过了一段漫长的道路，重要性逐渐被认识，在全球范围内的实践也得到了飞速发展。社会企业的表现形式也广泛而多样，可能是非营利性机构采用企业化的管理模式，也可能是营利性企业涉入公益非营利领域，也可能是几个非营利性组织共同投资为了达到社会公益目的所创设的营利性公司。20 世纪末，社会企业的概念进入我国香港和台湾地区，在 21 世纪初才开始进入内地，有关社会企业的定义在内地仍然模糊，其争论仍在进行。但有一点共识是，社会企业是以解决某个社会问题为目标的经济组织。

2013 年《中国社会企业与社会影响力投资发展报告》在博鳌亚洲论坛年会上发布。报告认为，一个严格的社会企业定义应该具有三个要素：目标设定、运营模式和利润分享方式。社会企业的中国本土化定义的设计应基于三个有利于原则：有利于推动社会企业的发展；有利于监督的实现；有利于与本地文化认知的连贯。此外，还要考虑到不同的行动主体有不同的动机和侧重点。在此基础上，报告给出了社会企业广泛意义、严格意义、特殊意义上的三级概念框架。

从广泛意义上讲，社会企业是以创造社会效益为核心文化的企业。其本身是企业的形态，受到政府工商部门和其他业务相关部门的监督。推动这样的社会企业发展，能促进整体商业文化朝着更具有社会价值的方向发展，同时促进私人资本的流入，因为资本天然有着获得回报的要求，如果不限制利润分配，可以有效地激发资本的活力，同时也没有必要获得政府的政策优惠。

从严格意义上讲，社会企业是以社会效益为首要目标、社会公益投资为主要利润分配的企业。从政策制定的角度出发，推动这样的企业发展，能有效地规范社会企业的行为，从而制定政策优惠和扶植条件。这个定义明确了社会企业的形态是企业，明确了社会企业的质量是社会效益的评估，明确了社会企业的标准是基于社会投资的利润分配。衡量社会企业的基本条件是企业利润的大多数用于社会公益投资。与西方的一些定义不同，有的国家会限制社会企业不能分红，这样的定义虽然严格区分了商业企业和社会企业，但也屏蔽了大多数投资者的热情。为了激发企业的活力，促进投资和回报，适当的利润分红，比如不超过利润的 50%，这样的社会企业以创造社会效益为首要目标，既致力于改善民生，又能保证投资者的热情，对社会企业的发展更有促进作用。

从特殊意义上讲，以经营性收入为主要利润来源的民办非企业单位是结合中国特色的一种社会企业定义。民办非企业单位是非营利性组织，不以营利为目的。民办非企业单位在从事社会服务活动的过程中，可以根据国家的规定收取合理的费用，以确保成本，略有盈余。从民办非企业的特点上看，本身已经满足了经营性活动为运作模式，以及社会服务目标为使命的社会企业两大主要维度，而且，在目前的法人结构体制下，它属于社会组织范畴，受民政系统管理，能接受捐款资助，不能分红。

表 9-1 所示是对三类定义的多角度比较。

国内外理论界和实务界对社会企业的主要分歧是在企业盈余这一点上，有的学者认为，从有利于推动社会企业的发展考虑，投资人可以有适当比例的盈余收益作为投资回报。另外一些学者，比如尤努斯，认为投资人只能收回投资的本金，所有的盈余都要用于企业的业务扩大和防备不确定性。但有一点共识是，社会企业是以解决某个社会问题为目标的经济组织。

表 9-1　社会企业三类定义的多角度比较

内　容	广泛意义	严格意义	特殊意义
法人结构	企业	企业	社会组织
经营模式	经营性业务	经营性业务	经营性业务传统捐助
主要目标	社会目标、经济目标	社会目标	社会目标
利润分配	没有限制	超过 50%利润流入社会公益投资	不能分红
监管机构	工商	民政、工商	民政
政策优惠	没有	有	有
投资收益	全部的投资回报收益	有限的投资回报收益	没有投资回报收益，视同慈善捐款

小贴士

不同组织对社会企业的定义

中国香港特区政府的定义：社会企业是一种实现特定社会目标的商业，比如提供服务或者社区需要的产品，为社会弱势群体创造就业和培训机会，保护环境，通过挣得的利润资助其他社会服务。社会企业的利润主要用于其追求的社会目标上的业务再投入上，而不是在股东中分配。

中国成都市的定义：社会企业是指经企业登记机关登记注册，以协助解决社会问题、改善社会治理、服务特定群体或社区利益为宗旨和首要目标，以创新商业模式、市场化运作为主要手段，所得部分盈利按照其社会目标再投入自身业务、所在社区或公益事业，且社会目标持续稳定的特定法人主体。

意大利政府的定义：社会企业必须同时符合以下条件。①必须是私人组织；②必须以企业方式生产社会所需品和服务；③为了公共利益运行，而且不是为了营利目标。

欧洲委员会的定义：社会企业介于传统私人领域和公共领域之间，其主要特征是社会目标与私人领域企业家精神的结合。社会企业盈余要再投入到实现更大社会、社区目标的事务中。

英国社会企业联盟的定义：社会企业是运用商业手段实现社会目的的企业。其特征是，①企业直接参与为市场生产产品或提供服务；②企业有明确的社会和(或)环境目标，其收益主要用于再投资；③企业治理结构和所有制结构通常建立在利益相关者团体(如员工、用户、客户、地方社区团体和社会投资者)或代表更广泛的利益相关者对企业实施控制的托管人或董事的参与基础之上的自治组织。

美国社会企业联盟的定义：社会企业是以社会公益为基本目标的企业，其运用商业的手段和方法以及市场力量来促进社会、环境及社会正义的进程。

二、社会企业的特征

穆罕默德·尤努斯认为，社会企业应该符合以下特征。

第一，企业的目标是克服贫穷，解决一个或多个威胁到人民和社会的问题(如教育、卫生、技术准入和环境)，而不是利润最大化。这一特征是社会企业的核心特征，无论哪种社会企业的定义，在这一点上都有共识。

第二，企业要实现财务和经济上的可持续发展。这也是社会企业的重要特征，正是因为慈善组织需要不断地由捐助者捐钱，解决社会问题的持续性就有了局限性，社会企业才应运而生。

第三，投资者只能取回他们的投资额，没有股利和超出原始投资的回报。在这一点上，有不同的认识，有的社会学家认为，如果社会企业有一定比例的分红，可以鼓励投资者投入社会企业，从而促进社会企业的发展。

第四，企业利润在偿还了投资额后，用于保持、扩展和改善公司。这一点上，各方观点都有共识，这也是社会企业可持续发展的经济保障。

第五，企业要有环保意识。这是现代企业都应有的社会责任，是企业可持续发展必不可少的。

第六，劳动力获得比市场标准更好的工资和工作条件。在这一点上，有不同的认识，有的社会学家认为，应该遵循企业经营的规律，保持正常水平。

第七，快乐地做事。不同于陷入传统商业的攻击性竞争环境，社会企业是商业和快乐并存的，一旦投入就会发现它的无穷乐趣。这一点，各方观点都有共识。

总的来说，“实现财务的可持续”和“以解决社会问题为目标”是社会企业的两个基本特征。社会企业针对特定社会问题提供创新的解决方案，在市场中运用商业手段参与竞争获得利润。社会企业重视社会价值和责任，它的运行和发展不以企业利润最大化为目标，而是以解决和消除社会问题为目标。

三、社会企业与其他组织的区别

(一)社会企业与其他组织的区别

社会企业与商业企业的最大区别是经营目的不同。商业企业的目的是追求企业价值最大化，追求投资者利润最大化，它关注的是能够给企业带来高额回报的社会需求。社会企业的目标是以解决社会问题为主要目的，它关注社会弱势群体的需求，关注教育、卫生、环保等问题。另外，在社会企业中工作的人员取得工资和奖金，但不对企业所得进行分红，社会企业的经济收益主要用于支持社会企业的持续发展和其他社会福利、社会慈善事业。

社会企业与非政府组织的最大区别是财务可持续性不同。非政府组织在世界上做了很多有益的工作，对遭遇突发灾难的人群给予了极其有效的帮助，对没有劳动能力身体严重残障的人群和患有精神疾病的人群尽可能给予帮助，对无法依靠自己生存的老人和孩子提供了生活保障。但慈善模型有一些固有的缺点，同样是以解决社会问题为目的，慈善组织资金来源依靠慈善捐款，所有的东西都免费，使慈善组织的运行方式不可持续。大多数非政府组织长期处于资金短缺境地，迫使非政府组织领导人花很多时间、精力和财力为筹款而努力。相比之下，社会企业是可持续的，它的所有者不关注捐款，企业运营增加的效益可以向穷人或社会中的其他人传递。此外，社会企业比慈善机构给予受益者更大的人格尊严和自主权。即使是善意，精心设计的慈善事业也已经不可避免地使穷人变得依赖慈善，而依靠自己努力的人反而得不到好处。相比之下，那些支付合理价格的产品和服务使穷人可以迈出自力更生的步伐，而不仅仅是被动地接受资助，他们积极参与经济系统，依靠自己的努力，成为自由市场经济的一员，可以真正地、长期地解决贫困、不平等和压迫等问题。

表 9-2 所示为社会企业与商业企业、非营利组织的区别。

表 9-2　社会企业与商业企业、非营利组织的区别

内　容	商业企业	社会企业	非营利组织
动机	市场利润驱动	混合动机(经济与社会目标)	社会慈善驱动
目标	获取经济价值	可持续解决社会问题	创造社会价值
受益者	按市场价格支付金额	补助、全额与无报酬混合	无报酬
资本来源	市场行情资本	低于市场价格的资本	捐赠、补助
人力资源	市场工资	志愿者与全薪员工混合	志愿者

(二)为什么我们的社会需要社会企业呢？

习近平总书记 2021 年 8 月 17 日在中央财经委员会第十次会议上指出：“共同富裕是社会主义的本质要求，是中国式现代化的重要特征，要坚持以人民为中心的发展思想，在高质量发展中促进共同富裕。”2021 年 10 月 16 日《求是》发表习近平总书记重要文章《扎实推动共同富裕》，文章强调：“同时，必须清醒认识到，我国发展不平衡不充分问题仍然突出，城乡区域发展和收入分配差距较大。新一轮科技革命和产业变革有力推动了经济发展，也对就业和收入分配带来深刻影响，包括一些负面影响，需要有效应对和解决。”这不仅是中国社会问题，全球大部分国家都有科技革命和产业变革带来的发展不平衡问题、收入分配差距的问题。有效解决这些问题需要社会企业组织的参与，主要原因如下。

第一，市场存在缺陷。市场机制天然存在很多局限性，很多问题完全靠市场是解决不了的。企业追求高利润，为获得股东期望的高回报率，产品和服务往往定位于能获得较高收益的社会群体需求，容易忽略那些不能带来高回报的社会需求，社会问题的解决需要一些新的办法。

第二，政府不能解决所有民众的所有问题。政府的职能是依法对国家政治、经济和社会公共事务进行管理，包括经济调节、市场监管、社会管理、公共服务。政府职能发挥作用可以保障绝大部分人民的利益，但不能解决所有民众的所有问题。靠政府解决所有的社会问题也不现实。比如说尽管政府已经发现了农村大量劳动力外流导致的留守儿童问题，也提供了一定的政策保护措施，但留守儿童的亲情教育和文化教育还是要依赖一些志愿者组织切实解决。

第三，靠 NGO(Non-Governmental Organization)也不行。NGO 大部分是慈善组织，慈善组织需要不断地由捐助者捐钱，因此它的影响力很有限。一个慈善项目的开展要不断地

靠捐赠人捐资支持，一旦资金出现问题，就只能停滞不前。

我们的社会需要社会企业，全球范围内的政府也越来越重视对社会企业的政策优惠，越来越多的公益组织也试图摆脱对传统捐款的依赖，谋求可持续的财务来源；同时，越来越多的创业者希望通过商业手段解决社会问题，体现自身价值，而不是单纯追求经济回报。社会企业应运而生。

第二节　如何设计社会企业

一、社会创新是社会企业的基础

要理解社会创新，可以每天看新闻，我们会看到气候变化、战争、贫穷、失学、失业以及需要帮助的难民等。我们面临着全球、全国、区域和个人挑战，那么谁有责任去找到应对这些挑战的方案呢？政府的工作是设定框架，框架之外的问题解决需要依赖于社会创新。历史告诉我们，真正的创新要靠那些不走寻常路的人，绝大多数的社会创新来自个人。社会创新的成果就是一个具有财务可持续性和可扩展性的社会企业，它的目的是解决社会问题，为社会创造附加值。这个领域不适合其他商业模式，因为社会企业不以营利为目的。社会创新最重要的是时机。比如，2016 年一家名叫凯伦大学(Kiron University)的德国在线大学，利用知名大学的大规模在线开放课程(MOOCs)，为来自国外的难民提供了一系列在线学位课程。难民们可以接受两年制的 MOOCs 在线学习。学校还与其他大学展开合作，为学生提供相应的学士或者硕士学位证书。如果他们两年前创建这个学校，就不可能引起社会，至少是欧洲社会对难民的关注。如果他们两年后创建这个学校，由于那时候会有很多难民问题解决方案，这个项目也不可能有其独特的销售主张。2020 年新冠肺炎疫情在全球蔓延，“腾讯会议”“钉钉”“飞书”等产品，帮助学生在线完成了学习，很多企业员工也可以居家工作。

社会创新第二重要的事是协同创造。不要想着从零开始，应该找到自己擅长的领域，然后从潜在伙伴那里获得支持和资源。构建解决方案是需要时间的，而且需要一点点地调整想法，去创建解决方案，然后再构建整体的商业模式。当有创业冲动的时候，要做的第一件事就是构建想法，因为它会给创业者冒险创业的动机，也给了创业者一个说服别人相信他的机会。之后他要做的就是想想自己擅长什么，然后再去找合作伙伴。他们可以成为外部伙伴、合作伙伴或社会团体等。在这个阶段，即便还没有目标，只要花时间创建了方案，就可以改变未来。比如，威廉姆森(Wilhelmson)教授在有了设计个人马桶的大胆想法后，询问了他的朋友、同事、一些相关组织，还组织他的学生和他一起设计方案。

二、运用设计思维方法助力社会创新

设计思维(design thinking)，顾名思义是学习设计师(designer)在产品设计时候的思维方式和方法。设计思维方法是一个问题解决工具(洞察用户真正的痛点或需要)，也是一个机会开发和创造工具，更是一个创新思维与工具。利用这个行之有效的创新工具，能帮助我们真正找到社会问题的症结，设计出解决它所需的好的产品或服务，为建立社会企业找到切实的支点。

大卫(David)在 1991 年创办了世界上著名的商业设计公司 IDEO，2004 年他把设计思维方法带到了斯坦福大学的设计学院，并且把设计思维方法变成了一门可教授的课程。斯坦福大学设计思维方法分五步：移情(换位思考与行动)、问题界定、创意方案、原型制作(可视化的方案)、测试(向用户学习)。其实这也是一个发现问题、解决问题的思维循环过程，在这个过程循环中，以用户为中心完成产品迭代，最终形成符合用户需求的产品，如图 9-1 所示。

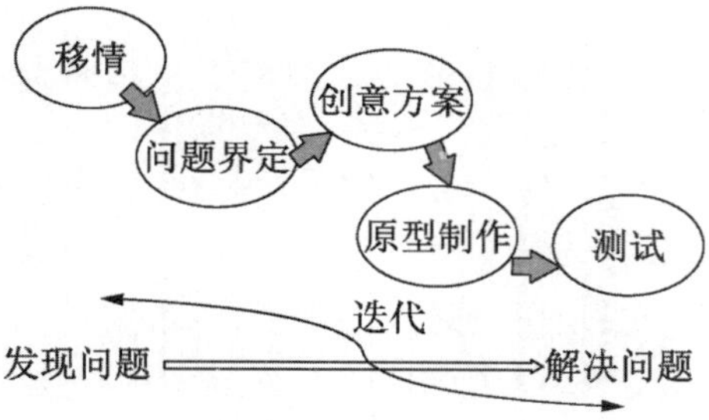

图 9-1　设计思维步骤

(一)移情(换位思考与行动)

这个阶段是用同理心发现消费者需求的阶段，要求设计者站在用户的角度去理解他们所处的状况，而且不能代入自己的观点。只有真正发现用户的痛点才能找到合适的解决方案，所以，如何理解他们所处的状况以及用什么样的方法去理解成为这一阶段的首要任务。

1. 如何理解

首先，要正视资源的约束性，正是因为各种稀缺的、实体的资源约束，我们才要充分发挥知识和智慧的力量，找到应对问题的解决方案。其次，要保持开放性，不同于知识学习的逻辑引导，设计思维面对问题挑战，没有确定的答案，需要抛弃对逻辑知识的依赖，在不确定和不可思议中寻找各种可能。最后，要直面问题并保持乐观，从乐观的角度理解问题，从多个维度思考关于问题的问题，尽管不是所有的问题都能解决，但要相信总会有一些问题被解决。

2. 理解的方法

可以运用不同的方法达到移情的目的。第一，问为什么？面对出现的状况，要深入状况的核心，通过“为什么”的质询导向深入思考，把问题的应对提升到更抽象的价值层面。第二，定性研究。它是根据社会现象或事物所具有的属性和在运动中的矛盾变化，从事物的内在规定性来研究事物的一种方法或角度。它以普遍承认的公理、一套演绎逻辑和大量的历史事实为分析基础，从事物的矛盾性出发，描述、阐释所研究的事物。进行定性研究，要依据一定的理论与经验，直接抓住事物特征的主要方面，将同质性在数量上的差异暂时略去。设计思维是以人为中心的创新体系，适合采用定性研究方法。第三，保持同理心。通过观察用户、访谈用户以及从用户的视角去体验，从别人的态度中体会到言行的由来，认识并明确其需求和期望，充分认识到他们是什么样的人，什么东西是他们真正需要的，从而对用户进行深入的理解，对他们的状况感同身受。

设计思维作为以人为中心的创新方法论，不但反对技术驱动的创新逻辑，也不赞成单纯针对问题狭隘地寻找答案。设计思维的重要信念是认定创新应该回归到人本身，解决问题要从理解用户开始。

(二)问题界定

要获得解决方案，首先要发现值得解决的问题，必须对发现的问题进行定义。 定义问题的方法有三个步骤。

1. 明确用户

根据自己的洞察和见解，或是自己建立的观点，要找到：谁是用户？他们的需求是什么？仅仅用学生、企业家、医生和母亲这样的名词描述用户是不够的，对用户特征的描述要有意识地做归纳和抽象分析，选择具体的形容词进行描述。好的用户界定会找到一个独特的切入角度，关注到被业界已有产品和服务所忽视的需求。

明确用户常用的方法是用户画像。

2. 识别需求

需求反映用户的目标和期望，通常是在和用户的交流中呈现出来的。从用户角度体验产品或服务存在的问题，我们可以看到具体的需求总是结合了应用场景。离开了确定的空间和时间，对应的需求往往就不存在了。

识别需求常用的方法是同理心地图和故事板。

3. 洞察问题

和用户交流的时候，给我们印象最深的是什么？观察中哪些东西让我们眼前一亮？哪些现象与我们之前的预想有落差？在多个用户身上，我们发现什么共同的模式？如果自己是用户，哪些东西是自己喜欢的，哪些是无法接受的？为什么？思考这些问题，在用户与场景和情景之间建立深层联系，为用户的特定行为和情感寻找其背后潜藏的动因。思维导图方法可以用来帮助我们洞察问题，厘清核心用户与利益关联方之间的关系。

用户旅程地图可以用来厘清一位典型用户的行动路径，以便更好地理解用户，找到根本问题。

(三)创意方案

创意是针对问题寻找解决办法的过程。创业者需要用头脑风暴法找到各种潜在方案，

小贴士

7W5H——观察和提问的一种方法

观察和提问是大学生发现问题的主要手段。7W5H 是以 12 个维度帮助观察者换位思考，以同理心设身处地观察和提问用户的方法。

序号	维度	对用户使用产品(或服务)提出问题	发现的潜在问题
1	什么(What)	产品还可以有什么用途？	
2	哪里(Where)	产品可以用在其他地方吗？	
3	哪个(Which)	还有哪个品牌提供的产品可以选择？	
4	什么时候(When)	什么时间使用产品？	
5	谁买(Who)	谁是购买者？	
6	服务谁(Whom)	谁是使用者？	
7	为什么(Why)	为什么要用这个产品？不用可不可以？	
8	怎样(How)	产品使用方便吗？操作简单否？	
9	什么程度(How much)	使用成本高吗？需要哪些配套？	
10	多少(How many)	产品使用数量是多少？多少人受到影响？	
11	多长时间(How long)	每次使用产品需要多长时间？	
12	多少次(How often)	多长时间使用一次，使用频率高不高？	

解决已经定义的问题，以及想探索的所有事情。世界著名的设计公司、以用户为中心的设计理念的倡导者 IDEO 公司，提出为确保脑力激荡的速度和品质要遵循七个原则。

1. 暂缓评论

先不要急于对别人的观点发表是非对错的评论，不能打击提出点子的积极性，不能打断集体思维的联想和延展。

2. “异想天开”

允许“异想天开”，鼓励每个人真正去思考设计，而不是思考自己的点子的水准和对错。

3. 借“题”发挥

有时候会有人提出很疯狂的点子，也许行不通，但其他人会得到启发，获得灵感，在这个疯狂点子的基础上提出更实际的方案。

4. 不要离题

讨论方案的时候要围绕问题，不能偏离目标。

5. 一次一人发挥

讨论的时候，一次由一个人讲，不要七嘴八舌，避免干扰讲话人的思路。

6. 图文并茂

鼓励大家把点子用图文的方式展示出来，激发大家产生更多的想法。

7. 多多益善

在有限的时间内，鼓励大家尽量讲，越多越有可能快速得到解决方案。

然后，把头脑风暴产生的点子进行分类，围绕一个有价值的创意方向进行再创意，补充细节，得出更具体的方案。

(四)原型制作(可视化的方案)

原型是最终产品的雏形，是介于创意和最终产品之间的。人们常说：“一图抵万言，而万图难抵一实物。”创业者需要创建一些很小的实物原型或者用故事描述来展示创意，让用户可以直观感知。原型制作的价值体现在以下四个方面。

1. 用户测试

原型制作可以用低精度的概念原型探索创意实现的各种可能性，然后迅速进行二次迭代。我们可以制作多个原型探索设计空间的多种可能性，尝试从多个要素中分离、抽取出某个具体要素，用简单的方法制作出来，避免沉迷于它，保持原型的粗糙状态，以便继续探索更多的可能性。

2. 更深刻的共情

不论在什么情境下对用户进行测试，我们都可以获得两类信息：一类是针对产品本身的，另一类是被测试者的。原型能够获得被测试者更多的感知，帮助我们对设计空间和思想观念有更深入的认识。

3. 探索和激发灵感

“做”是“想”的延伸，反过来“做”也是“想”的源泉，因此我们也常常把做原型的过程称为“用手思考”。在制作原型的阶段边做边想、边想边做，原型制作可以激发更多的灵感，探索更多的方案。

4. 尽早失败

如果创意方案不能通过原型展示，基本上可以判定方案是失败了。失败发生得越早越有利于最终产品的成功。

(五)测试(向用户学习)

测试是任何新产品或者新服务在进入市场之前的必经阶段，因为新产品或者新服务的成功，都是在发展过程中不断完善、不断修正，获得自身的独特优势才成功的。一般采用的测试方法为原型功能性测试、团队交叉测试、极端用户测试和专家测试四种。

1. 原型功能性测试

进行功能测试的时候，最好分开进行，每次测试一个功能，从而获得有针对性的反馈意见。

2. 团队交叉测试

设计团队间相互测试，并分享反馈。由于每个人的理解和观察不同，关注点也会不同，这样在测试后解决方案的呈现上就会更开放和多样化。

3. 极端用户测试

所谓极端用户，是指频繁使用产品或者把某些功能用到极致的群体。从对极端用户体验的客户群体上获得启发，可以满足用户的“隐形需求”。

4. 专家测试

专家测试是指将原型呈现给相关领域的资深专家，由他们提供专业性的反馈意见。

这个过程各个步骤的执行不是一件容易的事。人们通常有了想法之后就会迫不及待地去实施，根本没有将终端用户的需求作为首要考虑的因素，也不会去反复核实，反复地从不同的角度去理解用户的情况，进而找到解决问题的最佳角度。很多团队在设计思维时容易犯的一个错误是，认为这是一个分阶段实施的过程，设置时间节点完成某阶段工作。其实，真正重要的是做这件事的态度，或者说是心态。包容多样性，让团队里充满各种不同的声音，在发现问题和解决问题的时候，才能从不同的角度去思考和确定创新的机会。针对同一情况，不同背景的人会从不同的角度看到不同的机会。另一种非常重要的心态是勇于冒险和接受失败，这样才能吸取经验教训，很快从失败中站起来继续前行，获得更宽的视野。

第三节 社会企业的法律与政策环境

一、我国社会企业的形式及监管办法

由于有关社会企业的概念在国内没有明确的定义，所以我们很难明确在我国哪一种企业形式是属于社会企业。但从解决社会问题的角度出发，我国现有的民办非企业单位(社会服务机构)、农民专业合作社、福利企业和民办教育机构是属于这个范畴的，属于未被明确定义的社会企业。这些企业以承担和解决社会问题为目标，兼具商业的高效、专业和灵活的特征，积极参与到我国社会治理和发展进程中，为社会治理发挥着日益重要的作用。

(一)农民专业合作社

农民专业合作社是在农村家庭承包经营的基础上，农产品的生产经营者或者农业生产经营服务的提供者、利用者，自愿联合、民主管理的互助性经济组织。农民专业合作社以服务成员为宗旨，谋求全体成员的共同利益；合作社的盈余主要按照成员与农民专业合作

社的交易量(额)比例返还。《中华人民共和国农民专业合作社法》规定，具有民事行为能力的公民，以及从事与农民专业合作社业务直接有关的生产经营活动的企业、事业单位或者社会组织，能够利用农民专业合作社提供的服务，承认并遵守农民专业合作社章程，履行章程规定的入社手续的，可以成为农民专业合作社的成员。但是，具有管理公共事务职能的单位不得加入农民专业合作社。农民专业合作社以其成员为主要服务对象，提供农业生产资料的购买、使用，农产品的生产、销售、加工、运输、贮藏以及与农业生产经营有关的技术、信息设施建设运营等服务。农民专业合作社设理事长一名，可以设理事会。理事长为本社的法定代表人。农民专业合作社享受国家规定的对农业生产、加工、流通、服务和其他涉农经济活动相应的税收优惠。

(二)福利企业

福利企业是指依法在工商行政管理机关登记注册，安置残疾人职工占职工总人数 25%以上，残疾人职工人数不少于 10 人的企业。2007 年 6 月民政部关于印发《福利企业资格认定办法》的通知指出，企业申请福利企业资格认定，应当向当地县级以上人民政府民政部门(以下简称认定机关)提出认定申请，具体认定机关由省、自治区、直辖市民政厅(局)和新疆生产建设兵团民政局确定，报民政部备案。认定机关应当会同主管税务机关对福利企业进行年检。申请福利企业资格认定的企业应具有适合每位残疾人职工的工种、岗位，要依法与安置就业的每位残疾人职工签订 1 年(含)以上的劳动合同或者服务协议，并且安置的每位残疾人职工在单位实际上岗从事全日制工作，且不存在重复就业情况；每位残疾人职工应获得不低于所在区县(含县级市、旗)最低工资标准的工资，并根据国家政策规定缴纳基本养老保险、基本医疗保险、失业保险和工伤保险等社会保险；企业内部的道路和建筑物应符合国家无障碍设计规范。

(三)民办教育机构

民办教育事业属于公益性事业，是社会主义教育事业的组成部分。民办教育机构可以是营利组织或非营利性组织。《中华人民共和国民办教育促进法(2018 年修订) 》规定，民办学校的举办者可以自主选择设立非营利性或者营利性民办学校。但是，不得设立实施义务教育的营利性民办学校。非营利性民办学校的举办者不得取得办学收益，学校的办学结余全部用于办学。营利性民办学校的举办者可以取得办学收益，学校的办学结余依照《公司法》等有关法律、行政法规的规定处理。民办学校取得办学许可证后，进行法人登记，登记机关应当依法予以办理。教育行政部门及有关部门依法对民办学校实行督导，建立民办学校信息公示和信用档案制度，促进提高办学质量；组织或者委托社会中介组织评估办学水平和教育质量，并将评估结果向社会公布。

2017 年 1 月 18 日，国务院发布《关于鼓励社会力量兴办教育促进民办教育健康发展的若干意见》指出，创新教育投融资机制，多渠道吸引社会资金，扩大办学资金来源。鼓励金融机构在风险可控的前提下开发适合民办学校特点的金融产品，探索办理民办学校未来经营收入、知识产权质押贷款业务，提供银行贷款、信托、融资租赁等多样化的金融服务。鼓励社会力量对非营利性民办学校给予捐赠。

(四)民办非企业单位(社会服务机构)

1998 年国务院颁布的《民办非企业单位登记管理暂行条例》指出，民办非企业单位是指企业事业单位、社会团体和其他社会力量以及公民个人利用非国有资产举办的，从事非营利性社会服务活动的社会组织。2016 年 5 月，民政部发布《民办非企业单位登记管理暂行条例(修订草案征求意见稿)》，此次修订将“民办非企业单位”名称改为“社会服务机构”，将现行《民办非企业单位登记管理暂行条例》名称改为《社会服务机构登记管理条例》，对社会服务机构的界定是自然人、法人或者其他组织为了提供社会服务主要利用非国有资产设立的非营利性法人。社会服务机构设立理事会，理事为 3～25 人。第一届理事由申请人、捐赠人共同提名、协商确定。继任理事由理事会提名并选举产生。理事任期由章程规定，每届任期不得超过 5 年。理事任期届满，可以连选连任。理事会设理事长 1 人，可以设副理事长。各级人民政府民政部门负责同级业务主管单位审查同意的社会服务机构的登记管理。

二、社会企业在我国的发展机遇

尽管社会企业的概念在全球还存在着各种争论，也没有一致的定义，但在全球范围内，社会企业已蓬勃发展。在我国，社会企业虽然起步较晚，但伴随着法律及人们认知的各种提高，基于以下三个原因，社会企业在我国也迎来了发展机遇。

(一)我国经济的发展和创新能力稳步提高

根据国家统计局数据显示，我国国内生产总值(gross domestic product，GDP)1980 年为 4587.6 亿元，到 2020 年已达 1015986 亿元。如图 9-2 所示，我国 40 年来 GDP 飞速增长。GDP 的增长提升了我国的综合实力和世界经济中的地位，为人民带来了丰富的物质基础，同时也产生了种种社会问题，比如能源问题、环境保护问题、医疗问题、养老问题、城乡收入差距问题以及弱势群体问题等。虽然政府为解决这些问题出台了多项政策，取得的成效也有目共睹，但仍然有很多问题亟待解决，社会企业大有用武之地。

1980—2020 年我国本专科及研究生毕业生 12 412.376 万人，这些接受过高等教育的知识工作者群体是我国经济发展过程中科技创新、文化创新、艺术创新、商业创新的中坚力量。他们感受了经济发展的物质丰富，也观察到了同时期出现的社会问题。尤其是 20 世纪 90 年代出生的人，他们的成长过程除了完备和良好的教育外，还伴随了互联网的发展历程，因为这种无国界的媒体，使他们更早熟，思维更活跃，更具创新能力。社会企业除了其倡导的社会使命感吸引这些群体之外，也因为它能通过创新带来潜在的经济效益。而且中国的商业浪潮，使得以创新为基础的“社会企业”比传统的公益慈善机构，无论是在前景上还是在模式上，都更具吸引力。

经济的发展和创新能力的提高，使大批人可以选择在机会较多的沿海或者发达的大中城市工作和发展，城乡发展越来越不平衡。社会企业的涌现，可以引导年轻人在家乡创造新的就业机会和更多的财富。近年来越来越多的返乡大学生选择了社会企业的方式建设家乡。例如在返乡大学生陈统奎的推动下，海南省海口市博学村发展为远近闻名的生态村。

2009 年，陈统奎借鉴我国台湾省“桃米生态村”经验，学习生态社区营造的发展模式，在博学村探索一条旅游开发与生态环境保护、当地居民利益相结合实现共赢的新路，并提出“让人民看见财富，再造魅丽新故乡”的行动纲领。他带头在博学村建立发展理事会，打造了一个多元化的合作平台，政府、社会、企业、公益基金会、公民个人都可以把智慧和力量汇聚到这里来。经过近 3 年的努力，博学村面貌有了很大改观：在基础设施建设方面，修建了海南省第一条山地自行车赛道，还有文化室、民宿等；在农业经营方面，集中收购村民自产的蜂蜜、荔枝卖到北京、上海，村民的收入得到了提高，村里的环境也得到了改善。2020 年，经过 6 次产业融合发展，“海口火山荔枝”已经是区域公共农产品品牌。

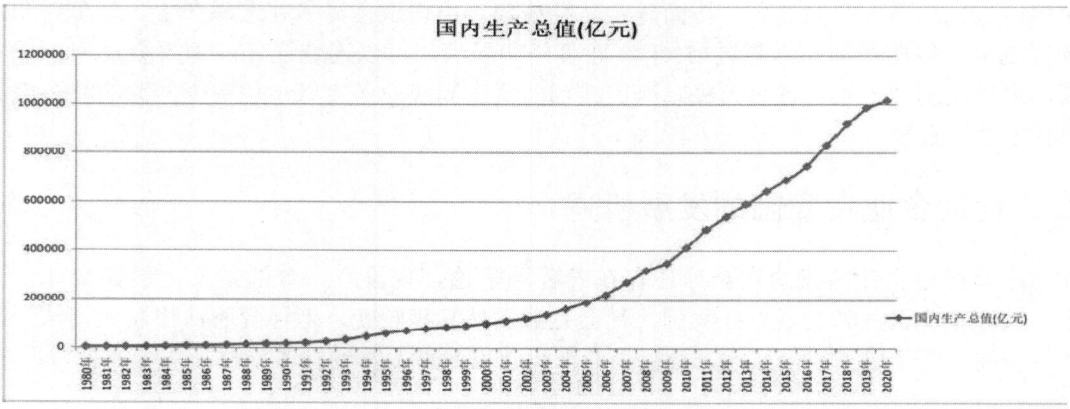

图 9-2　我国 1980—2020 年 GDP 数值

(二)商业研究者、资本和创业者对社会企业热情高涨

在国家双创政策的支持和引导下，近年来商业研究者和资本对社会企业的热情在越来越高，有规模的关于社会企业的论坛越来越多，来自美国、英国、法国、韩国、日本，我国台湾、香港和内地的社会企业教育者、研究者、实践者和投资者聚集一堂，分享经验，探讨机会与挑战。投资人也对“社会影响力投资”这个概念表现出空前的热情。虽然在世界范围内，“社会影响力投资”都还是新鲜事物，也没有统一的认识，但是其强调“经济”与“社会”效益的双重回报的概念还是吸引了很多人。其中，慈善基金会和有海外背景的投资人更是已经开始试水。友成基金会、富平学校、南都基金会都不同程度地参与其中。其中也有企业支持的公益创投基金，例如浙江新湖集团支持的新湖公益创投，联想公司支持的联想公益创投，海南支持的航空慈航基金会等都通过公益创投大赛的形式对获胜者的项目进行奖金支持。虽然通过资本和股权支持的项目还少之又少，其原因主要是因为没有足够的规模和吸引人的项目，而并不是因为市场上缺少感兴趣的资金。显然，各种各样的创投大赛对资金匮乏的创业者具有很大吸引力，也激发了年轻创业者对社会企业的热情。

(三)我国社会企业正在与世界同步发展

在今天这个互联网发达的时代，世界各国的资讯、知识和经验传播的成本与时间都大大压缩。因为英语的普及，当代中国的年轻人能更好地了解西方国家的文化，他们通过网络学习哈佛和耶鲁大学的公开课，与国际同行无障碍地交流，走出国门学习、旅行或工作。在全球化的影响下，现在的 80 后、90 后大概是最与世界接轨的一代。因此，社会企业在世界各地的最新发展也同步影响着中国。比如，耶鲁大学经济学专业毕业的秦玥飞，在湖南省衡山县做大学生村官的同时全心投入公益组织“黑土麦田”，旨在通过对接资源，帮助农村创业者和大学生村官发展当地产业，改变农村面貌。从 2015 年 7 月开始，“黑土麦田”陆续做了近 10 个项目的众筹，希望通过这种资源整合，逐渐改变中国乡村面貌。目前，“黑土麦田”团队中 20 位小伙伴，有一半是毕业于北大、清华、哈佛、耶鲁等名校的“非大学生村官”，还有一半则是来自农村一线的创业者和大学生村官。

2014 年，广东顺德社会创新中心发起了首个地方性社会企业民间认证。2015 年，第四届中国慈展会开启了全国性的社会企业行业认证。2017 年，《中国社会企业发展北京倡议》发布。同一年，首届中国社会企业与影响力投资论坛在北京举行，并延续至今。2018 年 4 月，成都市出台《成都市人民政府办公厅关于培育社会企业促进社区发展治理的意见》，随后成都市工商局又陆续出台了《成都市社会企业评审认定管理工作试行办法》等一系列配套文件。2019 年 1 月 12 日，首届中国社会企业周系列活动举办。2020 年，成思危社会企业发展青年论坛举办，颁发首届“成思危社会企业奖”。2021 年 8 月 2 日，“中国社会企业节”系列活动举办，主题为“投向社会企业，实现共同富裕”。

三、我国社会企业的法律亟待完善

2017 年 3 月，在中国社会企业与社会投资论坛会上，摩拜单车申报的“互联网+”和“环境、能源及生态农业领域”两个行业的社会企业奖，经过专家组的独立评审，均得以入围，最终虽无奖项斩获，却成为话题焦点。支持者认为社会企业有三个底线，即社会目标、环境目标和财务可持续目标。如果从这三个底线来看，摩拜是一个非常优秀的社会企业，摩拜单车将私人资本引进公共交通服务领域，解决了“公共交通最后一公里” 的社会痛点，并减少了交通拥堵，有助于减少雾霾，也有益骑行者身体健康。反对者认为，已完成 7 轮融资总金额超过 3 亿美元，被商业资本疯狂追逐的企业不应该戴上社会企业的帽子。摩拜就是一个商业企业，既没有必要，也不应该被归到社会企业中，把任何问题都泛化为社会问题，社会企业一词也就不太有意义了。

这个事件将社会企业再次带入了公众视野。各方观点众说纷纭。问题集中在两个方面：第一，社会企业的社会目标应该是解决哪个范围的哪些问题？第二，商业资本投资社会企业能不能从中获利？无论是哪方观点，都是按照自己对社会企业的认知去判断的。由于有关社会企业的概念在国内没有明确的定义，所以很难明确在我国哪一种企业形式属于社会企业。依照我国现有的一些社会企业的发展经验，法律的明确是这些企业有序发展的根本保障，比如《福利企业资格认定办法》，使福利企业在我国社会治理和发展进程中，长期发挥着重要作用。社会企业进入良性运转仅仅依靠行业自治是远远不够的，还需要政府监督来完善整个监督体系。因此，我国社会企业的法律亟待完善。

《中国社会企业与社会影响力投资发展报告》对社会企业提出五条立法建议：①建设相关法律法规为社会企业确立合法性地位，规范社会企业的认证制度。②不能回避社会企业法律法规将长期处于新旧制度并存的局面，且涉及跨部门合作问题。③社会企业法律制定应采取分级认定和管理方式。④社会企业的法律体系须注重保护内部积极性与制度规范性之间的平衡。⑤社会企业的立法应当与制度环境、社会治理核心领域相结合。

社会企业的法律与政策环境要有利于社会企业的发展，确保社会企业的“社会性”，保证社会企业始终以解决社会问题为宗旨。法律制度中应明确社会企业利益分配限制比例、社会使命、利益相关方参与的治理结构及资产归属等方面的要求，包括社会企业登记、税收申报、会计检查等相关内容，以便对社会企业进行持续监督和检查。好的社会企业法律环境应该能达到这样的效果：技能型人才的可得性，投资、收益流的可得性向好，公益创投公司、种子基金、天使投资、风险投资、资本投资、贷款以及生产、财务、市场、信息等起关键作用的资金和人才愿意进入社会企业。能够实现这样效果的法律政策才能推动社会企业正向发展。

本章小结

(1) 社会企业的概念虽然目前没有定论，但有两点是有共识的，即社会企业是投资者以解决某个社会问题为目标的经济组织，是不以获得利益为目的的可持续发展的经济组织。

(2) 社会企业的产生是以创新为基础的。设计思维方法，即换位思考与行动、问题界定、创意方案、原型制作、测试五步骤可助力社会企业。

(3) 为促进社会企业发展，我国社会企业的法律与政策环境还需进一步完善。

实训案例

迷你厕所

基本案情：

瑞典建筑师和城市规划师威尔汉森(Anders Wilhelmson)教授，在做孟买的一个工程项目时，他注意到当地很多家庭都没有马桶，这种情况造成了卫生和环境问题。通过与当地人交流，他了解到当地人并不喜欢这种状况，而且对因为生病无法离开住处的人而言，如厕是一个非常大的问题。于是他产生了给当地人设计个人马桶的大胆想法。那个时候他并没有任何解决方案。回国后，他询问了他的朋友、同事、一些相关组织，还组织他的学生和他一起设计方案。通过不断地探讨，终于得出了一个解决方案，那就是一个塑料袋。他花了一年多的时间去研发这种特殊的塑料袋，塑料袋是用可降解材料做的，而且非常结实，同时内部有尿素晶体涂层不仅能够杀死粪便中的病原体，还可将废物分解成氮肥。最主要的是它们很便宜。威尔汉森找到方案后，很兴奋，生产了第一批产品，把产品命名为“Peepoo”。2010 年，海地地震发生后，“Peepoo”在救援组织协助下分发给了灾民，对于灾后疫情控制起到了积极作用。后来他又试着将产品推销到贫民窟，但人们却并不买账，不愿意花钱买这种袋子，也很反感一个外国人跑去告诉他们应该怎么上厕所。于是他想到一个方法：闭环营销，向人们购回使用过的塑料袋。这样一来，人们既可以赚到钱，还可以在家上厕所，孩子们对自己上厕所就能赚钱这件事感到尤为自豪。根据他的商业模式，他又将用过的塑料袋作为粪肥卖掉，这样一来，种地的农民们也得到了帮助。

（资料来源：根据“中国生物多样性保护与绿色发展基金会：想方便找不到厕所？办法来啦——用Peepoo，卫生又环保[R/OL]. http://www.chinadevelopmentbrief.org.cn/org3499/news-3335-1.html.”查阅整理.)

案例点评：

案例中的建筑师通过工作中观察发现社会问题，然后依据设计思维路径，换位思考与行动、问题界定、创意方案、原型制作、测试，最终产品便宜且方便，加上投放测试后商业模式的改进，使得这一产品及商业模式被大众接受，使如厕这一卫生和环境问题得到圆满解决。

思考讨论题：

1. 什么是社会企业？它的特征有哪些？
2. 什么是设计思维方法？它有哪几个步骤？

实训课堂

用美食将爱传递下去

基本案情：

2018 年成立的成都“馋爱善食”是一家很有代表性的助残类社会企业。企业有一套成熟的商业模式，完整的社区厨房生态系统，即“中央厨房+前端厨房+社区厨房”，能够提供快餐、长寿餐、团餐、展会用餐、餐饮服务和食堂承包等服务。

创始人邓绮珈在大学二年级的一次社会调研过程中，发现残疾人群体享受到了政府的一些政策福利，解决了生存问题，但却缺少融入社会的机会。比如聋哑人，有些企业情愿给残疾员工发工资，也不给他们设置正式的工作岗位，因为沟通成本太高。因此，邓绮珈决定做一件实实在在解决残疾人就业的事情，她的想法得到了父母的支持。经过市场调研，最终他们商定创办一家主要由聋哑人组成的餐饮店，不仅希望给残疾人提供就业机会，还希望通过努力让越来越多的残疾人真正融入社会。邓绮珈为餐饮店命名为“馋爱善食”，“馋”是谐音“残”，代表美味和残疾人员工，“善”谐音“膳”，寓意做好事和做品质餐饮。公司最开始从“无声外卖”做起，招募聋哑人为骑手。一开始聋哑骑手对路况不太熟悉，常常遇到各种问题，但风险可控，公司为加强交通安全又开展了专业的培训。有时候，聋哑骑手和顾客之间存在一定的沟通障碍，但大多数顾客比较友善，也能够理解。“馋爱善食”通过骑手送餐的模式，给残障人士提供了就业、创业机会，获得了各级政府、社区、居民、消费者的高度认可。因而，不少社区邀请“馋爱善食”进驻社区，开设社区食堂。社区对“馋爱善食”的要求是为社区居民提供健康营养又普惠的餐食，对于 70 岁(不同社区略有不同)以上的老人，给予每人每餐 3 元的优惠，优惠的金额由社区补贴。这对公司来说，不仅场地等固定运营成本大大降低，还有了一定量的稳定客户。

目前，“馋爱善食”经营了成都市中心的 4 个社区的团餐。在服务模式上，社区厨房提供外卖与堂食两种形式，一方面可由聋哑骑手就近送到社区办公室或周边写字楼里，另一方面，社区厨房也会承接很多堂食就餐的客户群体。在商业模式上，以招募承包商的方式来实现规模化。每开拓一个新的社区，公司会配置 3～5 名工作人员，为承包商提供可复制的商业模式，帮助搭建技术系统，以及招聘和培训残障人士员工，帮助承包商将业务运作起来。公司从承包商每月的利润中抽取一定比例来实现获利。2021 年，“馋爱善食”研发了面向线上零售渠道的牦牛肉干，现已通过微商渠道推广到了北京、上海等全国范围内的 10 个城市。还试运营了卤菜系列产品，通过与社区合作，在社区、菜市场设置摊位点，残障人士可以自己创业，摆摊售卖由中央厨房统一提供的卤菜产品。

从开业到 2021 年，“馋爱善食”累计帮助了 400 多位残疾朋友就业、创业。现有的员工中，有 35 名残疾员工，占比超过 70%。公司每年会拿出 50%的利润用于帮助残疾人群以及公司的再发展。

(资料来源：https://www.canyincha.com/qiye/cass/网站和成都社会企业走访报告整理.)

思考讨论题：

1. 案例解决的社会问题是什么？
2. 解决问题的方法和商业模式是什么？

分析要点：

1. 了解问题定义与问题解决的相互关系。
2. 明确这些问题解决的商业模式。

复习思考题

一、基本概念

社会企业　设计思维

二、判断题(正确的画“√”，错误的画“×”)

1. 社会企业和商业企业目标一致，都是要追求利润的。　(　　)
2. 社会企业和慈善组织差不多，都是为弱势群体服务的。　(　　)
3. 社会企业最重要的特征是财务的可持续性。　(　　)

三、单项选择题

1. 下列(　　)不是穆罕默德·尤努斯定义的社会企业特征。
   A. 企业的目标是克服贫穷，解决社会问题而不是利润最大化
   B. 企业要实现财务和经济上的可持续发展
   C. 社会企业可以有一定比例的分红

D. 企业利润在偿还了投资额后，用于保持、扩展和改善公司

E. 快乐地做事

2. 设计思维五步包含下列(　　)。

A. 问题界定　B. 设计完整产品　C. 观察用户反映　D. 设计调查问卷

3. 设计思维第一步是(　　)。

A. 换位思考与行动　B. 问题界定　C. 创意方案

D. 原型制作　E. 测试

四、简答题

1. 产生社会企业的基础是什么？
2. 设计思维方法每一步的核心是什么？
3. 我国社会企业有哪几种形态？
4. 你认为摩拜单车属于社会企业吗？为什么？

五、论述题

试论述社会企业在我国面临怎样的发展机遇。

阅读推荐与网络链接

[1] Muhammad Yunus. Building Social Business: the new kind of capitalism that serves humanity's most pressing needs[M]. the United States: PublicAffairsTM, a member of the Perseus Books Group，2010.

[2] 王可越，税琳琳，姜浩. 设计思维创新导引[M]. 北京：清华大学出版社，2017.

[3] 周惟彦，朱小斌，邱天雪，等. 中国社会企业与社会影响力投资发展报告[R]. 2013.

[4] 中华人民共和国民政部令. 民办非企业单位登记暂行办法[DB/OL]. http://www.gov.cn/gongbao/content/2000/content_60647.htm.

[5] 中华人民共和国中央人民政府. 民办非企业单位登记管理暂行条例(修订草案)[DB/OL]. http://www.gov.cn/xinwen/2016-05/26/content_5077073.htm.

[6] 中华人民共和国中央人民政府. 中华人民共和国农民专业合作社法[DB/OL]. http://www.gov.cn/jrzg/2006-10/31/content_429182.htm.

[7] 中华人民共和国中央人民政府，民政部关于印发《福利企业资格认定办法》的通知[DB/OL]. http://www.gov.cn/zwgk/2007-07/11/content_680626.htm.

[8] 教育部. 民办学校按营利与非营利分类管理[DB/OL]. http://www.moe.ov.cn/jyb_xwfb/xw_fbh/moe_2069/xwfbh_2017n/xwfb_170118/170118_mtbd/201701/t20170119_295248.html.

[9] 教育部. 中华人民共和国民办教育促进法[DB/OL]. http://www.moe.edu.cn/s78/A02/zfs_left/s5911/moe_619/201507/t20150709_193171.html.

[10] 全国人民代表大会. 全国人民代表大会常务委员会关于修改《中华人民共和国民办教育促进法》的决定[DB/OL]. http://www.npc.gov.cn/npc/xinwen/2016-11/07/content_2001583.htm.

[11] 金仁仙. 中国社会企业的现状、评析及其发展战略[J]. 兰州学刊，2016(10)：188-195.

[12] 国家统计局. 国民经济核算[DB/OL]. http://data. stats.gov.cn/easyquery.htm？cn=C01.

[13] 360 个人图书馆. 摩拜单车到底是一家什么企业？http://www.360doc.com/content/17/0617/09/31562646_663863894.shtml.

[14] 刘小霞. 社会企业研究述评[J]. 华东理工大学学报(社会科学版)，2012(3)：9-22.

[15] 人民网. 扎实推动共同富裕[DB/OL]. http://cpc.people.com.cn/n1/2021/1015/c64094-32255147.htm.
[16] 成都市人民政府. 成都市社会企业培育发展管理办法[DB/OL]. http://gk.chengdu.gov.cn/govInfoPub/detail.action?id=98295&tn=6.
[17] 姚克俭. 成都社会企业走访报告[R]. https://weibo.com/ttarticle/p/show?id=2309404699511271587863.

随身课堂

社会企业创业.PPTX

社会企业定义.MP4

社会企业法律.MP4

社会企业设计.MP4

第十章　大学生创新创业大赛

学习要点及目标

- 熟悉中国国际“互联网+”大学生创新创业大赛。
- 熟悉“挑战杯”中国大学生创业计划竞赛。
- 了解全国大学生电子商务“创新、创意及创业”挑战赛。
- 掌握各类创新创业大赛评审要点。

核心概念

“互联网+”　“大挑”　“小挑”

引导案例

以勇气以匠心——李馨乐与“班马优洗”

2015 年，还在山西财经大学读大二的李馨乐组建了一支创业团队，建立起一个校园快递服务站——楼梯间。当年 8 月份，楼梯间项目获得第一笔融资，项目团队也逐渐壮大起来，从一个大学生小组发展为近 40 人的专职团队，在山西 11 所高校铺设了站点。楼梯间项目获得了首届中国“互联网+”大学生创新创业大赛国家级铜奖、山西省金奖、晋商杯特等奖、山西星火项目等诸多荣誉，并获得李克强总理和山西省原省委书记楼阳生等领导的接见。2016 年，楼梯间发展遇到了瓶颈期，团队开始思考转型。在当时消费升级的浪潮下，李馨乐发现洗衣行业拥有很大的发展空间。2017 年，李馨乐和团队在快递业务的基础上增设了线上洗衣增值服务——小楼洗衣，从此开始全身心地投入到洗护项目中。经过三个月的认真筹划与改造，“班马优洗”在原有楼梯间项目的基础上孵化而出。

在创业初期，一个人就像一支军队，总是要事无巨细地亲力亲为。“班马优洗”项目初创的那段时间，李馨乐经常大雨天独自去踩地址做调查，忙的时候顾不上吃一口饭，双脚全部磨出了水泡。从信用卡里借钱购买设施设备，不顾成本地选择更好的设计师反复修改 Logo，耗费近两个月的时间进行店面装修设计。经历了太多辛苦与奔波后，终于“班马优洗”运营步入正轨。

2017 年 9 月，“班马优洗”首家门店在山西财经大学楼梯间快递点基础上改造完成。12 月，“班马优洗”首家标准化门店在山西大学开业。在接下来的一年时间里，“班马优洗”又完成了首家社区门店的铺设以及洗衣车间升级改造等重大转折，发展势头欣欣向荣。谈起当初那段奋不顾身的经历，李馨乐觉得尽管走了不少弯路，但仍无比感谢当时努力的自己，有勇气迈出追求理想的第一步。

在参加各类创新创业大赛现场路演环节，很多评委问到李馨乐为什么要做洗衣这个传统业务？你的初心是什么？“对生活充满热爱，即使是洗一件旧的衣物，也要讲究用心”这既是李馨乐做“班马优洗”的初衷，也是他的本真态度。把对生活的喜爱融入工作中，给用户提供更多的品质生活服务，就是“班马优洗”的使命感。随着门店增多，李馨乐又带领团队全力升级改造洗衣系统，相继完善了会员制度、售后服务、订单流程可追溯、店铺评分等，打通了用户、门店、工厂、客服各个后台，不断打磨团队配置与能力定期组织洗护知识学习会，不断提高各岗位人员的专业技能。

所有的努力都不会被辜负，经过几年的潜心升级与改造，2020 年，“班马优洗”当选为山西省洗涤行业协会副会长单位；2021 年，“班马优洗”和菜鸟驿站达成合作，成为驿站洗衣合作服务商，铺设驿站收衣点 200 余站，再次扩大了服务范围和规模，迎来全新的发展阶段。以鲁班的匠心，以快马的速度，李馨乐将与“班马优洗”继续开拓进取，用“班马”精神，守护更多人的品质生活。

(资料来源：作者采访项目创始人整理.)

案例导学

创新创业大赛的任务之一就是以赛促创，增强大学生的创新精神、创业意识和创新创业能力，展示高校创新创业成果，搭建大学生创新创业项目与社会投资对接平台。“班马优洗”创业项目正是李馨乐同学在参加各类创新创业大赛和创业实践中逐渐清晰、获得融资和发展成长起来的。从“楼梯间”出发，到“小楼洗衣”，发展为“班马优洗”，李馨乐始终以匠心致初心、精益求精、专注坚持，书写着自己的创业故事。

第一节　中国国际“互联网+”大学生创新创业大赛

中国国际“互联网+”大学生创新创业大赛是我国深化创新创业教育改革的重要载体和平台，自 2015 年举办以来至 2021 年 12 月已成功举办了七届，且在持续升温，仅第七届大赛就吸引了来自全球 121 个国家和地区的 965 万名大学生，228 万个大学生团队参赛，被誉为一场百国千校千万大学生参赛的规格最高、规模最大、最具影响力的一场大赛。大赛的含金量非同寻常，从第一届大赛金奖的“千里挑一”到后来的“万里挑一”。大赛极大地激发了当代大学生创新创业、青春报国的热情，涌现出一大批科技含量高、市场潜力大、社会效益好的高质量项目，培养了一支有理想、有本领、有担当的双创新锐大军。

“互联网+”大赛是一个精益迭代的过程，每届大赛主题、赛道、组别、参赛要求等都会略有变化。下面以第七届中国国际“互联网+”大学生创新创业大赛为例，对大赛的相关信息进行介绍和解读。

一、大赛简介

2015 年 4 月 10 日，李克强总理在吉林大学考察，对吉大学子提出殷殷期盼，希望大家边学习、边创业，叮嘱大家不仅要向书本学习，还要通过实践学习，在经济下行压力较大的主战场上当尖兵突击队。吉大的创新创业团队向李克强总理展示自主研发的钻头，“比常规钻头转速提高 30%，寿命提高 50%，是国外同类产品价格的 1/3，打破了国外的技术垄断。”吉大的校长李元元介绍：“地质勘探、南极科考都用我们的钻头。”“您在国外推介我们的高铁时希望支持我们的科技成果，让我们的小钻头也能有大文章。”李克强总理看到高校大学生创新创业的热情和创造力，以及创新创业教育成果，对举办中国“互联网+”大学生创新创业大赛作出明确指示。为贯彻落实李克强总理的重要指示和《国务院办公厅关于深化高等学校创新创业教育改革的实施意见》，2015 年 10 月 19 日，教育部会同国家发展改革委、工业和信息化部、人力资源和社会保障部、共青团中央和吉林省人民政府在吉林大学联合举办中国首届“互联网+”大学生创新创业大赛，截至 2021 年 12 月，已成功举办七届大赛。

小贴士

习近平总书记给第三届中国“互联网+”大学生创新创业大赛“青年红色筑梦之旅”的大学生的回信

第三届中国“互联网+”大学生创新创业大赛“青年红色筑梦之旅”的同学们：

来信收悉。得知全国 150 万大学生参加本届大赛，其中上百支大学生创新创业团队参加了走进延安、服务革命老区的“青年红色筑梦之旅”活动，帮助老区人民脱贫致富奔小康，既取得了积极成效，又受到了思想洗礼，我感到十分高兴。

延安是革命圣地，你们奔赴延安，追寻革命前辈伟大而艰辛的历史足迹，学习延安精神，坚定理想信念，锤炼意志品质，把激昂的青春梦融入伟大的中国梦，体现了当代中国青年奋发有为的精神风貌。

实现全面建成小康社会奋斗目标，实现社会主义现代化，实现中华民族伟大复兴，需要一批又一批德才兼备的有为人才为之奋斗。艰难困苦，玉汝于成。今天，我们比历史上任何时期都更接近实现中华民族伟大复兴的光辉目标。祖国的青年一代有理想、有追求、有担当，实现中华民族伟大复兴就有源源不断的青春力量。希望你们扎根中国大地了解国情民情，在创新创业中增长智慧才干，在艰苦奋斗中锤炼意志品质，在亿万人民为实现中国梦而进行的伟大奋斗中实现人生价值，用青春书写无愧于时代、无愧于历史的华彩篇章。

(资料来源：新华社 2017 年 8 月 15 日来电.)

(一)大赛总体目标

大赛总体目标总结为“五个更”，即更中国、更国际、更教育、更全面、更创新。

(二)大赛主要任务

1. 以赛促教，探索人才培养新途径

全面推进高校课程思政建设，深化创新创业教育改革，引领各类学校人才培养范式深

刻变革，建构素质教育发展新格局，形成新的人才培养质量观和质量标准，切实提高学生的创新精神、创业意识和创新创业能力。

2. 以赛促学，培养创新创业生力军

服务构建新发展格局和高水平自立自强，激发学生的创造力，激励广大青年扎根中国大地了解国情民情，在创新创业中增长智慧才干，坚定执着追理想，实事求是闯新路，把激昂的青春梦融入到伟大的中国梦，努力成长为德才兼备的有为人才。

3. 以赛促创，搭建产教融合新平台

把教育融入到经济社会产业发展中，推动互联网、大数据、人工智能等领域成果转化和产学研用融合，促进教育链、人才链与产业链、创新链有机衔接，以创新引领创业、以创业带动就业，努力形成高校毕业生更高质量创业就业的新局面。

二、大赛赛道、类型与组别

第七届中国国际“互联网+”大学生创新创业大赛包括主体赛事、“青年红色筑梦之旅”活动和六项同期活动。

(一)大赛赛道

主体赛事包括高教主赛道、“青年红色筑梦之旅”赛道、职教赛道、萌芽赛道，和产业命题赛道(新增)。

(二)高教主赛道参赛项目类型

1. “互联网+”现代农业

它包括农林牧渔等。

2. “互联网+”制造业

它包括先进制造、智能硬件、工业自动化、生物医药、节能环保、新材料、军工等。

3. “互联网+”信息技术服务

它包括人工智能技术、物联网技术、网络空间安全技术、大数据、云计算、工具软件、社交网络、媒体门户、企业服务、下一代通信技术、区块链等。

4. “互联网+”文化创意服务

它包括广播影视、设计服务、文化艺术、旅游休闲、艺术品交易、广告会展、动漫娱乐、体育竞技等。

5. “互联网+”社会服务

它包括电子商务、消费生活、金融、财经法务、房产家居、高效物流、教育培训、医疗健康、交通、人力资源服务等。

参赛项目应结合以上分类及自身项目实际，合理选择项目类型。参赛项目不局限于“互联网+”项目，还鼓励各类创新创业项目参赛，根据行业背景选择相应的类型。

(三)高教主赛道参赛组别和对象

根据参赛项目所处的创业阶段、已获投资情况和项目特点等，分为本科生创意组、研究生创意组、初创组、成长组、师生共创组。具体参赛条件如下。

1. 本科生创意组

参赛项目具有较好的创意和较为成型的产品原型或服务模式，在大赛通知下发之日前尚未完成工商等各类登记注册，并符合以下条件。

(1) 参赛申报人须为团队负责人，团队负责人及成员均须为普通高等学校全日制在校本科生或专科生。

(2) 学校科技成果转化项目不能参加本组比赛(科技成果的完成人、所有人中参赛申报人排名第一的除外非科转)。

2. 研究生创意组

参赛项目具有较好的创意和较为成型的产品原型或服务模式，在大赛通知下发之日前尚未完成工商等各类登记注册，并符合以下条件。

(1) 参赛申报人须为团队负责人，团队负责人和团队成员须为普通高等学校全日制在校研究生或本专科生。

(2) 学校科技成果转化项目不能参加本组比赛(科技成果的完成人、所有人中参赛申报人排名第一的除外)。

3. 初创组

参赛项目工商等各类登记注册未满 3 年(2018 年 3 月 1 日后注册)，且获机构或个人股权投资不超过 1 轮次，并符合以下条件。

(1) 参赛申报人须为初创企业法定代表人，须为普通高等学校全日制在校生(包括本专科生、研究生，不含在职教育)，或毕业 5 年以内的学生(即 2016 年之后的毕业生，不含在职教育)。企业法定代表人在大赛通知发布之日后进行变更的不予认可。

(2) 初创组项目的股权结构中，参赛企业法定代表人的股权不得少于 10%，参赛成员股权合计不得少于 1/3。

(3) 学校科技成果转化项目(不含基于国家级重大、重点科研项目的科研成果转化项目)可以参加初创组，允许将拥有科研成果的教师的股权与学生所持股权合并计算，合并计算的股权不得少于 51%(学生团队所持股权比例不得低于 26%)。

4. 成长组

参赛项目工商等各类登记注册 3 年以上(2018 年 3 月 1 日前注册)；或工商等各类登记注册未满 3 年(2018 年 3 月 1 日后注册)，且获机构或个人股权投资 2 轮次以上(含 2 轮次)，并符合以下条件。

(1) 参赛申报人须为企业法定代表人，须为普通高等学校全日制在校生(包括专科生、本科生、研究生，不含在职教育)，或毕业 5 年以内的学生(即 2016 年之后的毕业生，不含在职教育)。企业法定代表人在大赛通知发布之日后进行变更的不予认可。

(2) 成长组项目的股权结构中，参赛企业法定代表人的股权不得少于 10%，参赛成员股权合计不得少于 1/3。

(3) 学校科技成果转化项目(不含基于国家级重大、重点科研项目的科研成果转化项目)可以参加成长组，允许将拥有科研成果的教师的股权与学生所持股权合并计算，合并计算的股权不得少于 51%(学生团队所持股权比例不得低于 26%学生团队>教师)。

5. 师生共创组

基于国家级重大、重点科研项目的科研成果转化项目，或者教师与学生共同参与创业且教师所占权重比例大于学生(如已注册成立公司，教师持股比例大于学生)的项目，并符合以下条件。

(1) 参赛项目如已注册成立公司，公司注册年限不得超过 5 年(2016 年 3 月 1 日后注册)，师生均可为公司法定代表人。企业法定代表人在大赛通知发布之日后进行变更的不予认可。股权结构中，师生股权合并计算不低于 51%，且学生参赛成员合计股份不低于 10%。

(2) 参赛申报人须为普通高等学校全日制在校生(包括本专科生、研究生，不含在职教育)，或毕业 5 年以内的学生(即 2016 年之后的毕业生，不含在职教育)。

(3) 参赛项目中的教师须为高校在编教师(2021 年 6 月 1 日前正式入职)。

(四)“青年红色筑梦之旅”赛道参赛组别和对象

根据项目性质和特点，参赛组分为公益组、创意组、创业组。

1. 公益组

(1) 参赛项目以社会价值为导向，在公益服务领域具有较好的创意、产品或服务模式的创业计划和实践。

(2) 参赛申报主体为独立的公益项目或社会组织，注册或未注册成立公益机构(或社会组织)的项目均可参赛。

(3) 师生共创的公益项目，若符合“红旅”赛道要求，可以参加本组比赛。

2. 创意组

(1) 参赛项目以商业手段解决农业农村和城乡社区发展的痛点问题、巩固脱贫攻坚成果，助力乡村振兴，实现经济价值和社会价值的融合。

(2) 参赛项目在大赛通知下发之日前尚未完成工商等各类登记注册。

(3) 师生共创的商业项目不允许参加“红旅”赛道，可参加高教主赛道。

3. 创业组

(1) 参赛项目以商业手段解决农业农村和城乡社区发展的痛点问题、巩固脱贫攻坚成果，助力乡村振兴，实现经济价值和社会价值的融合。

(2) 参赛项目在大赛通知下发之日前已完成工商等各类登记注册。项目的股权结构中，企业法定代表人的股权不得少于 10%，参赛成员股权合计不得少于 1/3。如已注册成立机构或公司，学生须为法定代表人。

(3) 师生共创的商业项目不允许参加“红旅”赛道，可参加高教主赛道。

三、参赛指南

大赛主要采用校级初赛、省级复赛、总决赛三级赛制(不含萌芽赛道以及国际参赛项目)。下面将对大赛的赛程安排、报名流程、评审规则以及提交资料等内容进行介绍，帮助同学们更好更高效地备赛。

(一)赛程安排

1. 参赛报名(2021 年 4 月)

参赛团队通过登录“全国大学生创业服务网”(网址：cy.ncss.cn)或微信公众号(名称为“全国大学生创业服务网”或“中国互联网+大学生创新创业大赛”)任一方式进行报名。服务网的资料下载板块可下载学生操作手册指导报名参赛，微信公众号可进行赛事咨询。国际参赛项目通过全球青年创新领袖共同体促进会官网进行报名(网址：www.pilcchina.org)。

报名系统开放时间为 2021 年 4 月 15 日，报名截止时间由各地根据复赛安排自行决定，但不得晚于 8 月 15 日。

2. 初赛复赛(2021 年 6—8 月)

各地应在 8 月 31 日前完成省级复赛，并完成入围总决赛的项目遴选工作(推荐项目应有名次排序，供总决赛参考)。国际参赛项目的遴选推荐工作另行安排。

3. 总决赛(2021 年 10 月下旬)

大赛设金奖、银奖、铜奖和各类单项奖；另设高校集体奖、省市组织奖和优秀导师奖等。大赛专家委员会对入围总决赛项目进行网上评审，择优选拔项目进行总决赛现场比赛，决出各类奖项。

(二)报名流程

搜索进入“全国大学生创业服务网”首页，单击网页左下角的“报名参赛”按钮，进入“用户登录”界面，填写账号、密码等基本信息，单击“登录”按钮，若未注册账号则需填写手机号、身份证号、邮箱等进行注册，在打开的网页中完善个人信息，单击“立即注册”按钮提交申请。

成功登录账号后，便可进行项目申报。其具体流程为：在“身份选择”页面中单击“立即创建项目”按钮，在打开的页面中完善基本信息和学历认证后，单击“提交申请”按钮；然后在打开的页面中单击“创建项目”按钮，根据页面提示完成项目的创建操作，包括项目介绍、认证信息、团队成员等，之后单击“完成创建”按钮；进入“报名参赛”页面，选择参赛赛道、组别、类别等，单击“确认参赛”按钮，即可完成网上报名。

(三)评审内容

由于所选择的赛道不同，项目评审的要点也会有所不同。高教主赛道评委将主要从创新维度、团队维度、商业维度、就业维度和引领教育等五个维度对项目进行综合考核与评价(见表 10-1 高教主赛道项目评审要点)，高教主赛道包括本科生创意组、研究生创意组、初创组、成长组和师生共创组，不同组别在创新维度、团队维度、商业维度、就业维度和引领教育等维度的分值不同。

“青年红色筑梦之旅”赛道评委则主要从项目团队、公益性、实效性、创新性、可持续性和引领教育等六个维度进行综合考核与评价(见表 10-2“青年红色筑梦之旅”赛道项目评审要点)，该赛道包括公益组、创意组和创业组，不同组别在项目团队、公益性、实效性、创新性、可持续性和引领教育等六个维度的分值不同。

表 10-1　高教主赛道项目评审要点

评审要点	评审内容
创新维度	1. 具有原始创新或技术突破，取得一定数量和质量的创新成果(专利、创新奖励、行业认可等)。 2. 在商业模式、产品服务、管理运营、市场营销、工艺流程、应用场景等方面取得突破和创新
团队维度	1. 团队成员的教育、实践、工作背景、创新能力、价值观念等情况。 2. 团队的组织构架、分工协作、能力互补、人员配置、股权结构以及激励制度合理性情况。 3. 团队与项目关系的真实性、紧密性，团队对项目的各类投入情况，团队未来投身创新创业的可能性情况。 4. 支撑项目发展的合作伙伴等外部资源的使用以及与项目关系的情况
商业维度	1. 商业模式设计完整、可行，项目已具备盈利能力或具有较好的盈利潜力。 2. 项目目标市场容量及市场前景，项目与市场需求匹配情况、项目的市场、资本、社会价值情况，项目落地执行情况。 3. 对行业、市场、技术等方面有翔实调研，并形成可靠的一手材料，强调实地调查和实践检验。 4. 项目对相关产业升级或颠覆的情况；项目与区域经济发展、产业转型升级相结合情况
就业维度	1. 项目直接提供就业岗位的数量和质量。 2. 项目间接带动就业的能力和规模
引领教育	1. 项目的产生与执行充分展现团队的创新意识、思维和能力，体现团队成员解决复杂问题的综合能力和高级思维。 2. 突出大赛的育人本质，充分体现项目成长对团队成员创新创业精神、意识、能力的锻炼和提升作用。 3. 项目充分体现多学科交叉、专创融合、产学研协同创新等发展模式。 4. 项目所在院校在项目的培育、孵化等方面的支持情况。 5. 团队创新创业精神与实践的正向带动和示范作用

表 10-2 “青年红色筑梦之旅”赛道项目评审要点

评审要点	评审内容
项目团队	1. 团队成员的基本素质、业务能力、奉献意愿和价值观与项目需求相匹配。 2. 团队的组织架构与分工协作合理。 3. 团队权益结构或公司股权结构合理。 4. 团队的延续性或可接替性
公益性	1. 项目以社会价值为导向，以解决社会问题为使命，不以营利为目的，有可预见的公益成果，公益受众的覆盖面广。 2. 在公益服务领域有良好产品或服务模式
实效性	1. 项目对巩固脱贫攻坚成果、乡村振兴和社区治理等社会问题的贡献度。 2. 在引入社会资源方面对农村组织和农民增收、地方产业结构优化等的效果。 3. 项目对促进就业、教育、医疗、养老、环境保护与生态建设等方面的效果
创新性	1. 鼓励技术或服务创新、引入或运用新技术，鼓励高校科研成果转化。 2. 鼓励组织模式创新或进行资源整合
可持续性	1. 项目的持续生存能力。 2. 创新研发、生产销售、资源整合等持续运营能力。 3. 项目模式可复制、可推广、具有示范效应等
引领教育	1. 项目充分展示了创业团队扎根中国大地了解国情民情，运用创新思维和创业能力服务社会。 2. 项目充分体现专业教育与创新创业教育的有机融合，充分体现思政教育与创新创业教育的有机融合。 3. 突出大赛的育人本质，充分体现项目成长对团队成员的社会责任感、创新精神、实践能力的锻炼和提升作用。 4. 项目所在院校对项目发展的支持情况或项目与所在院校的互动、合作情况。 5. 团队创新创业、社会服务精神的正向带动和示范作用
必要条件	参加由学校、省市或全国组织的“青年红色筑梦之旅”活动

(四)提交资料

大赛需提交的资料有 Word 版的商业计划书，PPT 和 1 分钟的视频。其中 PPT 由于参赛阶段的不同会有所差别。5 分钟现场路演的 PPT，通常为 20 页左右。而在省赛、全国总决赛的网评阶段，评委通常先看视频，了解项目的基本信息，然后看 PPT 的内容，最后看商业计划书。因此，参赛团队所提交的 PPT 应做到内容全面，逻辑清晰，通常为 30 页左右。

第二节 “挑战杯”中国大学生创业计划竞赛

“挑战杯”是“挑战杯”全国大学生系列科技学术竞赛的简称，是由共青团中央、中国科协、教育部和全国学联、举办地人民政府共同主办的全国性的大学生课外学术实践竞赛。“挑战杯”是目前国内大学生最关注最热门的全国性竞赛之一。

小贴士

大学生可以参加的 30 个创新创业大赛

大赛名称	主办单位
中国国际“互联网+”大学生创新创业大赛	教育部
“挑战杯”全国大学生课外学术科技作品竞赛(“大挑”)	团中央
“挑战杯”中国大学生创业计划竞赛(“小挑”)	团中央
“创青春”中国青年创新创业大赛	团中央
“创客中国”中小企业创新创业大赛	工信部
全国大学生电子商务“创新、创意及创业”挑战赛	全国电子商务产教融合创新联盟
“中国创翼”创业创新大赛	人社部
中国创新创业大赛	科技部
国家级大学生创新创业训练计划项目	教育部
全国大学生创新创业年会	教育部
中国大学生服务外包创新创业大赛	教育部、商务部、无锡市政府
“春晖杯”中国留学人员创新创业大赛	教育部、科技部
全国技工院校学生创业创新大赛	人社部
全国财经院校创新创业大赛	全国财经院校创新创业联盟
全国林业草原行业创新创业大赛	国家林业和草原局
全国“互联网+”快递业创新创业大赛	国家邮政局
中华职业教育创新创业大赛	中华职业教育社
“白马杯”全国大学生畜产品创新创业大赛	中国畜产品加工研究会
中国大学生高分子材料创新创业大赛	中国石油和化学工业联合会、广饶县政府
全国大学生集成电路创新创业大赛	工业和信息化部人才交流中心
iCAN 全国大学生创新创业大赛	中国信息协会
全国中医药高等院校大学生创新创业大赛	全国中医药高等教育协会
中国电子信息行业创新创业大赛	中国电子信息行业联合会、盐城市政府
中国大学生公共关系策划创业大赛	中国国际公共关系协会
中国航空创新创业大赛	中国航空学会
全国农村创新创业项目创意大赛	农业农村部
中国纺织类高校大学生创意创新创业大赛	中国纺织服装教育学会
全国高校智能交通创新与创业大赛	全国高校交通设备与控制工程专业联盟
“学创杯”全国大学生创业综合模拟大赛	国家级实验教学示范中心联席会经济与管理学科组
全国大学生生命科学竞赛	全国大学生生命科学竞赛委员会

“挑战杯”竞赛在中国共有两个并列项目，一个是“挑战杯”中国大学生创业计划竞赛，简称“小挑”，另一个则是“挑战杯”全国大学生课外学术科技作品竞赛，简称“大

挑”。这两个项目的全国竞赛交叉轮流开展，每个项目每两年举办一届，“大挑”在奇数年举办，“小挑”在偶数年举办。“大挑”申报参赛作品包括自然科学类学术论文、哲学社会科学类社会调查报告和学术论文、科技发明制作三类作品，聘请专家评定出具有较高学术理论水平、实际应用价值和创新意义的优秀作品。“小挑”竞赛参赛作品为创业计划书，聘请专家根据项目社会价值、实践过程、创新意义、发展前景和团队协作等综合评定，发现和培养一批具有创新思维和创业潜力的优秀人才，是一项创新创业竞赛活动。两者的比赛侧重点不同，“大挑”注重学术科技发明创作带来的实际意义与特点，而“小挑”更注重市场与技术服务的完美结合，商业性更强。“大挑”设置特等奖、一等奖、二等奖、三等奖。而“小挑”奖项设置为金奖、银奖、铜奖。

下面以 2020 年“挑战杯”中国大学生创业计划竞赛为例，介绍该赛事的相关内容。

一、大赛简介

大学生创业计划竞赛起源于美国，又称商业计划竞赛，是风靡全球高校的重要赛事。它借用风险投资的运作模式，要求参赛者组成优势互补的竞赛小组，提出一项具有市场前景的技术、产品或者服务，并围绕这一技术、产品或服务，以获得风险投资为目的，完成一份完整、具体、深入的创业计划。

“挑战杯”中国大学生创业计划竞赛起源于 1999 年，由共青团中央、中国科协、全国学联主办，清华大学承办的首届“挑战杯”和讯网中国大学生创业计划竞赛在北京成功举办，竞赛由和讯网赞助，汇集了全国 120 余所高校近 400 件作品。大赛的举办使“创业”的热浪从清华园向全国扩散，在全国高校掀起了一轮创新创业的热潮，孕育了视美乐、易得方舟等一批高科技公司，产生了良好的社会影响。2000 年，由上海交通大学承办的第二届“挑战杯”万维投资中国大学生创业计划竞赛在上海成功举办，竞赛由万维投资网赞助，共收到来自全国 24 个省 137 所高校的 455 件作品。在社会各界的关心支持下，一批创业计划进入实际运行操作阶段，技术、资本和市场的结合向更深的层次推进。之后，“挑战杯”全国大学生课外学术科技作品竞赛即“大挑”在奇数年举办，“挑战杯”中国大学生创业计划竞赛即“小挑”在偶数年举办。

二、大赛组别

(一)大赛组别

大赛聚焦创新、协调、绿色、开放、共享五大发展理念，设置五个组别。

1. 科技创新和未来产业

突出科技创新，在人工智能、网络信息、生命科学、新材料、新能源等领域，结合实践观察设计项目。

2. 乡村振兴和脱贫攻坚

围绕实施乡村振兴战略和打赢脱贫攻坚战，在农林牧渔、电子商务、旅游休闲等领域，结合实践观察设计项目。

3. 城市治理和社会服务

围绕国家治理体系和治理能力现代化建设，在政务服务、消费生活、医疗服务、教育培训、交通物流、金融服务等领域，结合实践观察设计项目。

4. 生态环保和可持续发展

围绕可持续发展战略，在环境治理、可持续资源开发、生态环保、清洁能源应用等领域，结合实践观察设计项目。

5. 文化创意和区域合作

突出共融、共享，紧密围绕“一带一路”和“京津冀”“长三角”“粤港澳大湾区”“成渝经济圈”等经济合作带建设，在工艺与设计、动漫广告、体育竞技和国际文化传播、对外交流培训、对外经贸等领域，结合实践观察设计项目。

(二)大赛分类

普通高校和职业院校分别进行竞赛评选。参加竞赛项目分为已创业与未创业两类，实行分类分组申报。

三、参赛指南

(一)竞赛方式

大赛分校级初赛、省级复赛、全国决赛。全国决赛由全国组委会聘请专家根据项目社会价值、实践过程、创新意义、发展前景和团队协作等综合评定金奖、银奖、铜奖等。

(二)评审内容

项目评审主要从创业机会、发展战略、营销策略、财务管理和团队建设等维度进行综合考核与评价(见表10-3创业计划竞赛评审要点)。

表10-3　创业计划竞赛评审要点

评审要点	评审内容
创业机会	1. 项目的产业背景和市场竞争环境。 2. 项目的市场机会和有效的市场需求、所面对的目标顾客。 3. 项目的独创性、领先性以及实现产业化的途径等
发展战略	项目的商业模式、研发方向、扩张策略，主要合作伙伴与竞争对手等；面临的技术、市场、财务等关键问题，提出合理可行的规避计划
营销策略	结合项目特点制定合适的市场营销策略，包括对自身产品、技术或服务的价格定位、渠道建设、推广策略等
财务管理	股本结构与规模、资金来源与运用、营利能力分析以及风险资金退出策略等
团队建设	管理团队各成员有关的教育和工作背景、成员的分工和互补；公司的组织构架以及领导层成员；创业顾问，主要投资人和持股情况

第三节 全国大学生电子商务“创新、创意及创业”挑战赛

全国大学生电子商务“创新、创意及创业”挑战赛(以下简称“三创赛”)是从 2009 年开始，根据教育部、财政部(教高函〔2010〕13 号)文件精神创办，并列入中国高等教育学会《全国普通高校学科竞赛排行榜》赛事。“三创赛”由西安交通大学、全国电子商务产教融合创新联盟主办，由“三创赛”竞赛组织委员会作为执行组织，负责统一策划、组织、管理与实施。“三创赛”采用校赛、省赛和国赛三级竞赛体制，是激发大学生兴趣与潜能，培养大学生创新意识、创意思维、创业能力以及团队协同实战精神的学科性竞赛，对开展创新教育和实践教学改革、加强产学研之间联系发挥了积极作用，得到社会广泛认可。

下面以第十二届全国大学生电子商务“创新、创意及创业”挑战赛为例，介绍该赛事的相关内容。

一、大赛简介

“三创赛”一直秉持着“创新、创意及创业”的宗旨，致力于培养大学生的创新意识、创意思维和创业能力，为高校师生搭建一个将专业知识与社会实践相结合的平台，提供一个自由创造、自主运营的空间。其目的是：强化创新意识、引导创意思维、锻炼创业能力、倡导团队精神。

“三创赛”自 2009 年至 2021 年，已成功举办了 11 届，经过多年的发展，大赛的参赛队伍不断增加，从第一届的 1500 多支到第十一届的 10 万多支。参赛项目的内涵逐步扩大，从最初的校园电商到“三农”电商、工业电商、服务电商、跨境电商，以及 AI、5G、区块链等领域的创新应用。大赛的规则也在不断完善，从而保证了大赛更加公开、公平和公正。随着比赛规模越来越大，影响力越来越强，“三创赛”现已成为颇具影响力的全国性品牌赛事。“三创赛”多年来得到了从教育部、商务部到各省、直辖市、自治区教育厅(教委)和商务厅(局)等的大力支持，极大地促进了大学生的就业和创业，带动了大学生的“三创”意识和能力的培养。“三创赛”的价值主要在于：大赛促进教学、大赛促进实践、大赛促进创新，大赛促进育人。

2021 年 3 月，“三创赛”竞赛组织委员会秘书处所在高校西安交通大学联合全国 20 多所高校积极响应教育部的号召，创新地提出了“基于‘三创赛’的新文科创新创业人才培养研究与实践”项目，并最终获得教育部首批新文科研究与改革实践项目立项，“三创赛”为新文科创新人才培养以及跨学科创新人才培养提供了更好和更大的舞台。

二、参赛要求

(一)参赛队伍要求

参赛选手须在“三创赛”官网上报名，选手须是经国家教育部批准设立的普通高等学

校的在校大学生(本科、专科、研究生均可，专业不限)，经所在学校教务处等机构审核通过后方具备参赛资格。高校教师既可以作为学生队的指导老师，也可以作为混合队的队长或队员(但一个“混合队”中参赛团队的教师总数不能超过学生总数)。参赛团队需在校赛开始之日前提交“参赛团队承诺与说明书”。

参赛选手每人每年只能参加一个团队的竞赛，参赛队成员应包括 3～5 名学生，其中一名为队长；0～2 名高校指导老师，0～2 名企业指导老师。高校指导老师需在校赛开始之日前提交“团队高校指导老师承诺书”。

参赛队伍分两种。第一种是学生队，队长和队员须全部为全日制在校学生；第二种是师生混合队，队长必须为教师，队员中学生数量必须多于教师。可以跨校组队，以队长所在学校为报名学校。队员的身份信息的真实性由队长负责。大赛提倡参赛队员合理分工、学科交叉、优势互补。

(二)参赛题目与作品要求

1. 题目要求

大赛提倡选题多元化，促进创新意识、创意思维和创业能力的提高，参赛作品题目可以来自行业、企业的需求，也可以由参赛团队自拟。

2. 作品要求

参赛作品必须是参赛团队的原创作品且首次参加比赛(属于第一类“原始创新”)；如果该作品已经参加过其他比赛，但在满足下列三个附加条件时可以参赛(属于第二类“迭代创新”，但等同于第一类)。

(1) 在参加本次比赛前对原参赛作品已经做了明显的再创新(迭代创新)。

(2) 该团队参赛时将原参赛作品和原参赛的比赛名称作为附件提交。

(3) 对在原参赛作品基础上进行迭代创新的主要内容给予明确说明并且将其作为附件提交。

参赛者应拥有作品著作权，如涉及侵权，由参赛团队承担法律责任，“三创赛”竞组委保留取消其参赛资格及追回奖项、奖品的权力。

3. 其他要求

参赛团队须在提交参赛作品(包括作品的 Word、PDF 等电子版和纸质版)和演讲内容(包括 PPT 电子版和纸质版)时签署和提交参赛团队承诺与说明书(具体内容与模板见大赛官网“资料下载”)。

参赛队伍须在校赛开始前 10 个工作日在大赛官网上传参赛作品摘要，摘要内容须包括项目背景、意义、主要内容、主要成果及该项目的主要创新、创意及创业三方面的标志性内容，字数在 100～300 字之间，校赛开始后不得修改。

为保证各级竞赛的一致性，参赛题目、人员组成(包括参赛学生、高校指导老师以及企业指导老师)、成员排序等基本信息，从校赛开始之日后一律不得修改。校赛、省赛、国赛获奖证书仅以“三创赛”官网信息为准。

三、参赛指南

(一)奖励规则

1. 校赛奖项

校赛奖项分为特、一、二、三等奖共四个等级，原则上特等奖不超过参赛团队数量的5%(可空缺，要排出名次)，一等奖不超过参赛团队数量的 10%，二等奖不超过参赛团队数量的 20%，三等奖不超过参赛团队数量的 30%。

校赛设最佳创新奖、最佳创意奖、最佳创业奖等单项奖若干名。向特等奖指导老师授予最佳指导老师奖，向一等奖指导老师授予优秀指导老师奖。

2. 省赛奖项

省赛奖项同校赛奖项，另省赛设校赛优秀组织奖若干名。

3. 国赛奖项

国赛奖项分特、一、二、三等奖共四个等级奖，另设最佳创新奖、最佳创意奖、最佳创业奖等单项奖若干名。向特等奖团队指导老师授予最佳指导老师奖，向一等奖团队指导老师授予优秀指导老师奖，向获得国赛特等奖的省赛承办单位授予优秀组织奖，向获得国赛特等奖前三名的省赛承办单位授予优异组织奖，向组织国赛表现优秀的承办单位授予国赛优秀组织奖。

在资金允许的条件下可以为特等奖获奖团队提供奖金，额度多少可视具体情况而定。

(二)评审内容

为帮助大家更好地备赛，将“三创赛”竞赛评分细则进行介绍，如表 10-4 所示。

表 10-4　“三创赛”评分细则

评分项目	评分说明	分值
创新	参赛项目具备了明确的创新点，在新产品、新技术、新模式、新服务等方面至少有一个明确的创新点	25
创意	进行了较好的、创新性的项目商务策划和可行性分析； 商务策划主要是对业务模式、营销模式、技术模式、财务支持等进行的设计； 项目可行性分析主要是对经济、管理、技术、市场等方面的可行性分析	25
创业	开展了一定的实践活动，包括(但不限于)：创业的准备、注册公司或与公司合作、电商营销、经营效果等，并需要提供相应的佐证材料	25
演讲	团队组织合理、分工合作、配合得当； 服装整洁，举止文明，表达清楚； 有问必答，回答合理	15
文案	提交的文案和演讲 PPT 逻辑结构合理，内容介绍完整严谨，文字、图表清晰通顺，附录充分	10

实训案例

一个大学生创业者的“晋艺华盔”项目

基本案情:

在大学 4 年中，刘晓敏带着自己的创业项目参加了全国大学生电子商务“创新、创意及创业”挑战赛、中国国际“互联网+”大学生创新创业大赛、全国财经院校大学生创新创业大赛等各类创新创业大赛，给大学生活增添了诸多色彩。

刘晓敏在学校组织的活动中偶然了解到在自己的家乡山西阳泉有着一种十分稀缺的非遗技艺——“平定戏剧盔帽技艺”，这为她的创业项目提供了灵感，耗费大量时间，功夫不负有心人，她终于找到了该非遗技艺的传承人。

“创业是很难的，不是说小打小闹就可以获奖。”谈到自己的项目，刘晓敏感慨地说：“做项目最重要的是，不要去考虑，我能不能赚到钱、能不能拿奖。习近平总书记说过‘每个优秀的人都有一段沉默的时光，那段时光是付出了努力，却得不到结果的日子，我们把它叫作扎根。’做项目就是这样，很多东西刚开始很辛苦，可能看不到结果，但坚持之后会发现，它真的在慢慢扎根，长成一棵树。”而在见到那位老先生，了解到老先生对将这项技艺发扬、传承的深切渴望后，也更坚定了她要将这个项目做下去的信心，她希望能有更多人知道这项非遗技艺，传承我们的华夏精彩。

刘晓敏的项目《晋艺华盔——非物质文化遗产“平定戏剧盔帽技艺的传承与创新”》获得了第十一届全国大学生电子商务“创新、创意及创业”挑战赛国家级二等奖、第五届全国财经院校创新创业大赛三等奖、中国国际“互联网+”大学生创新创业大赛国家级铜奖，同时成功入驻学校大学生创新创业基地。未来，她将不断坚定文化自信，并将这项非遗技艺传承下去，传承中华优秀传统文化，让中华文化展现出永久魅力和时代风采。

有人问刘晓敏同学毕业之后还会去打比赛吗？她说：“一旦我停了，就怕没人知道它了，至少现在，我身边的人都知道这门传统技艺了。”《了不起匠人》里有一句话：在衰落遗失的边缘坚守，在快捷功利的繁荣里坚持。刘晓敏和那位老先生又何尝不是呢？沈从文曾说：“征服自己的一切弱点，正是一个人伟大的起始。”通过这些经历，她学会了坚持，“坚持这个词大家可能听起来很普通，但其实在做任何事情的时候，只要咬牙再坚持一下，结果就会不一样。”的确，参加创新创业大赛不仅是对刘晓敏综合能力的锻炼，也是其自我提升的过程。通过大赛，刘晓敏所在的团队收获的不仅仅是荣誉和奖项，更重要的是团队之间分工合作的经历。他们更能了解到比赛的各项流程，积累了丰富的经验，明确了自己专业知识的短板。

(资料来源：作者采访山西财经大学项目负责人整理.)

案例点评:

非物质文化遗产是一个国家和民族历史文化成就的重要标志，是祖祖辈辈在繁衍生息中的智慧结晶，是一代代工匠精神和创新智慧的迭代，保护和利用好中国非物质文化遗产有利于培育民族认同感，增强社会的凝聚力和创造力。

随着全球化进程的不断加快，非物质文化遗产受到越来越大的冲击。一些依靠口授和行为传承的文化遗产正在不断消失，许多传统技艺濒临消亡。刘晓敏和她的团队正是在传统非遗技艺面临各种挑战和日渐式微的形势下，开展调查、走访和思考，利用互联网平台对山西华盔进行创新性和商业化开发，为非遗技艺传承与保护提供了一种全新的视觉和有益的探索。

思考讨论题：

1. “晋艺华盔”项目的初心是什么？在创新创业的道路上如何坚守初心和践行使命？

2. 当前许多非物质文化遗产技艺面临无人了解，没人传承的尴尬境地，作为当代大学生，如何利用所学结合“互联网＋”手段为非遗文化重构受众群体，重构发展生态？

实训课堂

雷俊雄的大学生涯自述

基本案情：

每一位经过高考洗礼的同学对即将开始的大学生活都是满怀憧憬的，懵懵懂懂的我们对大学中的一切都充满了好奇，正是在好奇心的驱使下，我来到了山西财经大学博学楼 3 层大学生创新创业基地，见到了墙上挂满了校园里的创业达人，由此我的心中便埋下了创业的种子，我暗暗立誓——我一定也要成为一名校园创业达人，入驻创业基地。

2017 年下半年，正处于大学一年级时期，不紧凑的课程及少量的课后作业使得刚步入大学生涯的自己过得迷茫且不安，现实与预期的差距驱动着我必须主动做点事情来充实自己的大学生活，于是我开始了寻找合适的校园实践项目。

初期我开始参与各种校园和社会的创业讲座及论坛，学习及观摩各类创业思维及创业项目，结交社会上的各式各样的职业人群，并且通过与他们的交流及探讨，了解社会上的需求及痛点，最终我把目光聚焦于新媒体直播。2017 年互联网直播并不是那么发达，但是各类政府、企业、俱乐部及高校都有着对外宣传及对内留存影像资料的诉求，了解到每个目标群体的新媒体宣传是刚需、需求量不大、活动经费有限且缺乏专业直播人员时，我敏锐地发现我的机会——为政府、企业、高校及俱乐部提供一个文体活动的直播平台，并为他们提供配套的直播人员及设备。随后我着手考察其项目的开展情况，并得出了最终结论——项目前期投资少、市场需求量大、利润空间可观且时间可调配，由此我们的首个创业项目陆续展开。

项目从用户需求出发，通过配套直播设备、直播平台及直播人员，聚焦区域性用户，以内容吸引粉丝，以粉丝提升价值，以利润更新设备、团队及平台，以此循环，一个简单的商业闭环成型。第一次接触大学生创新创业大赛是在项目开展了三个月之后，学校开展了中国“互联网+”大学生创新创业大赛校赛报名，通过对创业大赛的了解及老师们的鼓舞，我与项目主要成员积极地申报了比赛，经过创业学院老师、校外专家及学院老师的细心辅导，我们学习到了如何有效地撰写项目商业计划书与路演 PPT，如何从项目逻辑出发思考项目价值以及有效地打造属于自己的商业模式，我们真正从创业“游击队”走向了创业“正规军”，也正式从创业大赛小白走向创业大赛的“常胜将军”。从中国“互联网+”大学生创新创业大赛开始，我们依次征战了“创青春”全国大学生创新创业大赛、全国大学生电子商务“创新、创意及创业”挑战赛大赛、高等院校大学生创新创业项目、全国体育产业创新创业大赛以及后来与社会创业者同等竞技的中国创新创业大赛，均获得优异成绩。我们的项目“8 号看台”也因此受到了学校及社会的广泛关注，也随之衍生出了“动劲 Online”“动劲小铺”“八号场地”等 8 个数字体育子项目。

随着项目与公司的不断发展，也随着大学生创新创业大赛的深度不断推进，我们不仅获得了资本的青睐，获得了天使投资，也在各类创新创业大赛中斩获多项国家级及省级奖项。作为项目的创始人，我也荣获了 2018 年山西省年度优秀创业者和中国大学生创业类自强之星，入选了 2019 年山西十大创客先锋人物和 2021 年南京市高层次科技贡献人才，在新冠肺炎疫情期间更是被“经济日报”选为创业典型进行报道。在 2018 年成立的公司也陆续入选了 2019 年、2020 年及 2021 年国家科技型中小企业、2020 年国家高新技术企业、2021 年太原市数字经济产业协会会员单位。

正所谓“喝水不忘挖井人”，我们深知当下阶段性的成功来源于“大众创新、万众创业”的政策红利，也明白团队的成长与项目打磨源于大赛的帮助，正是通过大学生创新创业大赛，我们团队收获的不仅仅是理论知识与实践经验，更重要的是让我们明白了持续学习和团队合作的重要性，也明白了如何深入思考、如何有效交流、如何分工协作、如何分配利益以及如何产生价值。大学生参与创新创业大赛的意义在于提升大学生的综合竞争力，创新创业教育的价值在于启发大学生的思维，使得大学生在毕业后能够更快地融入社会，并对我们产生深远影响。

(资料来源：作者根据雷俊雄自述整理.)

实训题：

1. 通过雷俊雄同学的创业历程分享，大学生初期创业该如何甄选创业实践项目？

2. 雷俊雄同学的大学生涯是丰富多彩、快乐充实和充满挑战的，他在不断地挑战中突破自己。对此你有何借鉴？

复习思考题

一、判断题(正确的画“√”，错误的画“×”)

1. 中国国际“互联网 + ”大赛中一个项目可以同时参加多个赛道。 (　　)
2. 师生共创的商业项目允许参加“青年红色筑梦之旅”赛道。 (　　)
3. “挑战杯”中国大学生创业计划竞赛每两年举办一次。 (　　)

二、单项选择题

1. 中国国家“互联网+”大学生创新创业大赛的任务不包括(　　)。

A. 以赛促学　　B. 以赛促教　　C. 以赛促创　　D. 以赛促建

2. “挑战杯”全国大学生创业计划竞赛参赛作品为(　　)。

A. 自然科学类学术论文 B. 社会科学类社会调查报告和学术论文
C. 科技发明 D. 创业计划

3. 第七届中国国际“互联网+”大赛新增了哪个赛道？( )
A. 高教主赛道 B. 青年红色筑梦之旅赛道 C. 产业命题赛道
D. 职教赛道 E. 萌芽赛道

三、简答题

1. 中国国际“互联网＋”大学生创新创业大赛的目标与任务是什么？
2. “挑战杯”竞赛中“大挑”与“小挑”的区别是什么？
3. “三创赛”对参赛作品有哪些要求？
4. 大学生在参加各类创新创业大赛的过程中能收获什么？

阅读推荐与网络链接

[1] 张玉利，陈寒松，薛红志，等. 创业管理[M]. 北京：机械工业出版社，2017.
[2] 刘志阳. 创业管理[M]. 上海：上海财经大学出版社，2016.
[3] 李家华，王艳茹. 创业基础[M]. 上海：上海交通大学出版社，2018.
[4] 李肖鸣. 大学生创业基础[M]. 5 版. 北京：清华大学出版社，2021.
[5] 鲁百年. 创新设计思维[M]. 北京：清华大学出版社，2017.
[6] 王可越，税琳琳，姜浩. 设计思维创新导向[M]. 北京：清华大学出版社，2017.
[7] 张玉利，李华晶，薛扬. 创新与创业基础[M]. 北京：高等教育出版社，2017.
[8] 王延荣. 创新与创业管理[M]. 北京：机械工业出版社，2015.
[9] 张玉利，杨俊. 创业管理(行动版)[M]. 北京：机械工业出版社，2017.
[10] 刘平，李海玲，贾峤. 大学生创业基础[M]. 北京：机械工业出版社，2013.
[11] 彼得 • 德鲁克. 创新与企业家精神[M]. 蔡文燕，译. 北京：机械工业出版社，2020.
[12] 杨京智. 大学生创新创业基础(大赛案例版)[M]. 北京：人民邮电出版社，2020.